Collection "Logiques juridiques"

contributions réunies par
Geneviève KOUBI
et
Gilles J. GUGLIELMI

La gratuité, une question de droit ?

Michel Bazex
Michel Borgetto
Jean-Philippe Bouilloud
Danièle Bourcier
Sébastien Canevet
Michel Courtin
Hélène Destrem
Michel Duraffourg
Daniel Dürr
Gilles J. Guglielmi
Hélène Khodoss
Geneviève Koubi
Christian Lavialle
Dominique Maillard Desgrées du Loû
Dorothée Meyer
Bernard Toulemonde

L'Harmattan
5-7, rue de l'École-Polytechnique
75005 Paris
FRANCE

L'Harmattan Hongrie
Hargita u. 3
1026 Budapest
HONGRIE

L'Harmattan Italia
Via Bava, 37
10214 Torino
ITALIE

ISBN : 2-7475-3686-6

Ce livre est le prolongement d'un colloque
organisé les 26 et 27 avril 2000

par le

CENTRE D'ÉTUDES ET DE RECHERCHES :
FONDEMENTS DU DROIT PUBLIC
des universités de Cergy-Pontoise
et Paris-X Nanterre

autour du thème :

LA GRATUITÉ

Il est publié avec le soutien
du Conseil général du Val d'Oise

Sa mise en forme typographique a été assurée par
Gilles J. Guglielmi

Des mêmes auteurs :

L'égalité des chances, Paris, Editions La Découverte, 2000.
Droit du service public, Paris, Montchrestien (coll. Domat), 2000.

De Geneviève KOUBI

Le Droit et les minorités, Bruxelles, Editions Bruylant, 2000 (avec Alain FENET et Isabelle SCHULTE-TENCKHOFF).

Langues & Droits, Bruxelles, Editions Bruylant, 1998 (avec Hervé GUILLOREL).

Etat, constitution, loi, Paris, Editions Litec, 1993 (avec Raphaël ROMI).

De Gilles J. GUGLIELMI

Introduction au droit des services publics, Paris, LGDJ, 1994.

La notion d'Administration publique dans la théorie juridique française, Paris, LGDJ, 1991.

SOMMAIRE

Gratuité ?
Sans prix certes, mais pas sans valeur !

*Geneviève Koubi**

Une interrogation à propos de la notion de *gratuité* ne peut s'inscrire dans les seuls cadres préétablis du champ juridique, économique et financier. Dans un certain sens, elle ouvrirait sur des mondes incongrus, sur des espaces saugrenus, tant le paradigme du *marché* a envahi les formes discursives et les mentalités.

Pourtant, si les mots de *gratuité, gratuit, gratuitement,* sont rarement énoncés dans les textes juridiques, très peu prisés dans les discours économiques et exclus des analyses comptables, ils disposent d'une charge affective particulière qui déclenche en chaque individu, dans tout groupe, au sein de toute société, une réaction plus ou moins instinctuelle. La gratuité répond à un désir conscient ou inconscient d'offrir ou d'obtenir des biens ou des services sans devoir s'acquitter d'une contrepartie ; elle procure satisfaction ou suscite méfiance, elle provoque l'enthousiasme ou engendre des réticences. La question de la gratuité semble ainsi plus concerner les membres du corps social, les individus dans leur vie quotidienne que les instances de pouvoir, les gouvernants ou les institutions publiques. Or, ces dimensions collectives et publiques de la gratuité ne sauraient être contournées. Sans prétendre toutes les saisir dans cet ouvrage, les contributions ici réunies proposent quelques pistes spécifiques pour appréhender la question de la gratuité indépendamment du lien qu'elle entretient avec la notion d'intérêt et avec une certaine idée de l'argent.

* *Co-directeur du Centre d'études et de recherches : Fondements du droit public (CER:FDP), Universités de Cergy-Pontoise et de Paris X-Nanterre.*

Car la gratuité repose à chaque fois la question du “prix des choses sans prix”[1]. Or, lorsque l'on dit d'une chose qu'elle n'a pas de prix, surgit une ambiguïté fondamentale : soit elle est si précieuse, si rare, si extraordinaire qu'elle ne peut être évaluée à sa juste mesure ; soit, au contraire, comme elle ne vaut rien, elle mérite mépris, ou, à tout le moins, indifférence. Mais quel que soit le cas, la notion de gratuité renvoie à une conception singulière du “prix”. Il ne s'agit plus d'estimer la valeur économique, la perception marchande d'une chose, d'un bien, d'un service ou d'une prestation, mais de faire de ce bien ou de cette prestation, un objet d'usage “gratuit” bien que “payé” par ailleurs (J.-P. Bouilloud). La gratuité acquiert alors un sens particulier qui invite à réfléchir sur l'organisation juridique, politique et sociale des formes de gestion et de distribution des biens et services concernés. En effet, dans ces cas, l'individu, l'administré ou le citoyen, l'usager, — voire, à la rigueur, le client —, du service pourvoyeur du bien ou de la prestation, n'est pas pensé directement comme un consommateur : ce sont les organismes dispensateurs ou distributeurs de ce service qui opèrent sur le marché. Pour assurer l'éclairage public, par exemple, il faut nécessairement se procurer l'énergie (marché de l'électricité), les matériels (réverbères), et prévoir des activités de maintenance (personnels). Donc, “payées, mais non payantes”, ces gratuités apparaissent de plus en plus comme évidentes presque “naturelles” ; les objets qu'elles concernent correspondent souvent à des besoins essentiels. En effet, ces “gratuités socialement construites” adaptent les relations sociales aux développements économiques et technologiques suivant les redéfinitions post-modernes des droits sociaux fondamentaux : droit à la qualité de vie, droit à la santé, droit à la culture, etc. Ainsi, elles “proposent des biens dont l'usage est rendu libre d'accès *par cotisation* : route, éclairage public, ramassage des ordures, santé dans la mesure des remboursements effectués par la sécurité sociale, école…”[2].

Dans les débats publics, dans les discours politiques, dans les revendications sociales, la référence à la gratuité ne s'attache donc pas exclusivement aux choses et aux biens. Elle concerne les services publics, c'est-à-dire les services qui, assurés par la collectivité publique, à la charge des institutions publiques, contribuent au maintien du lien social[3]. Dans ce cadre, elle invite à s'interroger sur les idéologies qui la sous-tendent. L'idée de gratuité détient-elle alors un lien indéfectible avec la

---

[1] Pour reprendre le titre de l'ouvrage de J. DUVIGNAUD, *Le prix des choses sans prix*, Actes sud, coll. Un endroit où aller, 2001.

[2] J.-L. SAGOT-DUVAUROUX, *Pour la gratuité*, Desclée de Brouwer, coll. Ethique sociale, 1995, p. 54.

[3] G. J. GUGLIELMI, G. KOUBI, *Droit du service public*, Montchrestien, coll. Domat, 2000.

notion de solidarité ? Nombre de produits et d'activités sont ainsi délivrés gratuitement en vertu de cette conception républicaine de la cohésion sociale, malgré des évolutions qui, peu à peu, la décomposent et, d'une certaine manière, la trahissent (M. Borgetto).

Par exemple, dans le champ sanitaire et social, ce ne sont pas en soi les produits médicamenteux qui sont dits gratuits mais d'abord, et avant toute chose, les soins (M. Duraffourg). L'idée même de gratuité n'apparaît pas explicitement. L'article 1er de la loi du 27 juillet 1999 est sur ce point révélateur. Il annonce qu'"il est créé, pour les résidents de la France métropolitaine et des départements d'outre-mer, une couverture maladie universelle qui garantit à tous une prise en charge des soins par un régime d'assurance maladie, et aux personnes dont les revenus sont les plus faibles le droit à une protection complémentaire et à la dispense d'avance de frais"[4]. Ce n'est que par ce biais qui engage une relation spécifique entre le médecin et le malade, entre les institutions hospitalières et les patients que les médicaments peuvent acquérir la qualité de "produits gratuits", ou à tout le moins, peuvent être "remboursables", ce qui compense soit l'absence de paiement, soit le prix payé initial et fait croire à une gratuité des médicaments ou bien à la certitude d'une aide médicale gratuite (H. Khodoss). En ce domaine, les dispositions du préambule de la Constitution du 27 octobre 1946, auquel renvoie la Constitution française actuelle, constituent le fondement d'un droit à la santé que seule la reconnaissance de la gratuité des soins et des prescriptions semble devoir garantir : "la Nation assure à l'individu et à la famille les conditions nécessaires à leur développement. Elle garantit à tous, notamment à l'enfant, à la mère et aux vieux travailleurs, la protection de la santé, la sécurité matérielle, le repos et les loisirs". De fait, la loi du 4 mars 2002 relative aux droits des malades insère dans le code de la santé publique un article L. 1110-1 qui définit le droit à la protection de la santé comme un droit fondamental qui "doit être mis en œuvre par tous moyens disponibles au bénéfice de toute personne" sans soulever la question de la gratuité des soins[5].

La loi du 29 juillet 1998 relative à la lutte contre les exclusions sociales et économiques[6] prévoit aussi que "l'égal accès de tous, tout au

[4] Loi n° 99-641 du 27 juillet 1999 portant création d'une couverture maladie universelle, *JO*, 28 juillet 1999, p. 1129.

[5] Loi n° 2002-303 du 4 mars 2002 relative aux droits des malades et à la qualité du système de santé, *JO*, 5 mars 2002, p. 4118 ; ouvrant la possibilité pour les patients de consulter leurs dossiers, la loi prévoit que "la consultation sur place des informations est *gratuite*" (art. L. 1111-7 al. 7 du code de la santé publique)

[6] Loi n° 98-657 du 29 juillet 1998 d'orientation relative à la lutte contre les exclusions, *JO*, 31 juillet 1998, p. 11679.

long de la vie, à la culture[7], à la pratique sportive, aux vacances et aux loisirs constitue un objectif national. Il permet de garantir l'exercice effectif de la citoyenneté. – La réalisation de cet objectif passe notamment par le développement, en priorité dans les zones défavorisées, des activités artistiques, culturelles et sportives, la promotion de la formation dans le secteur de l'animation et des activités périscolaires ainsi que des actions de sensibilisation des jeunes fréquentant les structures de vacances et de loisirs collectifs. Elle passe également par le développement des structures touristiques à caractère social et familial et l'organisation du départ en vacances des personnes en situation d'exclusion". Elle précise ainsi que "au titre de leur mission de service public, les établissement culturels financés par l'Etat s'engagent à lutter contre les exclusions" (art. 140). Dans la mesure où, selon le préambule, "tout être humain qui, en raison de son âge, de son état physique ou mental, de la situation économique, se trouve dans l'incapacité de travailler a le droit d'obtenir de la collectivité des moyens convenables d'existence", cette loi ne semble pas répondre à ces objectifs, renvoyant à d'autres modalités comme, entre autres, le revenu minimum d'insertion.

Pour parfaire les actions menées dans ce cadre de la lutte contre les exclusions et de la protection contre les calamités, les pouvoirs publics en appellent donc de plus en plus aux associations. L'alinéa 3 de ce même article 140 de la loi du 29 juillet 1998 énonce ainsi que "l'Etat, les collectivités territoriales, les organismes de protection sociale, les entreprises et les associations contribuent à la réalisation de cet objectif". De toute évidence, l'essor de la vie associative doit beaucoup au désinvestissement de l'Etat dans les espaces d'action sociale et sanitaire. Les associations construites sur le modèle proposé par la loi du 1er juillet 1901 sont effectivement des groupements "à but non lucratif". Placées ainsi en dehors des sphères d'échanges économiques, elles sont incitées à développer des actions dont la teneur "gratuite" paraît être un gage de qualité. Mais, l'insistance portée sur le contenu de leurs actions fait oublier que les personnes qui y contribuent ou y participent, le font "bénévolement". La gratuité se conjugue là avec le bénévolat. Mais le bénévolat, dont la fonction première est éminemment religieuse, n'est pas

---

[7] v. sur ce point, la loi n° 2002-5 du 4 janvier 2002 relative aux musées de France, *JO*, 5 janvier 2002, p. 305. L'article 7 al. 1 de cette loi prévoit que "les droits d'entrée des musées de France sont fixés de manière à favoriser leur accès au public le plus large. Dans les musées de France relevant de l'Etat, les mineurs de dix-huit ans sont exonérés du droit d'entrée donnant accès aux espaces de présentation des collections permanentes". La gratuité ne peut être affirmée, elle est dissimulée derrière le principe d'une exonération du droit d'entrée afin d'éviter toute contestation sur le fondement du principe d'égalité et peut-être permettre une éventuelle extension de son champ d'application aux personnes âgées ou aux personnes défavorisées.

neutre. Le désintéressement qu'il suppose demeure sujet à caution puisque toute association a vocation à élargir son influence et à accroître le nombre de ses adhérents, de ses membres sans, toutefois, toujours y parvenir. Aussi, afin de soutenir les interventions sociales que les associations assurent pour combler leurs défaillances, les pouvoirs publics ont été conduits à penser le statut des bénévoles comme un "volontariat" suivant un modèle désormais en développement dans le cadre du service national[8]. L'article L. 122-10 du code du service national dispose en effet que "le volontariat civil est une activité à temps plein. Le volontaire consacre l'intégralité de son activité aux tâches qui lui sont confiées. Le volontariat civil est incompatible avec une activité rémunérée publique ou privée". Composées dans l'ordre civil, ces activités donnent lieu au versement d'indemnités, quel que soit le champ d'intervention, secours, incendie, accident, etc. Cette modification de la notion de bénévolat découle de la mise en place des contrats de volontariat dans les organisations non gouvernementales, des contrats qui, portant sur le travail des bénévoles, les exclut des formes traditionnelles des rapports sociaux de salariat (D. Meyer). La gratuité des services et des actions associatives, humanitaires souvent, a donc ici un prix, celui de l'absence de salaire de ceux qui mettent leur force de travail à la disposition de la société, à la disposition des blessés, des malades, des réfugiés, des pauvres…

En fait, l'idée de gratuité ne s'analyse pas du côté de ceux, qu'il s'agisse des entreprises de mécénat, des interventions des associations ou des activités des pouvoirs publics, qui offrent les biens et services ; ces derniers ont effectivement un coût qu'il ne saurait être question de nier, mais au bout de la chaîne, ceux qui en bénéficient ou en profitent, n'ont pas eu à les payer, la gratuité détient alors pour eux un sens indéniable, incontestable, indiscutable.

Néanmoins, du côté des pouvoirs publics, un certain brouillage doit être décelé dans la conception de la gratuité. Durant le XIXème siècle et le début du XXème siècle, la gratuité semblait s'attacher à tous les services pensés "obligatoires" pour les administrés, pour les habitants des communes[9]. Faire payer une contrainte pouvait assurément paraître incongru. Toutefois, dans la mesure où le domaine recouvert par cette obligation correspondait à une prestation indispensable pour le bien-être de chacun, nécessaire pour l'intégration citoyenne, utile pour l'insertion

---

[8] v. Loi n° 2000-242 du 14 mars 2000 relative aux volontariats civils institués par l'article L. 111-2 du code du service national et à diverses mesures relatives à la réforme du service national, *JO*, 15 mars 2000, p. 4031.

[9] G. J. GUGLIELMI et G. KOUBI, *Droit du service public*, Montchrestien, 2000, p. 436, n° 1118 et suiv.

sociale, en vertu même de la qualité de la prestation ainsi offerte, pouvait être demandé une relative contrepartie. Cette contrepartie ne devait pourtant pas prendre la forme d'une compensation au cas par cas mais reposer sur la conscience du civisme et de la solidarité. La gratuité, de facture républicaine et laïque, en appelait à la fonction de la "fraternité"[10]. Toutefois, elle apparaît, de façon paradoxale mais logique, attachée à la notion de charité dont les caractéristiques religieuses – en France et en Europe, chrétiennes – ne sauraient être occultées. Mais, dans cette perspective, la gratuité détient un lien énigmatique avec la notion de pauvreté. Ce mode de raisonnement qui assemble gratuité et pauvreté, issu de la vision des rapports sociaux dans une société de marché, paraît de nos jours connaître un regain de vigueur[11]. La saisie juridique et sociale de la gratuité est-elle indéfectiblement marquée par ces références à la charité de nature profondément religieuse ? Ne s'agit-il pas, pourtant, d'une forme de stratégie politique mise en œuvre par les Etats ou les groupes pour asseoir leur autorité ou s'assurer de la légitimité de leur actions ? La pauvreté, la charité, la gratuité ne sont-elles pas alors des instruments spécifiques pour conforter les positions dominantes en invitant à la soumission, obéissance et résignation allant alors de pair ?

Qu'elle soit considérée comme un idéal ou comme un objectif utopique, qu'elle soit pensée comme un argument de politique sociale, dans un univers juridique et politique qui se construit sur le paradigme du *marché*, la référence à la gratuité perd donc de son acuité sociale et de son sens civique. Dans ces champs, la gratuité serait une affirmation doctrinale dépourvue de toute portée pratique. D'une part, chaque action d'intérêt général ou activité publique est tributaire d'un mode de financement : l'impôt apparaît comme le lieu principal de sa réalisation. D'autre part, la fonction de l'intérêt particulier étant à chaque fois réactivée dans les relations civiles ou interpersonnelles, l'acte "gratuit" semble irréalisable[12].

Malgré la prégnance grandissante de la conception économique des services essentiels au lien social, due à l'intégration du droit communautaire dans le système politique et juridique français, la gratuité peut-elle demeurer à la source des principes de fonctionnement des services publics ? Ne s'agit-il pas plutôt de repenser la question du coût

---

[10] M. BORGETTO, *La notion de fraternité en droit public français*, LGDJ, 1993.

[11] P. SASSIER, *Du bon usage du pauvre – Histoire d'un thème politique*, Fayard, 1989 ; D. ROMAN, *Le droit public face à la pauvreté*, LGDJ, 2002.

[12] D'ailleurs, dans le champ anthropologique, le "don" lui-même appartient aux stratégies d'échange et modes de partage du temps et de l'espace par les individus, les groupes, les communautés, ces particularités conduisent à l'exclure du questionnement sur la gratuité, v. entre autres, J.-T. GODBOUT, A. CAILLE, *L'esprit du don*, La Découverte, 1992.

d'une activité à travers celle du prix qu'il serait possible de demander à chacun, à tous, pour que soit maintenu le lien social ? Car en ce domaine, c'est la prestation qui fait l'objet de la réflexion, prestation délivrée gratuitement ou bien dont le prix reste "raisonnable" ? Alors même que, dans le système juridique, il est possible de déceler "des essais de traitement de la gratuité comme un principe", l'existence de ce principe apparaît insoutenable en droit. De fait, dans l'espace de l'Union européenne, à la notion de gratuité se substitue progressivement la notion de "prix abordable", notamment pour un ensemble de services fondamentaux dits, désormais, "universels". Il ne s'agit donc plus d'assurer ces biens et services qui correspondent souvent à des besoins essentiels dans une société moderne à ceux qui ne peuvent assumer la charge d'un prix mais de les inciter à produire, au moins pour une part, aussi limitée serait-elle, l'effort financier minimal pour en bénéficier. La modification des perspectives relève des théories rawlsiennes des inégalités dites justes, opposées aux inégalités estimées injustes, seules les inégalités injustes devant être retenues dans ce modèle : celui qui ne peut payer sa contribution en tant qu'il est "des plus défavorisés", peut avoir droit au service universel, à ce service "minimal" conçu à l'adresse "des plus démunis". La gratuité du service acquiert ainsi la qualité d'une exception, elle est pensée comme une dérogation temporaire à la règle du paiement du coût réel du service considéré, lequel devrait être "raisonnable" pour assurer de l'accessibilité financière au service pour tout un chacun. Toutefois, que le service soit gratuit ou le prix du service raisonnable, faudrait-il croire que la question de la gratuité ne peut s'inscrire que dans les champs de l'action publique collective (G. J. Guglielmi) ? Il apparaît donc que, plus la sphère d'intervention publique s'amoindrit, plus les espaces de gratuité s'étrécissent.

En France, la plupart des services publics administratifs obligatoires doivent être gratuits, tel est d'ailleurs le cas de l'enseignement public. En effet, dans le préambule de 1946, il est clairement énoncé que "l'organisation de l'enseignement public *gratuit* et laïque à tous les degrés est un devoir de l'État". Pourtant, l'idée de la gratuité de l'école publique paraît répondre à une mystification généralisée. L'affirmation d'un principe d'égalité des chances en modifie la teneur : la "fracture sociale" oblige à repenser les formes d'éducation et d'instruction scolaire, invitant, dans le procédé de "bornage" à l'œuvre sur le territoire (zones d'éducation prioritaire), à une sélection entre les lieux selon les secteurs d'implantation des établissements (par exemple, dans les quartiers sensibles), à un tri entre les élèves selon le niveau de ressources des parents (B. Toulemonde). Le principe de gratuité de l'enseignement n'est pas distinctement exprimé dans le Code de l'éducation, il est abordé au détour de quelques dispositions, tel l'article L. 132-1 : "l'enseignement public dispensé dans les écoles maternelles et les classes enfantines et pendant la période d'obligation scolaire définie à l'article L. 131-1 est gratuit". Or, l'école maternelle n'entre pas dans le schéma général de l'organisation de la scolarité en France ; elle n'est pas considérée comme un "degré" d'enseignement, elle n'est pas imposée aux parents d'enfants en bas âge, elle n'est pas obligatoire pour tous les enfants. Situer dans un même cadre l'école maternelle et l'école primaire, ou au moins jusqu'à ce que l'enfant ait atteint l'âge de 16 ans, paraît pour le moins curieux. Quoi qu'il en soit, la gratuité est affirmée au moins pour ce qui concerne l'enseignement, mais nullement assurée pour ce qui concerne les fournitures et les sorties extra scolaires. De même, "l'enseignement est gratuit pour les élèves des lycées et collèges publics qui donnent l'enseignement du second degré, ainsi que pour les élèves des classes préparatoires aux grandes écoles et à l'enseignement supérieur des établissements d'enseignement public du second degré" (art. L. 132-2) ; mais, les "droits d'inscription" dans les universités ne sont pas conçus comme une atteinte à ce principe de gratuité. Là encore la formulation ambiguë permet de signifier que la gratuité concerne l'enseignement, les cours dispensés, le savoir diffusé, la transmission des connaissances : la gratuité du service est là recouverte par la rémunération, par le traitement versé aux enseignants. Une certaine liaison serait-elle donc à effectuer entre gratuité du service et qualité de l'agent, entre qualification de service public et condition de fonctionnaire public ? Ne faudrait-il pas alors rappeler le lien étroit qui s'est institué historiquement entre la qualité de fonctionnaire public et l'activité de service public ? En quelque sorte, le devoir de désintéressement du fonctionnaire a pour fondement une idée de service public, un "esprit de service public", qui rejoint la philosophie d'un principe de gratuité du service public. Les activités menées dans un but d'intérêt général ne se monnayent pas et celui qui assure cette mission ne doit pas en tirer de bénéfices personnels. Il ne s'agit pas de renouer avec une notion de dévouement des serviteurs de l'Etat mais de rendre compte de la conscience de l'intérêt général que doit avoir tout agent public.

C'est aussi à cette conscience de l'intérêt général que fait référence la doctrine administrative quand il s'agit d'évoquer la question des libéralités dans le champ du droit public. Aucun principe de droit n'interdit les libéralités aux personnes publiques. Celles-ci ne sont cependant licites que si l'avantage fourni au tiers trouve son fondement juridique dans l'intérêt général, dans les cas où un intérêt public est en jeu. Dans la mesure où une libéralité se définit comme un acte par lequel une personne fournit "sans contrepartie un avantage à une autre", pour lui rendre service ou dans une intention généreuse (M. Bazex), la fonction de la gratuité y trouve un sens mais elle ne se départit guère de la notion d'*intérêt* ; plus encore, elle s'insère inévitablement dans un système néo-libéral qui met l'accent sur le partenariat, sur cette combinaison contractualisée entre action administrative et activité des citoyens. Dès lors, si l'absence de contrepartie directe et effective revêt sans aucun doute un caractère altruiste, elle n'assure la satisfaction de l'intérêt général qu'à la condition que l'avantage ainsi offert ne s'accompagne pas de directives contraignantes sur le plan idéologique.

La liaison entretenue entre gratuité et espace public ouvre encore sur la question des usages de cet espace public. Mais peut-on encore parler d'utilisation "gratuite" du domaine public quand se développent les péages, les modes d'occupation privative de ces espaces pourtant affectés à l'usage du public (C. Lavialle) ? Lorsque les défenseurs du libéralisme remarquent que "la gratuité de l'usage de la chaussée entraîne une trop grande circulation automobile", préconisant alors le paiement de "droits à circuler"[13], comment ne pas craindre le développement d'actions de type "écologiste" s'y greffant puisque le modèle des "droits à polluer" semble désormais s'incruster dans les discours politiques ?

La notion de gratuité contiendrait-elle encore les risques d'une "fracture civique" ? Sans avoir à se référer à une idée de "fracture numérique" qui pénètre les discours politiques modernes en ce qui concerne les développements de l'informatique dans les secteurs publics, confinant à la constitution d'une administration électronique pensée "au service des citoyens", l'accès à la connaissance du droit et de ses droits pour chacun des citoyens doit être assuré. La qualité de citoyen se mesure effectivement à l'aune de son savoir politique et juridique, seuls moyens pour une éducation à la conscience critique qui est le plus grand service rendu à la démocratie. Afin de permettre à tous de prendre connaissance des textes juridiques, d'avoir accès au droit, c'est-à-dire à ces textes, pour déterminer les droits et les obligations, les autorisations et les interdictions, dont chacun serait bénéficiaire ou au contraire auquel chacun serait soumis, il semble nécessaire de repenser les modes de diffusion du droit, de mettre en ligne les lois et les décrets, de les écrire d'une manière claire dans un langage commun et surtout de permettre leur lecture et leur explicitation sans qu'aucune contrepartie financière puisse être exigée (D. Bourcier).

L'accès au droit est une dérivée fondamentale de l'accès à l'instruction. La notion de gratuité puise là une des ses plus grandes forces. Mais, la gratuité revêt-elle aussi une fonction essentielle en matière

---

[13] P. SALIN, *Libéralisme*, Odile Jacob, 2000, p. 267 et s.

d'accès à la culture, au savoir, à la lecture ? Alors qu'une directive européenne, en vertu de la mercantilisation de tous les secteurs sociaux fondés sur des mécanismes d'échange, remet pourtant en cause le prêt gratuit des ouvrages dans les bibliothèques publiques, comment penser la fonction de ces bibliothèques dans l'accès à la connaissance, dans la diffusion des œuvres culturelles (D. Dürr) ? Ce "prêt payant" des livres paraît anachronique dans une société qui invite au développement des savoirs. Il est alors possible de penser que "prêter (un livre) n'est pas voler (l'auteur)"[14]. L'idée de "propriété artistique et littéraire" recouvre plusieurs temps qui, pourtant, sont de moins en moins dissociés. Si "un livre est une marchandise [...] le texte lui-même en est-il une ? [...] Les idées que développe un livre, les représentations qu'il fait vivre sont aptes à se propager de bouche à oreille. Leur fluidité, leur destination même, les processus par lesquels l'esprit se les approprie rendent spécieux le terme de propriété"[15]. Le maître mot du marché est bien celui de *propriété*, lequel est incompatible avec l'idée de gratuité.

C'est ainsi que la gratuité devient un de ces termes occultants, un de ces termes destinés à masquer les raisons des distinctions sociales. Elle apparaît un palliatif aux écarts de richesses, aux différences entre les revenus et ressources des personnes ou familles qui, éventuellement, à un moment où un autre de leur vie quotidienne, peuvent avoir à faire appel à la justice. Or, la justice a un coût : la notion même de "frais de justice" laisse penser qu'en ce domaine pourtant substantiel pour le maintien de la paix civile, la gratuité n'a pas de sens concret (M. Courtin). Et ce ne sont pas les procédés relatifs à l'octroi de l'aide judiciaire qui pourraient y porter remède, cette aide juridictionnelle étant pensée comme un mode de rémunération des auxiliaires de justice (avocat-e-s souvent commis d'office) et non comme un moyen d'accès à la justice, sinon, d'une façon détournée, pour les plus démunis (H. Destrem).

La gratuité acquiert désormais une fonction politique plus qu'économique. Nombreuses sont les activités de type régalien, dites de "puissance publique", dont les interventions, de l'ordre de la contrainte, sont pensées "gratuites" (D. Maillard Desgrées du Loû). Elles doivent effectivement apparaître telles pour les administrés qui les subissent ou en bénéficient ; il peut s'agir des actions de maintien de l'ordre pour assurer la sécurité des personnes et des biens comme des activités de contrôle et

---

[14] selon le titre de l'ouvrage collectif réunissant les remarques de M. ONFREY, BAPTISTE-MARREY, J.-M. LACLAVETINE, H. ZOUGHEBI, F. BON sur les polémiques relatives aux demandes de "prêt payant" des ouvrages dans les bibliothèques exprimées par plusieurs éditeurs et auteurs (dont notamment M. DEL CASTILLO, *Droit d'auteur*, Stock, 2000).
[15] J.-L. SAGOT-DUVAUROUX, *Pour la gratuité*, Desclée de Brouwer, coll. Ethique sociale, 1995, p. 50.

de répression des fraudes pour garantir, par exemple, la qualité de l'eau ou des denrées alimentaires. Mais il n'est pas assuré que les activités relevant des secours et assistance bénéficient de cette même attention, la tendance actuelle étant de rendre chacun responsable des risques qu'il encourt, les interventions de sauvetage et de secours, de gratuites à l'origine deviennent de plus en plus souvent "payantes", et trop souvent sous le couvert d'un univers assuranciel de plus en plus étendu.

Les interrogations à propos de la *notion de gratuité* suivant tous les modes d'approche et de lecture empêchent donc la perspective d'analyse de s'enfermer dans l'espace des sciences juridique et économique. Elles exigent que soient pensés la gratuité et ses contraires dans des champs ouverts, dans des champs sociologiques et philosophiques, afin de mieux les cerner, au-delà même de leurs approches psychologiques... Elles amènent la réflexion aux confins de la "fracture numérique", ce qui laisserait à penser que les derniers espaces de gratuité qu'offraient les nouvelles technologies sont désormais atteints par le virus du marché, du commerce, du bénéfice, de l'argent (S. Canevet).

Or, si "l'argent ne fait pas le bonheur", ne serait-il pas temps d'accorder aux choses, biens, services, activités sans prix, une valeur ? une valeur sociale. Et en ce siècle promoteur de la mondialisation, devant la contestation de l'hégémonie capitaliste, face aux difficultés sociales qu'engendre l'ère du néolibéralisme, dans la lutte contre l'affirmation catégorique du dogme du marché, la gratuité est peut-être le lieu d'une recomposition de la pensée politique, le pivot de la reconstruction de la cohésion sociale dans les sociétés démocratiques contemporaines.

L'idée de gratuité et la notion de solidarité sociale

Michel Borgetto[*]

Selon la plupart des dictionnaires, est gratuit ce "que l'on donne sans faire payer" ou ce "dont on jouit sans payer"[1].

Si, dans ses grandes lignes, cette définition correspond sans doute à l'acception courante de la gratuité, elle mérite néanmoins d'être brièvement explicitée pour peu que l'on veuille l'étendre à l'univers juridique.

En droit, en effet, il est un certain nombre d'hypothèses dans lesquelles on peut recevoir une chose, jouir d'un bien ou bénéficier d'un service ou d'une prestation sans payer. C'est l'hypothèse, par exemple, où cette chose ou ce bien n'a fait l'objet d'aucune appropriation quelconque : ainsi, notamment, de l'air que nous respirons, lequel ne saurait naturellement donner lieu à facturation ; c'est l'hypothèse, encore, où cette chose ou ce bien se trouve mis librement à la disposition des usagers car faisant partie du domaine public : ainsi, pour ne prendre que ce cas bien connu, d'une voie publique de communication ; mais c'est l'hypothèse, également, où une prestation est fournie à un individu "sans qu'en retour soit exigé un prix représentant un échange ou un paiement"[2] ou sans que cet individu ait à supporter personnellement la charge financière de l'avantage qui lui est procuré.

Si, au regard du Droit en général et de la notion de solidarité sociale en particulier, c'est sans conteste cette dernière hypothèse qui se révèle tout à la fois la plus riche d'applications, la plus complexe et la plus en adéquation avec ladite notion, la définition quelque peu elliptique de la gratuité qui la sous-tend appelle néanmoins deux remarques en forme de précision.

---

[*] *Professeur de droit public à l'université de Paris-II.*

[1] *Petit Dictionnaire Robert.*

[2] J. SALOMON, *L'égalité de tous les individus devant le service public*, Thèse Droit Grenoble, 1954, p. 292.

La première remarque a trait à cela même que cette définition postule : à savoir que la gratuité à laquelle il est fait référence ne vise ici que la seule *fourniture* de la prestation, en aucun cas sa *production* ; en d'autres termes, si gratuité il y a, elle ne saurait résulter que de l'absence non pas d'un *coût* mais seulement d'un *prix* devant être acquitté par l'usager du service. Constat d'importance s'il en est puisqu'il permet notamment de rappeler deux points qui n'ont nullement échappé aux juristes ; d'abord que, sur le plan économique, la gratuité pure "n'existe pas"[3] dans la mesure où le service ou la prestation ont toujours un coût : coût qui, s'il n'est pas supporté par son bénéficiaire, doit forcément être supporté par quelqu'un. Ensuite - et ceci découle de cela -, que la décision afférente à la détermination de la personne devant prendre en charge ce coût constitue dans l'immense majorité des cas, sauf rares exceptions, une décision "d'essence politique"[4] : la question de savoir si cette personne sera le bénéficiaire de la prestation, le contribuable, les autres usagers ou encore le gestionnaire du service (lequel devra alors se procurer des ressources propres) relevant davantage, à l'évidence, de considérations de pure opportunité que de considérations proprement techniques ou juridiques.

Quant à la seconde remarque, elle a trait à cela même que cette définition implique : à savoir que la gratuité dont il s'agit renvoie ici non pas tant à la gratuité du *service* ou de la *prestation* qu'à la gratuité pour le *bénéficiaire*. En d'autres termes, c'est seule la possibilité qu'a un individu d'accéder à une prestation sans avoir à en assumer finalement le coût qui doit se saisir, dès lors que l'on privilégie le point de vue du prestataire et non celui du fournisseur, comme le véritable critère de la gratuité. Dans cette perspective, les modalités techniques de financement arrêtées par les autorités compétentes importent peu : que la prestation soit ou non payante et qu'elle le soit ou non pour tous, seul compte le fait qu'un bénéficiaire n'ait pas à supporter (*via* par exemple une exemption de prix ou une prise en charge de celui-ci par un tiers) le poids financier de cette dernière. Si tel est le cas, il y aura bel et bien gratuité et ce, quand bien même l'organisme fournisseur de biens ou de services serait financé par une partie voire par la totalité des bénéficiaires.

C'est cette conception large et extensive de l'idée de gratuité qui sera retenue dans les quelques réflexions qui suivent : outre qu'elle se révèle la plus conforme à la définition qui est couramment donnée de l'idée en question, elle présente en effet l'immense avantage de bien faire voir le

---

[3] G. J. GUGLIELMI, G. KOUBI, *Droit du service public*, 2000, Montchrestien, p. 433.
[4] R. HERTZOG, *Recherches sur la gratuité et la non-gratuité des services publics*, Thèse Droit Strasbourg, 1972, p. 23.

rôle majeur joué en la matière par une autre notion, à savoir celle de solidarité sociale.

L'importance de ce rôle, au demeurant, ne saurait véritablement étonner : dès lors que la détermination de la personne devant supporter le poids final d'une prestation constitue, ainsi qu'on l'a noté, une décision essentiellement politique, il est logique qu'une notion qui implique notamment que les plus riches ou les plus favorisés viennent en aide aux plus faibles ou aux plus défavorisés se trouve à l'œuvre dans le choix opéré en faveur de la gratuité.

Mais si les liens existant entre l'idée de gratuité et la notion de solidarité sociale sont à ce point étroits qu'ils apparaissent à beaucoup quasi indéfectibles, leur intensité n'en varie pas moins sensiblement selon la manière dont est appliquée cette idée. De là, la nécessité d'opérer une distinction entre les deux principales traductions qui lui sont données : entre *la gratuité par absence de prix*, laquelle peut se saisir comme une expression ancienne mais toujours opératoire de la solidarité (I) et *la gratuité par dispense de prix*, laquelle peut se saisir comme une expression logique mais le cas échéant problématique de cette même solidarité (II).

LA GRATUITE PAR ABSENCE DE PRIX : UNE EXPRESSION ANCIENNE MAIS TOUJOURS OPERATOIRE DE LA SOLIDARITE

Bien qu'ils se révèlent plus ou moins étroits selon les cas de figure, les liens qui unissent ici les deux idées de gratuité et de solidarité sociale ne sauraient néanmoins prêter à discussion : l'analyse des diverses hypothèses qui consacrent une absence de prix permettant clairement d'établir ou bien - hypothèse haute - que la solidarité constitue la finalité de la gratuité (A), ou bien - hypothèse basse - que la gratuité constitue un instrument de la solidarité (B).

La solidarité, finalité de la gratuité

Cette hypothèse renvoie à l'une des manifestations les plus anciennes et constantes du lien existant entre gratuité et solidarité sociale : à savoir la mise en œuvre du principe d'assistance au profit de celui qui se trouve, de manière plus ou moins durable, dans une situation de besoin. Dans ce cas de figure, en effet, la gratuité apparaît en quelque sorte automatique ou inévitable car consubstantielle au but ou à l'objet mêmes de la prestation offerte : venir en aide à celui dont l'état nécessite un minimum de solidarité de la part de la société.

Mais si la solidarité constitue bien en l'espèce la finalité de la gratuité, la nature des relations qu'entretiennent entre elles ces deux idées n'en appelle pas moins plusieurs précisions.

Ainsi convient-il d'observer, tout d'abord, que la gratuité par absence de prix ne constitue, même lorsque la prestation ou le bien qui est fourni n'a d'autre raison d'être que la solidarité, qu'une modalité parmi d'autres de l'idée de gratuité. En réalité, le service d'assistance ou d'aide sociale dispose, selon les circonstances, d'une certaine marge de manœuvre. Parfois, il est vrai, celle-ci est nulle : c'est bien évidemment le cas, par définition, lorsque le service alloue des prestations en espèces destinées à améliorer le sort des personnes secourues. Cependant, il n'en va pas toujours et forcément ainsi : lorsqu'il s'agit de délivrer des prestations en nature, les choses se révèlent beaucoup plus complexes.

Dans certaines hypothèses, la gratuité par absence de prix s'impose d'elle-même ; c'est le cas, par exemple, de la plupart des prestations délivrées par le service d'aide sociale à l'enfance : prestations qui, dans la mesure où elles bénéficient notamment aux mineurs abandonnés, sans filiation établie ou en danger, ne peuvent que difficilement ne pas se révéler gratuites[5]. C'est le cas, également, des biens ou avantages divers (fournitures de repas, dons alimentaires, de vêtements, etc.) que les services sociaux entendent librement délivrer aux plus démunis : là encore, la gratuité par le prix est de rigueur puisque ces biens et avantages ne constituent rien d'autre, finalement, que de pures et simples libéralités[6].

Mais dans d'autres hypothèses, en revanche, il en va autrement. On en veut pour preuve, par exemple, les prestations fournies aux personnes malades dépourvues de ressources. Pendant des siècles, en effet, la prise en charge de ces personnes incomba directement aux institutions charitables mises en place sous le contrôle de l'Eglise : des soins, qui étaient financés par les dons et revenus de celle-ci, leur étaient apportés gratuitement. Sous la Révolution, la nationalisation des biens du clergé à laquelle il fut procédé déboucha bien sur l'émergence d'un véritable service public d'assistance placé sous l'égide de l'Etat : mais si ce fut alors ce service et non plus l'Eglise qui se vit chargé de venir en aide aux personnes malades par le biais de fonctionnaires spécialisés (officiers de santé, accoucheuses...), le principe de la gratuité par absence de prix fut bel et bien maintenu : les prestations en cause (diagnostics, médicaments...) étant en effet fournies sans aucune contrepartie

---

[5] Sur ce point, v. notamment M. BORGETTO, R. LAFORE, *Droit de l'aide et de l'action sociales*, 4ème éd., 2002, Montchrestien, p. 215 et s.

[6] V. notamment M. BORGETTO, R. LAFORE, *Droit de l'aide et de l'action sociales (op. cit.)*, p. 85 et s.

monétaire puisqu'elles étaient directement financées par l'impôt. Il en alla de même durant presque tout le XIXème siècle, lequel marqua en la matière un retour aux principes en vigueur à la fin de l'Ancien Régime, c'est-à-dire une prise en charge par la charité et la bienfaisance publique. Ce n'est qu'à la fin du siècle que les choses changèrent sensiblement : non pas seulement parce que le principe d'une aide médicale obligatoire en faveur des personnes dépourvues de ressources fut consacré par les textes mais aussi et surtout parce que le principe de la gratuité par absence de prix fut alors abandonné. Certes, en étant soignés à domicile ou en étant accueillis à l'hôpital, les indigents étaient pris en charge gratuitement et n'avaient donc aucune somme à débourser ; mais la solution qui fut alors privilégiée fut celle du *tiers payant :* les médecins et hôpitaux qui dispensaient des soins aux personnes concernées se voyant directement remboursés par les collectivités que la loi avait désignées comme débitrices de l'aide publique[7].

De même, convient-il de souligner, ensuite, certaines limites susceptibles d'affecter en la matière la gratuité par absence de prix. Une première limite tient à l'un des principaux caractères qui s'attachent à l'aide sociale : à savoir que celle-ci ne doit s'analyser, sauf rares exceptions, que comme une simple avance de la collectivité publique en vue de répondre à un besoin précis : ce qui signifie, concrètement, que cette dernière a toujours la possibilité, si elle le désire et si les textes ne s'y opposent pas, d'exercer une récupération *a posteriori* à l'encontre à la fois du bénéficiaire revenu à meilleure fortune, de sa succession, du légataire et du donataire[8]. Constatation bien évidemment tout à fait capitale puisqu'elle prouve qu'une prestation fournie en principe gratuitement peut fort bien, le cas échéant, ne pas se révéler véritablement gratuite…

Une seconde limite tient - ce que l'on a parfois tendance à oublier lorsqu'on se livre à une analyse purement juridique de la gratuité -, à l'existence éventuelle d'obligations pesant sur la personne secourue en contrepartie de l'aide qui lui est apportée.

Les textes demeurés longtemps applicables à une forme particulière d'assistance publique – l'aide à l'hébergement et à la réadaptation sociale[9] – constituent à cet égard une excellente illustration du présent

---

[7] Sur tous ces points, v. notamment M. BORGETTO, *La notion de fraternité en droit public français (Le passé, le présent et l'avenir de la solidarité)*, 1993, LGDJ, p. 185 et s. et p. 434 et s.

[8] Sur ce point, v. notamment M. BORGETTO, R. LAFORE, *Droit de l'aide et de l'action sociales (op. cit.)*, p. 165 et s.

[9] Cette forme d'aide est devenue, depuis la loi d'orientation du 29 juillet 1998 relative à la lutte contre les exclusions, "aide à l'hébergement et à la réinsertion sociale".

propos. Héritière d'un procédé très ancien d'intervention sociale consistant à prendre en charge une pauvreté marginale composée notamment de personnes "désaffiliées" (personnes sortant de prison ou d'établissements de cure ou de rééducation, personnes en danger de prostitution ou s'y livrant, vagabonds...), cette forme d'assistance ne fut intégrée à l'aide sociale obligatoire que tardivement, lors des réformes de 1953-1954 : elle avait alors pour objet de fournir un gîte aux personnes qui en faisaient la demande tout en favorisant le "reclassement" de l'intéressé. Sans doute, l'hébergement en question était-il offert à titre gratuit, c'est-à-dire sans qu'en échange un prix quelconque soit demandé au bénéficiaire. Néanmoins, cette gratuité était en réalité très largement formelle : aux termes de l'ancien article 185 du Code de la famille et de l'aide sociale, ce dernier était en effet non seulement tenu "d'accepter les mesures qui lui (étaient) proposées", mais encore rigoureusement "astreint à travailler". Astreinte qui, si elle s'expliquait peut-être par l'objectif de reclassement censé être poursuivi par cette forme d'aide sociale, s'expliquait aussi et surtout par la volonté des gouvernants de privilégier une logique d'échange et de contrepartie : l'obligation de travailler devant s'analyser ici à la fois comme le prix à payer pour bénéficier de l'aide sociale et comme un moyen judicieux, pour les pouvoirs publics, de diminuer la charge financière de celle-ci en profitant directement du fruit du travail fourni par les personnes secourues[10]...

A l'heure actuelle, il est vrai, cette disposition n'a plus cours puisque le droit positif n'impose plus catégoriquement au bénéficiaire de l'aide sociale d'effectuer un travail en échange de l'hébergement qui lui est assuré. Mais il ne faudrait pas en déduire que l'esprit ayant présidé jadis à son adoption ait totalement disparu ; outre que l'on pourrait en retrouver la trace dans l'obligation d'insertion qui pèse sur l'allocataire du RMI, il ne fait guère de doute qu'une logique très largement similaire est bel et bien à l'œuvre dans la solution retenue récemment par le Conseil d'Etat à propos des politiques d'insertion sociale menées par les collectivités locales : le fait que le juge ait considéré qu'une commune pouvait à bon droit subordonner l'octroi d'une allocation municipale d'habitation à l'accomplissement par le bénéficiaire de travaux d'intérêt général[11] montrant clairement que la gratuité n'a pas seulement un coût mais parfois a aussi, même en matière d'aide et d'action sociales, un certain... prix.

En dehors des différents cas qui viennent d'être évoqués, lesquels

[10] Sur ces points, v. notamment M. BORGETTO, R. LAFORE, *Droit de l'aide et de l'action sociales (op. cit.)*, p. 517 et s.

[11] CE, 29 juin 2001, Commune de Mons-en-Barœul, *AJDA*, 2001, p. 42, note Y. JEGOUZO et p. 386, obs. D. ROMAN.

renvoient tous à des prestations fournies au titre de l'aide sociale, il est également un grand nombre d'autres cas dans lesquels se trouve consacrée une gratuité par absence de prix : cas qui se différencient des précédents en ce que ce n'est plus la solidarité qui constitue la finalité même de la gratuité mais bien plutôt la gratuité qui constitue un instrument de la solidarité.

La gratuité, instrument de la solidarité

Si le lien entre gratuité et solidarité apparaît avec évidence lorsqu'une prestation d'aide sociale est fournie à une personne se trouvant dans le besoin, ce lien n'est pas pour autant inexistant dans tous les autres cas dans lesquels on observe une gratuité par absence de prix : que ce soit lorsque est en jeu l'usage du domaine public ou que ce soit, surtout, lorsque sont en cause certains services publics à caractère administratif.

Au début du XXème siècle, d'ailleurs, nombre de juristes ne s'y trompèrent pas qui n'eurent de cesse, lorsque se développèrent les idées solidaristes en général et l'idée de service public en particulier, à la fois de souligner et d'expliciter la présence de ce lien ; tel fut surtout le cas, on le sait, de Maurice Hauriou et, dans son sillage immédiat, d'auteurs comme Rolland ou Bonnard[12], lesquels firent notamment valoir, pour justifier le caractère gratuit d'un certain nombre de services publics, qu'en impliquant un financement socialisé - c'est-à-dire, en fait, un financement par l'impôt -, la gratuité permettait de redistribuer les richesses et, par là même, de consacrer le principe de solidarité : "le service public, affirmera ainsi Hauriou, contient au profit des habitants pauvres une forte dose d'assistance, car du moment que les bases du service sont dissociées de celles de l'impôt et que le service est également rendu à tous tandis que l'impôt est proportionnel aux facultés des contribuables, les gros contribuables entretiennent le service au profit des petits"[13].

Sans doute, une telle affirmation pourra-t-elle apparaître, à l'heure actuelle, quelque peu datée et réductrice : pour autant, le lien unissant gratuité par absence de prix et solidarité sociale demeure toujours, pour deux raisons au moins, bien réel.

La première raison tient au fait qu'en offrant à tous la possibilité de bénéficier d'une prestation indépendamment des ressources personnelles de chacun, la gratuité par absence de prix constitue sinon "la seule formule qui permette d'assurer pratiquement l'égalité entre tous les

---

[12] V. par exemple R. BONNARD, *Précis de droit public*, Sirey, 1934, 3ème éd., p. 336.

[13] M. HAURIOU, *Précis de droit administratif*, Sirey, 1919, 9ème éd., p. 45.

usagers du service public"[14], du moins une formule grâce à laquelle l'égalité de tous devant les droits reconnus aux individus et notamment les droits-créances proclamés par les textes constitutionnels, peut prendre corps. C'est dire que cette égalité qu'elle rend possible et qui la fonde n'est pas n'importe quelle égalité ; c'est "une égalité devant la société, devant la nature, devant la rareté" qui vise à faire "disparaître les avantages du riche sur le pauvre"[15] ; en d'autres termes, c'est une égalité qui, d'essence politique et sociale beaucoup plus que juridique, se veut concrète car reposant sur "la proclamation d'un droit à certaines prestations". C'est pourquoi la gratuité que cette égalité implique et porte en elle ne doit pas seulement être regardée, dans cette perspective, comme l'expression de l'idée d'intérêt général : elle doit aussi et surtout être regardée, quel que soit par ailleurs le rôle susceptible d'être joué par cette idée, comme "l'expression d'un principe de solidarité sociale dont la définition juridique est l'égalité devant les droits de l'homme"[16].

Le lien existant entre gratuité et égalité d'une part, intérêt général et solidarité sociale d'autre part, se trouve largement confirmé, au demeurant, par le droit positif : l'examen des textes et de la jurisprudence montrant clairement que les services publics gratuits correspondent, dans la quasi-totalité des cas, à des droits de l'individu expressément reconnus par la Constitution et/ou par les lois. C'est-à-dire correspondent soit à des prestations qui, bénéficiant à tous, font partie de ce qu'il est convenu d'appeler le "domaine naturel de l'Etat" : police, diplomatie, défense nationale, justice, lutte contre l'incendie... ; soit surtout à des services qui, mettant en œuvre des droits-créances reconnus par les textes constitutionnels, en particulier par le préambule de 1946, ont vocation eux aussi à être utilisés par l'ensemble de la population : ainsi, par exemple, du service de l'enseignement dont le caractère non onéreux est expressément reconnu par la Loi fondamentale[17] et, par voie de conséquence, protégé par le juge[18] ; ainsi, encore, d'une multitude

---

[14] J. SALOMON, *L'égalité des individus... (op. cit.)*, p. 291.

[15] R. HERTZOG, *Recherches sur la gratuité... (op. cit.)*, p. 103.

[16] R. HERTZOG, *Recherches sur la gratuité... (op. cit.)*, p. 169 ; dans le même sens, v. aussi C. TEITGEN-COLLY, *La légalité de l'intérêt financier dans l'action administrative*, 1981, Economica, p. 328.

[17] V. l'alinéa 13 du préambule de la constitution de 1946 : "la nation garantit l'égal accès de l'enfant et de l'adulte à l'instruction, à la formation professionnelle et à la culture. L'organisation de l'enseignement public gratuit et laïque à tous les degrés est un devoir de l'Etat".

[18] Pour des exemples d'application de ce principe par le juge administratif, v. notamment CE, 10 janvier 1986, Cne de Quingey, *Rec.*, p. 2 (écoles maternelles) ; CE, 7 juillet 1993, Université Pierre Mendès-France, *D.*, 1993, p. 533, concl. R. SCHWARTZ ou encore CE, 10 décembre 1993, Université de Jean Moulin Lyon III, *Rec.*, p. 89 (enseignement supérieur).

d'autres services visant à protéger tout ou partie de la population : services tels que ceux de l'ANPE, de la protection maternelle et infantile, de la santé scolaire, etc.

Quant à la seconde raison, elle est évidente : elle tient au fait qu'en exigeant un financement du bien ou du service par l'impôt, la gratuité par le prix opère nécessairement, qu'on le veuille ou non, une certaine redistribution des richesses, consacrant par là même une solidarité minimale entre tous les membres de la société. Réalité dont un grand nombre d'auteurs conviennent d'ailleurs aisément puisqu'ils n'hésitent pas à affirmer que cette forme de gratuité "traduit, par le financement par l'impôt qu'elle implique, la solidarité sociale"[19].

En faisant un tel constat, il ne s'agit pas de soutenir, bien entendu, que cette forme de gratuité constitue en toute hypothèse le moyen le plus juste et le plus équitable de garantir la solidarité et l'égalité de tous ; pour s'en convaincre, il suffirait de faire observer d'abord que la part occupée par l'impôt progressif dans la masse globale des prélèvements obligatoires n'a cessé de décroître au fil du temps au profit de la fiscalité indirecte, ce qui, partant, atténue sensiblement le caractère redistributif de cette forme de contribution ; ensuite, que le caractère non-payant d'un service public ne saurait toujours suffire, ainsi que le montre par exemple le cas de l'enseignement supérieur, à assurer un accès effectif aux prestations qu'il délivre : les moyens financiers très inégaux dont disposent les usagers potentiels pouvant parfois interdire à certains d'entre eux d'y accéder véritablement.

Il s'agit bien plutôt de suggérer que, quelles que soient les limites qui peuvent l'affecter, la gratuité par le prix constitue toujours, peu ou prou, l'instrument d'une solidarité sociale plus ou moins intense.

C'est pourquoi la politique qui consisterait à supprimer dans un certain nombre d'hypothèses cette forme de gratuité pour la remplacer par une gratuité sélective, c'est-à-dire par une gratuité ne bénéficiant qu'à certaines catégories de personnes seulement, n'est pas sans poser ici un problème de taille ; en effet, partant de l'idée que nombre de services publics fonctionnant gratuitement ne profitent en définitive qu'aux usagers les plus aisés, certains auteurs n'hésitent pas à conclure à la nécessité de rendre ces services onéreux : ainsi, s'agissant par exemple de l'enseignement supérieur, il serait selon eux beaucoup plus conforme aux principes de justice et de solidarité sociale de rendre ce service public payant, quitte à accorder des allocations d'un montant élevé aux étudiants issus de familles ne disposant que de faibles ressources[20].

---

[19] C. TEITGEN-COLLY, *ibid.*

[20] En ce sens, v. A. MINC (Dir.), *La France de l'an 2000*, 1994, Ed. O. Jacob/La Doc.

Or même s'il est vrai qu'en l'état actuel du droit, une telle solution n'est guère susceptible d'être consacrée[21], le problème qu'elle pose n'en mérite pas moins de retenir l'attention dans la mesure où d'autres services publics se trouvent potentiellement visés par cette critique de la gratuité.

En l'occurrence, cette critique n'emporte guère la conviction et ce, pour deux raisons au moins d'ordre à la fois technique et politique. Sur le plan technique, tout d'abord, on observera qu'il n'est nul besoin d'abolir la gratuité par absence de prix pour parvenir à une justice et à une solidarité sociales plus fortes ; il suffit pour cela de mettre en place un système de subventions (donc des sommes alimentées par l'impôt) afin que les personnes aux ressources limitées puissent soit accéder de manière effective aux prestations du service, soit voir l'impact financier de cet accès être réduit au minimum ; ainsi, en matière d'enseignement, existe-t-il toute une série d'allocations allant dans ce sens, qu'il s'agisse de l'allocation de rentrée scolaire, des bourses nationales de collège ou encore des bourses de l'enseignement supérieur. Et sur le plan politique, ensuite, on soulignera que l'abandon de la gratuité généralisée aurait pour principal résultat - outre de rendre beaucoup plus difficile l'exercice effectif d'un droit qui, à l'instar de celui à l'enseignement, se trouve garanti à tous par la Constitution - de faire supporter par les classes dites "moyennes" le poids des prestations d'enseignement : puisque ces classes qui, par le biais notamment de l'impôt progressif sur le revenu, participent déjà largement au financement des services publics gratuits ainsi qu'à celui d'un grand nombre de services mis en place en direction des plus défavorisés, devraient payer de nouveau pour bénéficier de prestations en principe gratuites... C'est dire que, plutôt que de mettre un terme à la gratuité qui prévaut aujourd'hui dans un certain nombre de services publics et, en particulier, dans celui de l'enseignement supérieur, il semble très largement préférable de maintenir un accès égal et gratuit de tous au dit service, quitte en contrepartie à initier une réforme substantielle de notre système fiscal et/ou, surtout, à améliorer le système d'allocations spécifiques en direction de certaines catégories d'étudiants.

Allocations qui, si elles peuvent sans doute être versées en cas de gratuité par absence de prix, n'en ont pas moins pour vocation première d'être délivrées dans le cadre d'une gratuité par dispense de prix.

---

française, p. 144.

[21] Le préambule de la constitution de 1946 disposant expressément que "l'organisation de l'enseignement public gratuit et laïque à tous les degrés est un devoir de l'Etat", il faudrait en effet une révision préalable de la Constitution pour pouvoir l'initier : sur cette disposition constitutionnelle, v. notamment J.-P. COSTA, L'alinéa 13, p. 313 et s., in G. CONAC, X. PRETOT, G. TEBOUL, *Le Préambule de la constitution de 1946. Histoire, analyses et commentaires*, Dalloz, 2001.

La gratuite par dispense de prix : une expression logique mais parfois problematique de la solidarite

Contrairement à l'hypothèse précédente, laquelle renvoyait à des services ou prestations qui étaient délivrés gratuitement à tous leurs utilisateurs et bénéficiaires, la gratuité par dispense de prix vise une hypothèse différente : hypothèse dans laquelle les services et prestations offerts sont en principe payants mais peuvent néanmoins être gratuits pour certains de ceux à qui ils sont destinés.

Là aussi, le lien entre gratuité et solidarité apparaît des plus étroits ; mais si l'analyse des différents cas de figure où se voit consacrée cette forme de gratuité montre clairement que la solidarité fonctionne comme la justification directe de la gratuité (A), elle montre aussi que la mise en œuvre de celle-ci n'est pas sans se révéler, à l'occasion, assez problématique au regard du principe même de solidarité sociale (B).

La solidarité, justification directe de la gratuité

Dans les différentes hypothèses où l'onérosité d'un service ou d'une prestation ne s'applique pas forcément à tous les usagers ou bénéficiaires, la gratuité apparaît en effet comme une condition nécessaire de la solidarité.

Cette gratuité dite *sélective* ou *discriminatoire*, qui a pour justification directe et pour principale raison d'être le principe de solidarité sociale, renvoie ici à deux grands cas de figure : soit les bénéficiaires d'une prestation se voient exonérés du paiement du prix ; soit le paiement de la prestation est pris en charge par un tiers ou par un mécanisme collectif de solidarité.

Le premier cas ne vise pour l'essentiel que le fonctionnement des *services publics* et, qui plus est, des *services publics administratifs (SPA)*. Certes, s'agissant des services publics industriels et commerciaux (SPIC), il peut arriver que l'usager soit exonéré du paiement du prix-redevance : ainsi, par exemple, de l'exonération de la redevance de l'audiovisuel pour les personnes âgées ne disposant que de faibles ressources ou encore de l'exonération, pour ces mêmes personnes, des redevances de location et d'entretien des compteurs électriques. Néanmoins, la prise en considération des ressources des usagers ne permet pas, en principe, de justifier une exonération de prix lorsque se trouve en cause un SPIC : le juge ayant toujours considéré que des différenciations tarifaires fondées sur les ressources des usagers ne sauraient en l'espèce être admises dans la mesure où, n'étant pas en rapport avec l'objet du service, elles se révèlent contraires, par là même, au principe d'égalité[22].

Les applications de ce premier cas sont aussi nombreuses que variées ; c'est par exemple l'exonération de taxes et de frais de timbre dont bénéficient les personnes les plus défavorisées en matière d'accès à la justice[23] ; c'est également la gratuité des frais d'inhumation des indigents, frais qui sont pris en charge par les communes[24]. C'est encore la politique de différenciation tarifaire mise en œuvre en matière de services publics locaux facultatifs : politique qui, après avoir été longtemps strictement encadrée par le Conseil d'Etat[25], a bénéficié récemment, sur le plan juridique, d'un réel assouplissement tant de la part du juge que de la part du législateur ; de la part du juge, puisque celui-ci a admis la légalité de différenciations tarifaires fondées sur les ressources des usagers, certains de ces derniers se voyant ainsi offrir la possibilité d'accéder gratuitement aux prestations offertes compte tenu de la faiblesse de leurs revenus[26] ; et de la part du législateur, puisque celui-ci n'a pas hésité à prévoir que "les tarifs des services publics administratifs à caractère facultatif peuvent être fixés en fonction du revenu des usagers et du nombre des personnes vivant au foyer" avant de préciser que "les taux ainsi fixés ne font pas obstacle à l'égal accès de tous les usagers au service[27]...

Le second cas de figure, qui renvoie à l'hypothèse dans laquelle le paiement de la prestation est pris en charge par un tiers ou par un mécanisme collectif de solidarité, vise quant à lui aussi bien les SPA que les SPIC.

On peut ainsi évoquer, dans le domaine des politiques sociales locales, la pratique adoptée depuis longtemps par quantité de communes consistant à accorder à certaines catégories de personnes aux revenus modestes des aides financières en vue de favoriser leur accès effectif à tel ou tel service public (conservatoire de musique, crèche, cantine scolaire, etc.) : pratique qui, si elle est devenue, il est vrai, beaucoup moins courante depuis 1997-1998, c'est-à-dire depuis que le juge et le

---

[22] CE, 17 décembre 1982, Préfet de la Charente-Maritime, *Rec.*, p. 427.

[23] Sur ce point, v. notamment M. BORGETTO, R. LAFORE, *Droit de l'aide et de l'action sociales (op. cit.)*, p. 553 et s.

[24] V. la loi du 28 décembre 1904.

[25] En ce sens, v. CE, 26 avril 1985, Ville de Tarbes, *Rec.*, p. 119, concl. B. LASSERRE ; *RFDA*, 1985, p. 707, concl. B. LASSERRE ; *AJDA*, 1985, p. 409, chr. J.-E. SCHOETTL et S. HUBAC ; *JCP*, 1986, II, 20765, note J.-P. MAUBLANC ; *D.*, 1985, p. 593, note F. HAMON.

[26] CE, 29 décembre 1997, Cnes de Gennevilliers et de Nanterre, *AJDA*, 1998, p. 102, chr., T.-X. GIRARDOT, F. RAYNAUD ; *RDP*, 1998, note M. BORGETTO, p. 899 ; *RFDA*, 1998, p. 539, concl. P.-H. STAHL ; *LPA*, 1998, n° 59, p. 12, note S. ALLOITEAU ; *Rev. adm.*, 1998, p. 406, note J.-M. PONTIER.

[27] L. n° 98-657, 29 juillet 1998, art. 147.

législateur ont admis que des différenciations tarifaires entre usagers d'un service public local facultatif à caractère administratif puissent être instaurées en fonction des ressources, n'en continue pas moins d'être suivie, à l'occasion, par certaines collectivités.

On peut encore évoquer, dans le domaine de la politique de la santé, les règles issues de l'institution de la couverture maladie universelle (CMU), lesquelles prévoient d'une part une gratuité des soins dispensés aux bénéficiaires de cette dernière (absence de ticket modérateur et de forfait journalier), d'autre part un certain nombre d'avantages auxquels ne peuvent accéder les autres assurés sociaux (dispense d'avance de frais, prise en charge plus forte concernant certaines dépenses telles que les dépenses de lunetterie ou de dentisterie). Règles qui mettent fort bien en évidence les liens étroits existant entre gratuité et solidarité et qui, partant, se révèlent tout particulièrement exemplaires ; non pas seulement parce qu'elles ne posent que deux conditions pour pouvoir bénéficier gratuitement de cette même CMU : percevoir des ressources inférieures à un plafond et résider de manière stable et régulière sur le territoire français ; mais aussi et surtout parce qu'en dispensant les bénéficiaires de toute contribution préalable au financement du système, elles permettent aux plus démunis d'accéder, au nom et en vertu du principe de solidarité, à la gratuité totale des soins. C'est dire que la gratuité se retrouve, ici, aux deux extrémités de la chaîne médicale : si elle se retrouve en aval puisque les prestations sont gratuites pour ceux à qui elles sont accordées, elle se retrouve aussi en amont puisque les bénéficiaires de la CMU ne sont en principe pas appelés, à la différence des autres assurés sociaux, à contribuer financièrement au fonctionnement du système...

On peut enfin évoquer, dans le domaine plus général de la lutte contre les exclusions, un mouvement qui a tendance, depuis quelques années, à se renforcer : celui qui consiste à faire prendre en charge par des mécanismes de solidarité collective certains biens essentiels à l'existence ; ainsi, le législateur a-t-il prévu, au nom du principe de solidarité, une prise en charge des fournitures d'eau, de gaz et d'électricité par les pouvoirs publics en cas d'impossibilité passagère pour une personne en difficulté de faire face au paiement de ses factures[28] ; de même a-t-il prévu, au profit des chômeurs en fin de droits et des demandeurs d'emploi de moins de 26 ans, un "droit au transport" afin de leur permettre un accès effectif aux transports collectifs, moyennant, le cas échéant, une gratuité totale du service[29].

---

[28] L. n° 98-657, 29 juillet 1998, art. 136 ; sur ce point, v. aussi la loi du 10 février 2000 sur la modernisation et le développement de l'électricité, art. 2.

[29] L. n° 98-657, 29 juillet 1998, art. 133.

Mais si elle constitue sans doute une condition nécessaire de la solidarité, la gratuité par dispense de prix n'en constitue pas toujours, cependant, une condition suffisante. De là, la politique de subventions développée par l'Etat visant à accorder des aides matérielles aux personnes aux revenus modestes afin de leur permettre non pas seulement d'accéder à un service public mais encore de faire face à une situation de besoin bien précise ; ainsi notamment, pour ne prendre que ces seuls exemples concernant les personnes âgées ou handicapées, des diverses prestations légales prévues par les textes : pour les personnes âgées, prestation spécifique dépendance puis allocation personnalisée d'autonomie, prestations d'aide ménagère, prestations de garde à domicile, etc. ; pour les personnes handicapées, prestations des services d'auxiliaires de vie, etc.

Autant d'exemples qui, s'ils confirment amplement que la gratuité par dispense de prix a quasiment toujours pour justification directe l'idée de solidarité sociale, ne préjugent en rien, néanmoins, des problèmes et difficultés soulevés par la mise en œuvre de cette forme de gratuité.

La gratuité, traduction incertaine de la solidarité

Pour justifiée et légitime qu'elle soit, la gratuité par dispense de prix soulève en effet, peut-être davantage encore que la gratuité par absence de prix, un certain nombre de difficultés liées sinon toujours et forcément à son principe même, du moins à ses modalités concrètes de mise en œuvre.

Parmi ces difficultés, on doit tout d'abord mentionner celle, classique, des effets de seuil susceptibles d'être générés par cette forme de gratuité ; c'est bien évidemment la nécessité de fixer, s'agissant des ressources des bénéficiaires, une limite au delà de laquelle ces derniers seront non plus dispensés mais au contraire tenus de payer le prix du service ou de la prestation qui se trouve à l'origine du problème : puisque certains bénéficiaires se verront accorder des réductions de prix conséquentes voire une gratuité totale dans le même temps où d'autres, aux ressources très voisines, seront dans l'obligation de verser des sommes bien supérieures voire d'acquitter l'intégralité du prix.

Le régime de la CMU constitue à cet égard une excellente illustration du présent propos dans la mesure où le plafond de ressources retenu par le législateur pour pouvoir bénéficier du régime de protection complémentaire (lequel donne droit à l'exonération du ticket modérateur et du forfait journalier, à la dispense d'avance de frais et au remboursement plus favorable de certains soins) a été conçu comme un "seuil couperet" : en deçà de ce plafond, les bénéficiaires n'ont rien à payer et ont droit à tous les avantages du système ; mais au-delà de ce même plafond, les personnes concernées n'ont droit à rien et doivent donc contribuer au premier euro pour prétendre bénéficier de la couverture offerte : c'est le cas notamment des personnes titulaires du minimum vieillesse ou de l'allocation aux adultes handicapés, personnes dont les ressources mensuelles ne dépassent pourtant que de quelques euros le plafond légal[30]...

Sans doute, une telle situation n'est-elle pas inéluctable ; même si elle suppose et implique nécessairement l'institution de seuils, la gratuité par dispense de prix peut être assortie, le cas échéant, d'un certain nombre de correctifs de nature à tempérer, voire à supprimer quelques-unes de ses conséquences les plus choquantes : pour cela, il n'est que d'instaurer des mécanismes visant à "lisser" les seuils en question. En droit de l'aide et de l'action sociales, ces mécanismes, qui passent le plus souvent par la création d'allocations différentielles, sont au demeurant très fréquents ; s'agissant de la CMU, il serait donc tout à fait possible d'éviter les effets de seuil pour le moins fâcheux constatés à l'heure actuelle : il suffirait de créer, au profit des personnes se situant plus ou moins légèrement au dessus du plafond légal de ressources, une allocation dégressive dont le montant diminuerait au fur et mesure que l'on s'éloignerait dudit plafond[31]... Mais si ces effets de seuil ne sont, on le voit, nullement inévitables, il reste que c'est bel et bien la gratuité par dispense de prix qui les engendre et non, par hypothèse, la gratuité par absence de prix...

De manière plus générale, on soulignera d'ailleurs que les difficultés pratiques que posent la gratuité par dispense de prix et, en particulier, l'institution de seuils de ressources pour accéder à un service ou à une prestation ne sauraient se limiter à ce seul aspect du problème : d'autres difficultés existent qu'il convient également de pointer.

Sur le plan technique, tout d'abord, on relèvera que les critères mêmes retenus pour calculer les ressources des usagers d'un service ou des bénéficiaires d'une prestation ne sont pas sans susciter, à la réflexion, certaines réserves : d'une part, parce que ces critères peuvent varier sensiblement, s'agissant des services publics administratifs locaux à caractère facultatif, d'une collectivité à l'autre[32] ; d'autre part et surtout parce que le critère qui semble *a priori* le plus satisfaisant (celui du revenu imposable) est loin de se révéler, malgré les apparences, à l'abri de toute critique : sans compter que ce revenu peut résulter d'agissements

---

[30] Sur ce point, v. notamment M. BORGETTO,"Brèves réflexions sur les apports et les limites de la loi créant une CMU", *Dr. soc.*, 2000, p. 30 et s.

[31] En ce sens, v. notamment C. DESCOURS, Rapport, *JO*, Sénat, Doc. parl., n° 376, p. 103 et s.

[32] Ici, on pourra par exemple prendre en compte les allocations familiales mais exclure les revenus mobiliers alors que là, on pourra procéder de manière strictement inverse...

frauduleux aboutissant à minorer les ressources réelles, il peut en effet se dégager, par le jeu des déductions et abattements, un écart sensible entre celui-ci et celles-là, rendant ainsi pour le moins aléatoire la mise en œuvre de la gratuité.

Sur le plan politique, ensuite, on relèvera encore un certain nombre de risques potentiellement ou réellement attachés aux modalités d'application de la gratuité par dispense de prix. Parmi ces risques figure notamment celui, de plus en plus souvent souligné par les observateurs et responsables de tous bords, d'une certaine "déresponsabilisation" des bénéficiaires du service ou de la prestation : le fait que ces derniers n'aient rien à payer pouvant à l'occasion les inciter à user de manière déraisonnable du service ou de la prestation offerts gratuitement (en matière de santé, surconsommation médicale *via* des consultations répétées et parfois inutiles ; en matière d'accès aux services publics locaux facultatifs, fréquentation aléatoire et irrégulière de ces derniers, ce qui occasionne des surcoûts de gestion, etc.)... C'est pour obvier à ce risque, d'ailleurs, que les collectivités locales décident généralement, lorsqu'elles créent un service public facultatif, de rendre payant l'accès à celui-ci (même si le prix demandé est nettement inférieur au coût réel de la prestation), ou encore que des voix nombreuses s'élèvent aujourd'hui pour réclamer, s'agissant des dépenses de santé, une contribution minimale de tous afin de responsabiliser chacun et, partant, de réduire les déficits sociaux.

Mais si ce risque ne doit pas, à l'évidence, être négligé, il ne doit pas non plus, à l'inverse, être surestimé : outre qu'il n'est nullement spécifique à cette forme de gratuité puisqu'il peut fort bien affecter, aussi, la gratuité par absence de prix, il n'est pas sûr par exemple que la mise à la charge du bénéficiaire de la CMU d'une somme modique en contrepartie d'une prestation de soins soit, tant sur le plan de l'efficacité que sur celui des principes, des plus judicieuses. Car de deux choses l'une : ou bien cette contribution se révèle très modique, et il y a alors tout lieu de craindre qu'elle ne dissuadera guère les personnes aux revenus modestes d'avoir le cas échéant (ce que les études et enquêtes statistiques n'établissent au demeurant nullement...) une consommation médicale désordonnée (le ticket modérateur dissuade-t-il les autres assurés sociaux de se livrer à une surconsommation et à des gaspillages ?) ; ou bien, cette contribution ne se révèlera pas modique, mais dans ce cas, ce seraient les droits élémentaires de l'individu ainsi que la solidarité nécessaire devant exister entre tous les membres du corps social qui se trouveraient mis à mal. Problème complexe, donc, dont la solution apparaît, ici comme ailleurs, beaucoup moins technique que purement politique...

Autre risque potentiel lié à la gratuité par dispense de prix : celui de faire peser de manière excessive sur les classes dites “moyennes” le poids de la solidarité, ce qui aurait alors pour résultat de recréer entre les individus certaines inégalités choquantes. Ce risque est particulièrement net en matière de tarification des services publics administratifs locaux librement créés par les communes : une politique mal maîtrisée de gratuité sélective pouvant en effet conduire, dans le même temps où le service devient accessible à certains usagers qui en étaient potentiellement exclus, à en exclure d'autres qui, avant cette politique, y avaient potentiellement accès. C'est dire qu'il convient en la matière de demeurer extrêmement prudent : la solution au problème posé semblant davantage passer ici par un renforcement des mécanismes de péréquation financière existant entre les collectivités locales que par un renforcement des mesures de gratuité sélective se traduisant par l'éviction de tous ceux dont les ressources seraient trop fortes pour leur permettre de bénéficier de la gratuité tout en étant trop faibles pour leur permettre d'accéder au service... C'est dire encore que si elle est le plus souvent strictement indispensable et légitime, la gratuité par dispense de prix doit être utilisée avec modération : faute de quoi elle risque d'aboutir davantage à déplacer le problème qu'à véritablement le résoudre.

Certains observateurs et responsables politiques, d'ailleurs, en ont pris conscience qui, explorant d'autres pistes, se sont notamment demandé s'il ne conviendrait pas, plutôt que de multiplier les cas de gratuité sélective, de généraliser à l'ensemble d'une population donnée des systèmes d'aide et d'allocations permettant d'accéder effectivement aux prestations des services publics : interrogation qui a débouché sur diverses propositions tendant à instituer au profit de tous les étudiants un système de bourses d'enseignement ou encore à créer, au profit de tous les jeunes ayant atteint un certain âge, un revenu minimal[33].

Pour l'instant, il est encore trop tôt pour savoir si ces orientations seront ou non consacrées, à terme, par les pouvoirs publics ; mais quelle que soit l'opinion que l'on peut avoir tant sur leur avenir que, au delà, sur leur bien fondé et leur pertinence dernière, une chose est sûre : derrière ces orientations, c'est bien la question des liens existant - ou devant exister - entre gratuité et solidarité sociale qui continue de se poser et de cheminer de manière plus ou moins souterraine.

Les formes et le contenu qui seront donnés, dans les années qui viennent, à l'idée de gratuité ne sauraient se saisir, dans cette perspective, que comme de simples révélateurs. Assistera-t-on à un recul de la gratuité par absence de prix ou au contraire à un maintien du *statu quo* voire à une

---

[33] En ce sens, v. notamment D. CHARVET, *Jeunesse, le devoir d'avenir*, Commissariat général du plan, 2001, La Doc. fr.

régression de la gratuité par dispense de prix ?

Un certain nombre de facteurs jouent contre le premier scénario : volonté des partis politiques de diminuer le niveau des prélèvements obligatoires ; souci d'accroître l'efficacité de l'action administrative (l'absence de prix apparaissant à beaucoup comme source de gaspillages) ; tendance à concentrer les moyens, dans une période où les contraintes financières et budgétaires sont fortes, sur les personnes qui en ont le plus besoin ; désir de réduire le poids de la puissance publique et de replacer l'individu face à ses charges, devoirs et responsabilités ; nécessité de s'adapter à la mondialisation et aux exigences de la construction communautaire, etc.

Si ce scénario devait advenir, ce serait un pan entier du modèle républicain français qui s'effriterait : modèle qui reposait sur une certaine conception du rôle incombant à l'Etat et aux pouvoirs publics, lesquels devaient assurer à tous, gratuitement ou à un prix très modique, un minimum de prestations et de services considérés comme essentiels ; qui reposait encore sur une certaine représentation de la notion de solidarité, laquelle devait fonctionner non pas seulement verticalement, c'est-à-dire du fort au faible et du riche au pauvre mais aussi horizontalement, c'est-à-dire entre tous les membres du corps social ; en un mot, qui reposait sur une certaine idée du lien politique et social.

Mais rien n'est encore joué. A ceci, une seule raison, évidente : c'est que si elle renvoie sans doute à un choix technique, la question tant des formes à donner à la gratuité que du contenu à attribuer à la solidarité renvoie d'abord et avant tout, on le sait, à un choix politique. Ce qui, en laissant toute sa place à la volonté des gouvernants et aux aspirations des citoyens, laisse largement ouvert, par là même, le champ des possibles.

2

L'introuvable principe de gratuité du service public

Gilles J. Guglielmi[*]

"Vous avez entendu cette doctrine avec horreur
Que tout chacun tient le même droit pareillement de propre nature,
En sorte que celui des autres est un tort qui lui est fait.
Ainsi il n'y a plus rien à donner.
Voici qu'il n'y a plus rien de gratuit entre les hommes."

Paul CLAUDEL, *L'Otage,* acte I, scène II.

Le concept de gratuité peut être attaché, dans le sens commun, à deux significations proches et néanmoins différentes. La première est celle d'absence de contrepartie financière. La gratuité est, selon cette acception, une situation de transfert unilatéral, c'est-à-dire de remise d'un bien ou d'un service sans contrepartie. Toutes choses égales par ailleurs et à un instant donné, la gratuité constitue une exception dans un rapport qui, autrement, eut été un rapport d'échange. Il est évidemment possible de considérer que cette situation de don, dans un grand nombre de cas, n'est pas séparable à terme d'une situation ultérieure de contre don[1], mais cela

[*] *Co-directeur du Centre d'études et de recherches : Fondements du droit public (CER:FDP), Universités de Cergy-Pontoise et de Paris X-Nanterre.*

[1] Pour un contre don républicain, cf. l'art. L. 755-2 du Code de l'Education, selon lequel "les élèves français de l'Ecole polytechnique (...) sont entretenus et instruits gratuitement sous

n'est pas une nécessité logique. La gratuité instantanément exprimée définit un espace circonscrit. Aussi l'analyse juridique peut-elle en première approche se borner à formaliser ce transfert unilatéral.

La seconde signification attachée à la gratuité est moins nettement ancrée dans l'instant d'un rapport, même déséquilibré ou unilatéral. Elle se rapporte à la fois à l'arbitraire et à l'absolu. L'acte gratuit, qu'écrivait parfois André Gide, et que théorisait Camus[2], est avant tout un acte sans fondement. Qu'est-ce à dire ? Dépourvu de justification et peut-être de rationalité, l'acte gratuit ne procède qu'en apparence de la volonté du sujet, tant la psychanalyse nous répète qu'aucun sujet ne peut poser sa volonté comme auto-fondée. Un tel acte est, au pire arbitraire, au mieux aléatoire, parfois poétique, souvent hasardeux. Devant la nécessité d'évacuer la gênante question du sujet, certains auteurs en tirent pour définition que l'acte gratuit est un acte qui se suffit à lui-même. Voire ! Cette sorte d'acte, pour un philosophe, relève peut-être d'un absolu au sens de Heidegger ou de Husserl, mais pour un juriste, elle relève surtout de l'énigme. Aucun acte juridique, sauf peut-être celui qui contient la norme fondamentale, aucun principe, sauf peut-être celui qui pose que la norme fondamentale est fondamentale, ne tutoie couramment l'absolu. En cette seconde acception de la gratuité, la réflexion juridique travaillerait aux confins du droit, et dans un espace théorique, pour savoir si un acte gratuit peut être juridique et si un acte juridique peut être gratuit.

Dans la perspective beaucoup plus limitée de la gratuité du service public, il faudra donc supposer que ces questions passionnantes ont été résolues par l'affirmative, sous peine de priver de portée tous les développements qui suivent.

De manière générale, le droit administratif au fil de sa construction, a noué des liens discrets mais anciens et constants avec la gratuité[3]. Par

---

réserve du remboursement éventuel des frais d'entretien et d'études, dans les cas et conditions fixés par décret en Conseil d'État".

[2] GIDE s'était contenté intuitivement d'un point de vue objectif, celui du caractère endogène de la production de l'acte : "Le suicide de Kiriloff (dans *Les possédés*) est un acte absolument gratuit, je veux dire que sa motivation n'est point extérieure..." *Dostoïevsky*, VI. Pour CAMUS, il s'agit d'une logique beaucoup plus politique : "A qui refuse toute autre détermination que celle de l'individu et de son désir, toute primauté, sinon celle de l'inconscient, il revient de se révolter en même temps contre la société et la raison. La théorie de l'acte gratuit couronne la revendication de la liberté absolue" *L'homme révolté*.

[3] Diverses indications, limitées au service public, in R. HERTZOG, *Recherches sur la gratuité ou la non gratuité des services publics*, Th. Strasbourg 1972 ; C. TEIGEN-COLLY, *La légalité de l'intérêt financier dans l'action administrative*, éd. Economica, 1981. M. WALINE, "Gratuité ou rémunération des services publics", *RD publ.* 1951, p. 497 ; R. HERTZOG, "Le prix du service public", *AJDA* 1997, n° spécial : Le service public, unité et diversité, p. 55 ; J.-L. LAJOIE, J.-P. TOMASINI, "Le principe de gratuité de l'enseignement public : droits d'inscription et redevances universitaires", *AJDA* 1998, p. 731 ; M. LECERF, "La gratuité des

ailleurs, l'idéal type du service public semble faire de la gratuité des prestations un de ses éléments consubstantiels. Après tout, si l'accomplissement de certaines activités, "doit être assuré, réglé, contrôlé par les gouvernants, parce que l'accomplissement de cette activité est indispensable à la réalisation et au développement de l'interdépendance sociale, et qu'elle est de telle nature qu'elle ne peut être réalisée complètement par l'intervention de la force gouvernante"[4], on peut espérer que les dépenses qui y sont relatives entreront dans la "contribution commune" prévue à l'article 13 de la Déclaration des droits de l'Homme et du citoyen du 26 août 1789, c'est-à-dire qu'elles seront, en principe, financées par l'impôt. Pourtant, la mise en évidence d'un unique principe de gratuité, applicable de façon générale aux activités publiques ou aux services publics s'est progressivement avérée impossible. Plus modestement, à certains moments, pour certaines activités, et sur des fondements juridiques variés, il peut exister soit des régimes de gratuité structurés par des règles d'une plus ou moins grande portée, soit des usages de la gratuité conformes au principe de légalité.

En effet, le système juridique contient aussi bien des traces de gratuité, que des essais de traitement de la gratuité comme un principe, avec ceci de remarquable que cette présence à éclipses dans la jurisprudence précède l'usage, assez éclaté, par le législateur ou le pouvoir réglementaire de la gratuité comme moyen d'action symbolique (I). A partir de cette évolution complexe, inhabituelle et comme inversée, les observateurs du système juridique ont caractérisé des subtilités telles dans le régime juridique des situations de gratuité, que l'existence d'un principe de gratuité n'apparaît pas soutenable, alors même que, de fait, la plupart des services publics administratifs obligatoires sont gratuits (II).

LES INDICES DE L'EXISTENCE PRECEDENT L'AFFIRMATION DE L'ESSENCE

Il en va du principe de gratuité comme du roi de Lydie nommé Gygès : il lui suffit de tourner le chaton de la bague qui orne sa main pour apparaître ou disparaître. C'est pourquoi, au lieu de livrer seulement de ces états alternés une vision en termes de hiérarchie des normes, il semble plus explicatif de retracer les moments clefs de l'évolution de ces liens entre droit, gratuité et service public.

---

services publics à l'égard des usagers", *JCP* 1998, I, 168; G. KOUBI, "Réflexions sur la gratuité dans le droit de la santé", *RD sanit. soc.* 1999, p. 1.

[4] *Traité de droit constitutionnel*, t. II, Sirey, 1923, p. 55.

La jurisprudence, principalement administrative, a appréhendé les relations entre droit, service public et gratuité (A) avant que les textes constitutionnels ou législatifs ne posent solennellement l'essence de principe en lui conférant une valeur élevée dans des domaines symboliques (B).

Le juge et les indices

C'est à l'origine la jurisprudence administrative qui a utilisé l'indice de la gratuité dans l'appréciation de la qualification ou de la légalité d'activités de service public. Trois exemples, éclairant successivement la nature du service public, le principe de l'intervention et les modalités de l'intervention peuvent en être donnés.

L'exemple le plus frappant, parce qu'il se situe au cœur même de la période et des arrêts considérés à tort par les juristes du début du XXème siècle comme marquant la naissance du droit administratif contemporain, est la liaison, courante au XIXème siècle, entre service public, compétence administrative et droit administratif – exception faite des baux immobiliers conclus par l'État pour les besoins du service public –. De cette liaison et de sa "consécration" imputée à l'arrêt Blanco émane la conception "extensive" du service public développée par l'Ecole de Bordeaux.

Or, cette conception est applicable, à une époque antérieure à l'apparition de la catégorie des services publics industriels et commerciaux, sans que la nature de la prestation entre en ligne de compte. Ces services sont considérés comme des services publics parce qu'ils ont été créés et gérés par l'État en vue de la satisfaction de l'intérêt général, et l'application du droit administratif de la responsabilité vaut pour ces services comme pour les autres services publics. Cela entraîne donc qu'il n'existe pas de différenciation au sein de la catégorie des services publics. Il s'agit là d'une anticipation de la théorie des services publics "à gestion privée"[5]. Mais lorsqu'il s'agit de qualifier un service public, indépendamment de toute sous-catégorie industrielle ou commerciale, c'est la présence d'une rémunération, ou au contraire la gratuité du service, qui est au centre du questionnement des juges administratif et judiciaire pour savoir si le service est à gestion privée ou non[6].

---

[5] TC, 26 juin 1850, Asnif-Loutfyan, *S.* 1850, p. 681 ; v. aussi argument du Directeur des Postes dans l'affaire Vandermarcq dans son pourvoi en cassation contre l'arrêt de la Cour d'appel de Paris (CA Paris, 6 août 1850, et Cass. 12 mai 1851, *S.* 1851.I, p. 349).

[6] La poste a été considérée comme un service public à gestion privée dans la mesure où elle fournissait une prestation contre rémunération (CE, 6 décembre 1855, Rotschild : *Rec.*, p. 705, *S.* 1856.II, p. 507 ; Trib. civ. Dunkerque, 23 mai 1861, Dekeister, *D.* 1861.III, p. 4 ; la

On retrouve aujourd'hui une trace de cette prégnance de la gratuité, alors même que le contexte théorique a profondément changé, dans la méthode jurisprudentielle de qualification d'un service public à caractère industriel et commercial. En l'absence de qualification textuelle expresse, le mode de distinction entre service public à caractère administratif et service public à caractère industriel et commercial est posé par la jurisprudence administrative, en conséquence d'un arrêt d'Assemblée du 16 novembre 1956, Union syndicale des industries aéronautiques[7]. En principe, une activité assurée directement par une personne publique est présumée être un service public à caractère administratif. Cette présomption ne tombe que lorsque trois indices à la fois sont réunis. Dans ce cas, le service public est reconnu être à caractère industriel et commercial. Mais si un seul des indices manque, alors la présomption ne tombe pas.

Ces trois indices, qui ont pour but de certifier que l'activité de service public à qualifier ressemble vraiment à celle d'une entreprise privée, sont : l'objet du service, son mode de financement, ses modalités de fonctionnement. Or, quant au mode de financement l'origine des ressources est le point central qui permet de découvrir la nature administrative ou industrielle et commerciale du service. Si le service fonctionne grâce à des redevances perçues sur les usagers, analogues au prix des services marchands, l'origine des ressources est le chiffre d'affaires, ce qui tend à une qualification de service public à caractère industriel et commercial[8]. Mais à l'inverse, si la prestation fournie l'est à titre gratuit, le caractère administratif est patent, car un tel mode de financement est considéré comme exclusif du caractère industriel et commercial, c'est-à-dire de toute ressemblance avec une entreprise privée[9].

Un deuxième exemple remarquable est celui de l'intervention des communes par le procédé du service public, et plus précisément du premier "grand arrêt" qui ait eu à fixer les conditions de légalité de

---

logique est la même dans l'arrêt TC, 8 février 1873, Blanco : *Rec.*, 1er suppl.61, concl. David), alors même que la Cour de cassation avait semblé en 1845 (Cass. civ. 1er avril 1845, Depeyre, *S.* 1845.I, p. 363) considérer que le caractère non gratuit de ce service interdisait de voir en lui un service public.

7 CE ass. 16 novembre 1956, USIA, *Rec.*, p. 434, *D.* 1956.759, concl. Laurent, *AJDA* 1956, p.489, chron., *JCP* 1957.2.9968, note Blaevoet.

8 CE, 20 janvier 1988, SCI la Colline, *Rec.*, p. 21, *AJDA* 1988, p. 407, obs. J.-B. Auby, *CJEG* 1988, p. 328, concl. de la Verpillière, note Delpirou.

9 CE sect., 30 juin 1950, Soc. Merrienne, *Rec.*, p. 408 ; TC, 12 janvier 1987, Comp. des Eaux et de l'Ozone, *Rec.*, p. 442, *RFD adm.* 1987.284, concl. J. Massot ; TC, 24 octobre 1994, Préfet de Mayotte, *Rec.*, p. 607.

principe de ces interventions. Dans la jurisprudence administrative du début du XXème siècle, l'intervention est admise en cas de carence de l'initiative privée et dans des circonstances exceptionnelles. Ainsi, doivent être différenciées les situations suivantes. Lorsqu'il n'existe pas de médecin exerçant de manière régulière sur le territoire de la commune la création d'un service médical gratuit par une commune est légale[10]. Elle ne l'est pas en revanche, dès lors qu'un ou plusieurs médecins exercent sur le territoire de la commune[11]. Il convient cependant d'examiner à ce propos la formulation des arrêts. Le Conseil d'État commence par poser en principe que “les conseils municipaux peuvent, dans des circonstances exceptionnelles, intervenir pour procurer des soins médicaux aux habitants qui en sont privés”. L'ambiguïté est remarquable. Car, au fond de l'affaire, le requérant contestait que la commune ait payé des honoraires à un médecin afin d'assurer des consultations gratuites. Or, dans le raisonnement implicite du juge administratif, les “habitants privés de soins” ne sont pas ceux qui seraient dans l'impossibilité de payer la consultation. Ils sont beaucoup plus limitativement ceux qui seraient privés de médecin sur le territoire de la commune. La question de la gratuité a donc été à la fois soigneusement évitée et allusivement absorbée par la solution jurisprudentielle.

Enfin un troisième exemple des liens discrets mais solides entre gratuité et droit administratif peut être tiré des conditions de fonctionnement du service public. La prestation de service doit être fournie dans des conditions telles qu'elle n'engendre pas de concurrence pour les entreprises privées fournissant des prestations analogues. Le Conseil d'État a ainsi jugé que la création par la Ville de Paris d'un établissement de bains gratuits (sous réserve de 10 centimes perçus pour la location de linge) était légale dès lors que les bains, étant gratuits, “ne pouvaient être considérés comme l'objet d'un commerce ou d'un industrie”[12]. Selon ce raisonnement, la gratuité confère au service une nature différente de celle caractérisant les prestations des établissements privés. Ce service, est-il minimum ou implicitement réservé à des usagers auxquels les autres utilisateurs qui peuvent payer la prestation privée ne

---

[10] CE, 7 août 1896, Bonnardot.

[11] CE, 29 mars 1901, Casanova, *Rec.*, p. 333, *S* 1901.3.73, note Hauriou. Dans cet arrêt il est posé que l'absence de médecin sur le territoire de la commune constitue la circonstance exceptionnelle nécessaire.

[12] CE ass., 19 mai 1933, Blanc, *Rec.*, p. 540, *S.* 1933.3.81, note Alibert. Il est probable que ni le raisonnement, ni la solution ne pourraient être maintenus, après l'interprétation que donne aujourd'hui le Conseil d'Etat de l'ordonnance du 1er décembre 1986 (CE sect., 3 novembre 1997, Sté Million et Marais : *Rec.*, p. 406, *RFD adm.* 1997.1228, concl. Stahl, *AJDA* 1997.945, chron.).

souhaitent pas se mélanger ? Rien ne le dit, mais selon le juge, le changement de nature du service, dû à la gratuité, exclut toute concurrence avec les bains privés, à partir de la conviction que la clientèle de ces derniers ne fuira pas vers les bains publics. S'y ajoute le fait que "l'installation de cet établissement ne constitue qu'une amélioration apportée dans le fonctionnement du service public et général de l'hygiène". Il y a donc des buts spécifiques d'intervention, extérieurs à la seule considération du revenu des candidats à l'usage. Ou en d'autres termes, la gratuité qui colore l'ensemble de l'intervention n'est pas un but, mais un moyen. Qui plus est, elle n'est pas le moyen d'opérer une redistribution, objectif endogène et financier, mais le moyen externe et qualitatif d'améliorer l'hygiène de la population.

Aussi complémentaires que soient ces trois exemples, il n'en demeure pas moins que le juge, administratif ou judiciaire, n'y a dégagé aucun principe général relatif à la gratuité. Témoigne de cette méfiance la façon de ne pas répondre aux sollicitations de requérants qui tentent d'invoquer la gratuité en tant que principe général du droit ou de principe jurisprudentiel déconnecté d'un texte[13]. Le Conseil constitutionnel, quant à lui, s'est bien gardé d'attribuer un début de valeur constitutionnelle à un principe de gratuité par trop général, même en matière d'usage de la voirie[14]. La jurisprudence a même dans une bonne mesure, soigneusement évité d'intégrer la problématique de la gratuité aux grandes questions que posent, en général, le droit administratif ou, en particulier, le droit du service public. En fait, la gratuité est pour l'administrateur toujours un moyen, pour le juge parfois un indice, mais apparemment rien de plus.

Le texte et les symboles

Peut-on espérer rencontrer, en se tournant vers les textes, les normes écrites, un principe de gratuité qui inspirerait d'une manière générale les acteurs du droit public que sont les législateurs, les administrateurs, les juges ? La réponse, après examen des textes, est négative. Y trouvera-t-on

---

[13] "Considérant qu'aucun principe général du droit, ni aucune disposition législative ne font obstacle à ce que les services rendus par l'INSEE énumérés à l'article 1er du décret attaqué fassent l'objet d'une rémunération ; que le moyen tiré de la violation d'un"principe de gratuité du service public administratif" ne peut en tout état de cause être que rejeté" (CE ass., 10 juillet 1996, Société Direct Mail Promotion : *Rec.*, p. 277, *AJDA* 1997, p. 191, note H. Maisl).

[14] CC, n° 79-107 DC, 12 juillet 1979, Ponts à péage, *Rec. Cons. const.* p. 31, *AJDA* 1975, p. 46, *RD publ.* 1979, p. 1726.

au moins un ensemble de normes prescrivant de façon cohérente et organisée l'instauration de la gratuité de certaines activités publiques ?

Une première constatation fait naître cet espoir. C'est le cas, en effet, du service public de l'enseignement public des premier et second degrés. Le Préambule de la Constitution de 1946 impose[15] en effet l'existence d'un service public de l'éducation nationale : "l'organisation de l'enseignement public gratuit et laïque à tous les degrés est un devoir de l'État" (al. 13). Cette obligation incontestable est d'ailleurs dans la droite ligne du projet de la Révolution française, puisque les dispositions fondamentales garanties par la Constitution de 1791 qui en forment le titre premier, prescrivaient : "il sera créé et organisé une Instruction publique commune à tous les citoyens, gratuite à l'égard des parties d'enseignement indispensables pour tous les hommes...". Le principe de gratuité de l'enseignement doit être ainsi considéré comme doté d'une valeur constitutionnelle[16], même si, la matière étant législative, la loi peut parfois y apporter des exceptions[17]. Pour en fixer les contours et certaines précisions d'application, le Code de l'éducation[18] au titre des principes généraux de l'éducation (livre 1er) consacre aujourd'hui une subdivision (titre III) à l'obligation et à la gratuité scolaires. L'observateur attentif de la jurisprudence remarquera tout de même que les contestations de règlements et circulaires fondées sur le principe constitutionnel de gratuité ainsi reconnu se heurtent à un nombre inhabituel d'applications par le juge de la théorie de la loi écran[19] ou à des interprétations neutralisantes[20]. Par ailleurs, en vertu d'une interprétation stricte de l'enseignement par degrés, le Conseil d'État n'admet pas d'étendre le principe de gratuité de l'enseignement à l'enseignement supérieur[21].

---

[15] "La Constitution n'exige pas de façon explicite la création de services publics, mais on peut estimer que certaines de ses dispositions impliquent l'existence de tels services", R. CHAPUS, *Droit administratif général*, Montchrestien coll. Domat, t. I, 1998, p. 575.

[16] C'est explicitement ce que considère le juge administratif. Pour des ex. récents, CE, 27 avril 1987, Traversac, req. n° 39183 ; CE, 12 décembre 1994, Colin, *Rec.*, *Tables*, req. n° 98.455 ; CAA Nantes (3ème ch.), 30 octobre 1998, OGEC"Collège d'Elbée-Beaupréau", req. n° 98NT01456.

[17] CE, 10 janvier 1986, Commune de Quingey, *Rec.*, p. 3.

[18] Partie législative, Annexe à l'ordonnance n° 2000-549 du 15 juin 2000.

[19] CE, 5 octobre 1983, Traversac, req. n° 23346 ; CE, 27 avril 1987, Traversac, req. n° 39183

[20] CE, 12 mars 1999, Maurou, req. n° 191405, à propos d'une circulaire du ministre de l'éducation nationale en date du 18 septembre 1997.

[21] C.E. ass, 28 janvier 1972, Conseil transitoire de la Faculté des Lettres et des Sciences humaines de Paris, *Rec.*, p. 86 ; *JCP* 1973.II.17296 ; CE, 9 avril 1976, Conseil des parents d'élèves des écoles publiques de la mission universitaire et culturelle française au Maroc, *D.* 1977, p. 241, note P. Schultz.

D'autres textes législatifs sont à la fois plus précis et plus restrictifs. Ainsi, les dispositions de l'article L. 711-7-1, inséré dans le code de la santé publique par la loi du 29 juillet 1998 d'orientation relative à la lutte contre les exclusions[22], évoquent *in fine* une possible gratuité des soins de santé, essentiellement pour les personnes les plus démunies : "Dans le cadre des programmes régionaux pour l'accès à la prévention et aux soins (...), les établissements publics de santé et les établissements de santé privés participant au service public hospitalier mettent en place des permanences d'accès aux soins de santé, (...) adaptées aux personnes en situation de précarité (...) Ils concluent avec l'État des conventions prévoyant, en cas de nécessité, la prise en charge des consultations externes, des actes diagnostiques et thérapeutiques ainsi que des traitements qui sont délivrés gratuitement à ces personnes".

Un autre exemple de prudence et de circonspection peut être trouvé dans l'article L. 35-1 du code des télécommunications[23]. Il définit le contenu du service universel, conçu comme un service téléphonique de qualité à un prix abordable, en ces termes : "Il assure l'acheminement des communications téléphoniques en provenance ou à destination des points d'abonnement, ainsi que l'acheminement gratuit des appels d'urgence, la fourniture d'un service de renseignements et d'un annuaire d'abonnés, sous formes imprimée et électronique, et la desserte du territoire national en cabines téléphoniques installées sur le domaine public". La constatation s'impose donc que la seule obligation de gratuité concerne l'acheminement des appels d'urgence, même l'annuaire des abonnés peut avoir un caractère payant. Quant aux modalités de fourniture de ce service téléphonique à "certaines catégories de personnes en raison notamment de leur niveau de revenu ou de leur handicap", elles ne laissent aucune part à la gratuité. Bien au contraire, selon le même article, les conditions tarifaires et techniques du service universel "incluent le maintien, pendant une année, en cas de défaut de paiement, d'un service restreint comportant la possibilité de recevoir des appels ainsi que d'acheminer des appels téléphoniques aux services gratuits ou aux services d'urgence" au bénéfice d'usagers faisant l'objet de saisies ou d'une procédure de surendettement. Ce maintien du service à défaut de paiement s'entend comme une interdiction de couper la ligne, mais il n'empêche que le montant de l'abonnement restreint reste dû à l'opérateur.

---

[22] *JO*, 31 juillet 1998, p. 11679.

[23] Loi n° 84-939 du 23 octobre 1984 art. 1, *JO* 25 octobre 1984 ; loi n° 90-568 du 2 juillet 1990 art. 41, *JO* 8 juillet 1990 ; loi n° 90-1170 du 29 décembre 1990 art. 1, 3 et 7, *JO* 30 décembre 1990 ; loi n° 96-659 du 26 juillet 1996 art. 8, *JO* 27 juillet 1996.

Enfin, il est des lois qui, tout en posant le principe, le privent d'effet. Le législateur a ainsi consacré le principe de gratuité de l'usage des autoroutes[24]. Toutefois cette gratuité cesse dès que l'autoroute a été concédée, ce qui est, en France, toujours le cas, au moins en dehors des zones fortement urbanisées et, parfois, ce qui est regrettable, à l'intérieur de ces zones.

Il va de soi que lorsqu'une gratuité de principe a été instaurée par une loi, celle-ci doit être respectée. Le juge administratif sanctionne même les atteintes potentielles à des lois qui auraient hypothétiquement posé ce principe. Ainsi une commune ne peut pas rendre payantes des recherches de documents sans distinguer entre ce qui relève de démarches facultatives, de l'action du maire en tant qu'agent de l'État, et de l'application de textes prévoyant la communication gratuite des documents[25].

Une dernière remarque doit enfin être faite. Le choix d'un principe de gratuité, en tant qu'il relève de l'organisation du service public, peut aussi entrer dans la compétence du pouvoir réglementaire. Mais, indépendamment de la contrainte éventuelle résultant des normes supérieures, son usage et les modalités de sa mise en œuvre sont immédiatement conditionnés par le respect d'un autre principe, celui d'égalité[26].

---

[24] Code de la voirie routière, art. L. 122-4

[25] CE, 9 mars 1998, Ville de Nice, req. n° 172603, *Rec., Tables* : annulation d'une délibération qui instaure "la rémunération de toutes les interventions du service des enquêtes de la Ville de Nice, sans distinguer entre les prestations que celui-ci pourrait offrir à titre facultatif, et les recherches que le maire doit faire, en qualité d'agent de l'Etat, en application de textes particuliers, pour lesquelles la fixation d'une éventuelle rémunération excède les compétences du conseil municipal" et qui "ne réserve pas davantage le cas où des documents seraient demandés à la ville en application de dispositions législatives prévoyant la gratuité de leur communication ou la fixation de modalités particulières de tarification".

[26] CE, 14 avril 1999, Pecheu, req. n° 189397 : "en réservant la gratuité du péage aux seuls automobilistes remplissant les conditions définies en matière de"co-voiturage" afin de favoriser dans l'intérêt général la plus grande fluidité du trafic, les décisions attaquées n'ont pas méconnu le principe de l'égalité des usagers du service public" ; CE, 8 juillet 1998, Becker, req. n° 191816 : "en prévoyant, s'agissant des prestations en nature, qu'une seule fourniture gratuite de combustible ou un seul logement gratuit serait attribué aux membres du personnel des exploitations minières vivant en commun et, s'agissant des indemnités en espèces, que serait retranchée du total des indemnités perçues, soit au titre du chauffage, soit au titre du logement, par les agents vivant en commun, la part excédant le montant d'une indemnité individuelle, les ministres chargés de l'exécution des articles 22 et 23 du décret qui, eu égard à l'objet des avantages en cause, pouvaient légalement tenir compte de la situation de famille des agents, n'ont méconnu ni le principe de l'égalité de rémunération entre les hommes et les femmes, ni le principe"à travail égal, salaire égal" et n'ont pas institué une discrimination prohibée en vertu du principe dont s'inspire l'article L. 122-45 du code du travail".

L'AFFIRMATION DE L'INEXISTENCE REPOND AUX SUBTILITES DE REGIME

Mis à part quelques positions minoritaires[27], la plupart des théoriciens du droit contemporain nient soit l'existence même d'un principe de gratuité[28], soit l'insertion d'un éventuel[29] principe de gratuité dans les règles classiques de fonctionnement du service public ("Lois de Rolland")[30]. Pourtant ils en analysent certaines données, et présentent dans leurs études l'hypothétique principe comme traduisant une perception idéale du service (A). De fait, la gratuité a paru d'abord fondamentalement liée à la mise en œuvre du principe d'égalité, avant que la question tarifaire suscite, durant la seconde moitié du XXème siècle, une jurisprudence fournie et détaillée en ce qui concerne le prix des services publics. Aussi, malgré une relative unanimité de la doctrine à propos de l'inutilité et de l'inexistence d'un principe de gratuité, l'étude du principe ou de sa chimère s'est-elle progressivement concentrée sur le régime juridique des situations de gratuité (B).

L'inexistence du principe juridique

J.-F. Lachaume a souligné l'aspect historique et doctrinal du principe de gratuité. Faisant référence au doyen Hauriou qui notait le caractère non lucratif et gratuit du service public comme l'un de ses traits "saillants", il en présente une définition substantielle : la règle de la gratuité était conçue comme "l'absence de participation financière directe demandée à l'usager en contrepartie de la prestation qui lui procure le service"[31].

Au vu de cette définition, il apparaît clairement que, en droit strict, la gratuité n'ayant pas été reconnue comme principe général du droit, ni comme principe à valeur constitutionnelle, ne saurait constituer un principe juridique. Elle est donc, soit un principe inspirant les constructions théoriques, les politiques législatives et les solutions

---

[27] J.-P. VALETTE (*Le service public à la française*, Ellipses, 2000, p. 85 et s.) évoque le principe de gratuité, non pas du service public mais "à l'égard des usagers".

[28] A.-S. MESCHERIAKOFF (*Droit des services publics*, PUF, coll. Droit fondamental, 1997, p. 209) signale qu'il n'existe pas de principe général de gratuité, affirmant que la gratuité a surtout été une affirmation doctrinale dépourvue de portée pratique.

[29] J. CARBAJO (*Droit des services publics*, Dalloz, coll. Mémentos, 1997, p. 61) qualifie la gratuité de "faux principe", même s'il pose la question de savoir si "elle ne constituerait pas un principe commun à l'ensemble des services publics administratifs".

[30] R. CHAPUS (*Droit administratif général*, t. I, Montchrestien, 1998, n° 793, p. 570) note que "d'une façon générale, la gratuité n'est certainement pas au nombre des lois du service public".

[31] *Grands services publics*, Masson, 1989, p. 222.

jurisprudentielles dans des cas touchant à l'essence du service public, soit une règle d'une certaine portée appartenant à un régime juridique circonscrit.

Lorsqu'elle est posée en tant que règle pour une activité de service public particulière, la gratuité satisfait des revendications sociales à l'égard de certains services essentiels à la vie en collectivité et à l'épanouissement personnel. Elle permet aux pouvoirs publics de gérer les inégalités sociales et de remédier à certaines situations désespérées. "La gratuité sert l'égalité et permet la réalisation du devoir d'assistance de l'État au profit des plus démunis"[32]. A ce niveau, l'interrogation sur la liaison initiale entre un principe idéal de gratuité et un principe fondamental d'égalité revêt tout son sens, notamment dans la perception nouvelle qu'induit l'idée d'égalité des chances[33].

L'ouverture développée dans les lois contre les exclusions[34] en est une illustration. "Toute personne ou famille éprouvant des difficultés particulières du fait d'une situation de précarité a droit à une aide de la collectivité pour accéder ou pour préserver son accès à une fourniture d'eau, d'énergie et de services téléphoniques". Ces dispositions ne se fondent pas sur l'existence d'un principe de gratuité, elles relèvent d'une intervention spécifique de solidarité qui exige une attention de la part de tous les citoyens. Ainsi, pour éviter les confusions sémantiques, d'autres moyens que l'affichage, incongru dans une société libérale, d'une notion de gratuité sont mis en place : la prise en charge, le reversement, le remboursement, les transferts, etc.

Il n'en demeure pas moins que la gratuité, ici incertaine ou indirecte, par compensation ou subvention, est une condition de l'accès, c'est-à-dire de l'égal accès aux services publics de base. Concrétisant le principe de la solidarité sociale, la collectivité s'engage à préserver cet accès au service public. Il faut noter au passage que cette approche est radicalement

---

32 J.-P. VALETTE, *Le service public à la française*, Ellipses, 2000, p. 102.

33 "Le principe d'équité doit désormais aller au-delà de la stricte application du principe de l'égalité des chances : reconstituer celle-ci passe désormais par le principe de la "discrimination positive" ; la simple égalité d'accès à des prestations banalisées ne suffit plus. Un soutien particulier doit, par exemple, être donné à ceux qui ont des difficultés à suivre l'enseignement, à se placer en bonne position sur le marché du travail, ou qui sont victimes d'un cumul de handicaps particulièrement lourd. Il n'est pas sûr qu'il faille aider toutes les familles de la même façon. De manière plus générale, l'optique des discriminations positives peut conduire à revoir le principe de gratuité de certains services publics". *La France de l'an 2000*, Rapport de la commission présidée par A. Minc "Les défis économiques et sociaux de l'an 2000", Odile Jacob - La Documentation Française, 1994, p. 92.

34 Art. 43-5 al. 1 de la loi n° 88-1088 du 1er décembre 1988 relative au revenu minimum d'insertion modifié par la loi n° 98-657 du 29 juillet 1998 d'orientation relative à la lutte contre les exclusions, *JO* 31 juillet 1998, p. 11679.

différente de celle promouvant un service universel. En effet, il apparaît difficile de parler de gratuité dans la mesure où le service universel suppose la fourniture d'une prestation "de qualité à un prix abordable". La proposition d'un prix dit "abordable" maintient en effet le principe du paiement, même si son montant est nécessairement faible, s'agissant de permettre l'accès aux personnes "les plus démunies".

Présentée sous la forme d'un principe pré-juridique ou d'un élément de régime juridique, la gratuité, après avoir consolidé la distinction entre le service public administratif et le service public industriel et commercial, paraît devoir susciter au sein de la catégorie des services publics administratifs une distinction problématique entre les services publics obligatoires et les services publics facultatifs.

Les subtilités du régime juridique

Il n'existe, pour aucune catégorie d'analyse, un régime juridique uniforme de gratuité du service public. Il s'agit d'une évidence quant aux services à caractère industriel et commercial dont le fonctionnement est par nature comparable aux activités privées. Certes, pour des raisons d'intérêt général et notamment dans l'enjeu de politiques sociales, le coût de certains de ces services doit ne pas être intégralement supporté par leurs usagers, voire être gratuit pour certains, mais ce sont des dispositifs d'exception qui ont pour objectif la lutte contre les exclusions.

Pour ce qui est des services à caractère administratif, R. Chapus posait le problème en ces termes : "la seule question ne peut être que celle de savoir si, en l'absence de dispositions législatives les y autorisant, les autorités administratives sont en droit d'exiger des usagers des services publics administratifs une contrepartie pécuniaire des prestations qui leur sont assurées". La remarque suit immédiatement que "la réponse à cette question est aussi nuancée que possible et telle qu'on ne saurait même pas estimer que le fonctionnement de ces services serait, en principe au moins, gouverné par une exigence de gratuité"[35].

C'est à ce moment qu'intervient la distinction entre service public administratif obligatoire et service public administratif facultatif[36].

---

[35] *Droit administratif général*, t. 1, Montchrestien, 1998, n° 793, p. 570-571.

[36] Même s'il y a, parfois, une possibilité de contourner au contentieux l'absence de principe de gratuité et de ne pas s'arrêter à la distinction entre service public obligatoire et service public facultatif. Par exemple, dans le cas d'une prestation de service public assurée gratuitement depuis sa mise en place, le passage à une facturation peut tout simplement se heurter à la fois au principe de continuité et à celui d'égalité. Cf. concl. M. Laroque sur C.E. 26 mars 1990, Commune de Montfermeil, *RFD adm.* 1990, p. 613. Les communes ont l'obligation d'assurer la continuité du service public. En soumettant les enfants à la suppression de la gratuité des fournitures, sujétion particulière qui pourrait affecter cette

Certains types d'activité relèvent à l'évidence de cette perception : les services de lutte contre l'incendie, les opérations de sécurité, les services de secours, les mesures de lutte contre les épidémies n'ont de sens que si les actions et opérations répondent à un principe de gratuité. Mais ces services essentiels ne sont pas les seuls à être gratuits car la conception du droit français du service public ne relève pas d'une conception minimale de l'État.

Il faut donc distinguer entre les services obligatoires et les services facultatifs *pour la personne publique responsable*. Les services publics administratifs et facultatifs peuvent être facturés par des redevances aux utilisateurs, sans qu'il soit fait état d'aucune condition de principe[37]. Ces services sont ceux que les autorités administratives ont estimé nécessaire de créer et de gérer afin de répondre à un besoin particulier non essentiel à la vie sociale. Tel est le cas des écoles de musique municipales tant que le principe d'un droit d'accès à la culture ne connaît pas d'effectivité. C'est d'ailleurs à leur propos qu'ont été développées les analyses sur les variations tarifaires des services publics.

Les services publics administratifs obligatoires pour la personne publique sont en général gratuits. "En l'absence de textes législatifs imposant la gratuité, le Conseil d'État paraît considérer que la gratuité n'est la règle que relativement à certains services publics administratifs dont les prestations sont procurées aux usagers parce qu'elles constituent une obligation pour le gestionnaire du service public"[38]. La raison qui semble déterminer cette tendance est que l'exécution du service public administratif "légalement obligatoire pour la personne publique appartient, en quelque sorte, au minimum dû à la population"[39].

Trois observations doivent cependant être faites :

• Premièrement, ces services sont gratuits à la seule condition qu'ils ne profitent pas directement et personnellement à des particuliers[40]. Ici, la théorie juridique est parfaitement en phase avec la théorie économique dans la définition de biens et services collectifs. Les services collectifs ne connaissent pas à proprement parler d'usagers, ils se réalisent souvent sans que puisse être défini un prix pour assurer leur accès ou leur intervention.

---

continuité pour certains d'entre eux seulement, la commune leur impose un traitement contraire au principe d'égalité.

[37] CE, 10 novembre 1993, Commune de Mirebeau, *Rec.*, p. 314, *CJEG* 1994.145, concl. M. Pochard.

[38] J. CARBAJO, *Droit des services publics*, Dalloz, coll. Mémentos, 1997, p. 62.

[39] R. CHAPUS, *Droit administratif général*, t. 1, Montchrestien, 1998, p. 572.

[40] CE, 5 décembre 1984, Ville de Versailles, *Rec.*, p. 399, *RFD adm.* 1985, p. 522, note X. Prétot.

• Deuxièmement, le fait que ces services soient en général, c'est-à-dire statistiquement, gratuits ne signifie pas qu'ils soient en principe, c'est-à-dire nécessairement, gratuits. Leur gratuité réside plus dans le fait qu'ils sont tout simplement, dans ces cas-là, assurés en régie.

Ces deux premières observations expliquent pourquoi, alors que les services de lutte contre l'incendie ne peuvent donner lieu au paiement d'un prix, la facturation des services de secours en montagne est admise[41] sans contrevenir à un principe de gratuité qui n'a jamais été formellement affirmé. Ce type de secours est en effet de ceux qui, sans bénéficier par nature à des particuliers, ne concernent pas n'importe quels citoyens, mais ceux qui pratiquent, en dehors de la vie quotidienne, certaines activités en montagne. Par ailleurs, ne sont facturées que les interventions de ces services qui excèdent la mission générale de secours due à la population telle qu'elle est définie par la loi. Le service public administratif "payant" n'apparaîtrait donc pas impossible dans le système juridique français[42]. Néanmoins, dans ce type de services collectifs d'intérêt général, comme dans le cadre des services publics administratifs, si le paiement d'une somme d'argent est sollicité, il doit relever de la logique de l'imposition forfaitaire et non de celle de la facturation détaillée.

• Troisièmement, le caractère obligatoire pour la personne publique doit être croisé avec le caractère obligatoire pour l'usager.

Il s'agit alors d'une autre perception de la distinction entre service public obligatoire et service public facultatif : du côté des administrés, certains services sont l'expression d'une obligation, d'autres le fait d'un choix. Ainsi, par exemple, l'instruction est obligatoire pour tous les

---

[41] L'article 42 de la loi n° 96-369 du 3 mai 1996 relative aux services d'incendie et de secours a prévu une"participation aux frais". Dès que les interventions ne se rattachent pas directement à l'exercice des missions telles qu'elles ont été définies à l'article 2 de la loi (article L. 1424-2 du CGCT), le Service départemental d'incendie et de secours peut demander aux personnes bénéficiaires de participer aux frais, dans les conditions déterminées par son Conseil d'administration : recherche ou secours aux animaux domestiques, destruction des nids d'insectes. Quant à la pratique des sports, les secours peuvent donner lieu au remboursement des frais à la condition que le Conseil municipal ait expressément délibéré sur la question et publié les modalités de la participation financière des personnes secourues (art. L. 2321-2 7° CGCT, et spécialement pour le ski : décret n° 87-141 du 3 mars 1987 (*JO* du 5 mars) et circ. du 4 décembre 1990 (*JO* du 29 janvier 1991).

[42] La loi n° 2002-276 du 27 février 2002 relative à la démocratie de proximité a complété l'article L. 2321-2 du CGCT par deux alinéas : "Toutefois, sans préjudice des dispositions applicables aux activités réglementées, les communes peuvent exiger des intéressés ou de leurs ayants droit une participation aux frais qu'elles ont engagés à l'occasion d'opérations de secours consécutives à la pratique de toute activité sportive ou de loisir. Elles déterminent les conditions dans lesquelles s'effectue cette participation, qui peut porter sur tout ou partie des dépenses. / Les communes sont tenues d'informer le public des conditions d'application de l'alinéa précédent sur leur territoire, par un affichage approprié en mairie et, le cas échéant, dans tous les lieux où sont apposées les consignes relatives à la sécurité."

enfants jusqu'à l'âge de 16 ans, quelle que soit la modalité choisie par les parents pour qu'elle soit délivrée à leur enfant.

Rien ne s'oppose *a priori* à ce qu'un service public administratif obligatoire pour l'usager ne soit pas gratuit pour celui-ci et que la prestation de ce service soit un monopole public. Toutefois, dans ce cas de figure, l'absence de gratuité ne correspond ni à un prix, ni à une redevance : c'est une taxe. En d'autres termes, l'obligation d'utiliser le service n'est qu'un "point d'enregistrement" pour le fait générateur d'une obligation quasi fiscale. En revanche, les conditions d'institution d'un service public obligatoire pour son usager sont strictement encadrées par les principes de création de services publics susceptibles de porter atteinte à une liberté publique ou fondamentale.

Dans cet ordre d'idées, au regard des buts poursuivis, il y aurait quelque paradoxe à rendre obligatoire et payant pour les usagers un service public administratif qui serait facultatif pour la personne publique qui l'organise, notamment en ce qui concerne les collectivités locales.

Au terme des ces premières constatations, il apparaît qu'aucune nécessité logique ni statistique ne s'opposerait à la reconnaissance du principe, au moins en ce qui concerne les services publics administratifs que les personnes publiques ont, en application d'un texte, l'obligation d'assurer – quitte à assortir, comme toujours, ce principe des exceptions nécessaires. La gratuité rejoindrait l'essence même, non pas du service public, mais du phénomène politique et du rapport gouvernant / gouverné. Car la gestion de la République par des représentants pour des représentés n'est, ni dans un sens ni dans l'autre, affaire de prestation et elle ne donne pas lieu à contrepartie financière, mais à financement global et universel. Pourtant, cette reconnaissance semble se heurter à une forte réticence, due à la fois à "l'ambiance libérale", au développement des services publics marchands et à la crainte d'instaurer à l'égard des personnes publiques, une contrainte aux conséquences imprévisibles, notamment au plan financier.

La gratuité demeure donc, sans doute, le nœud gordien du droit "des services publics", mais elle peut aussi être un idéal pour l'étude du droit "du service public". Même si elle n'est pas, en l'état actuel du droit, un principe juridique positif de fonctionnement du service public, elle peut fonder, pour certains usagers, un droit d'accès réel et non formel aux services publics essentiels. Cette dimension particulière de la gratuité permet alors de rappeler l'objectif de maintien du lien social qui oriente tout service public et, plus largement, de mener dans toute intervention publique une lutte efficace contre les phénomènes d'exclusion sociale.

3

Gratuité, action sanitaire et protection sociale

Michel Duraffourg[*]
Hélène Khodoss[**]

I. GRATUITE ET ASSURANCE MALADIE

La sécurité sociale constitue, en particulier dans le cas français, un système de protection sociale principalement fondé sur la compensation de la perte des revenus des actifs. Fondamentalement la sécurité sociale, système d'assurance fondé sur le paiement de cotisations ne connaît pas la notion de gratuité. Les prestations sont payées aux personnes assurées et à leurs ayants droit dès lors qu'ils ont acquis des droits à prestations.

Or en assurance maladie, dans le domaine des prestations en nature, s'affichent de plus en plus des principes de gratuité qui tranchent avec la conception classique de la sécurité sociale.

Cette irruption de la gratuité des soins dans un système de santé et d'assurance maladie qui, en fait, l'a longtemps réservée au système d'aide médicale pour les indigents a de nombreuses conséquences. Elle modifie les principes d'une assurance maladie encore largement imprégnée des principes contributifs, elle diminue fortement l'impact des systèmes de régulation fondés sur la participation des assurés sociaux et elle s'inscrit dans une nouvelle perception des relations entre les assurés, les caisses et les producteurs de soins.

---

[*] *Inspection générale des affaires sociales (partie I).*
[**] *Direction générale de la Santé (partie II).*

Quelques rappels sur la sécurité sociale, la contribution des assurés et le droit à la santé

La sécurité sociale s'analyse classiquement comme un système contributif fondé sur la cotisation qu'assume chaque assuré social.

Forts dans l'assurance vieillesse, où l'on distingue aisément les avantages contributifs des avantages non contributifs, les principes relatifs à la contributivité, bien que beaucoup plus faibles traditionnellement dans le domaine des prestations en nature de l'assurance maladie, ont longtemps conditionné le droit aux prestations d'un système de protection sociale qui reste encore fondé sur la notion d'ouverture de droits.

Cette situation constitue l'originalité des systèmes de sécurité sociale par rapport aux systèmes d'assistance. Elle a longtemps été contraire à des principes de gratuité caractéristiques au contraire de l'aide médicale "gratuite".

De plus, dans le droit français de l'assurance maladie, les soins sont remboursés à l'assuré social qui assume lui-même un ticket modérateur destiné à lui faire payer une partie des frais exposés.

En effet, traditionnellement et pour de multiples raisons, l'assuré social fait en principe l'avance des frais. Le remboursement direct au producteur de soins de la part garantie par l'assurance maladie est une exception qui suppose une disposition législative spéciale.

La délégation à un tiers relève pour sa part d'un article particulièrement obscur du code de la sécurité sociale, l'ancien article L.288 du code de la sécurité sociale codifié en 1985 à l'article L.322-1 selon lequel : "La part garantie par la caisse primaire d'assurance maladie ne peut excéder le montant des frais exposés. Elle est remboursée soit directement à l'assuré soit à l'organisme ayant reçu délégation de l'assuré dès lors que les soins ont été dispensés par un établissement ou un praticien ayant passé convention avec cet organisme et dans la mesure où cette convention respecte la réglementation conventionnelle de l'assurance maladie".

En dehors des situations mentionnées à l'article L.322.3 du code de la sécurité sociale qui couvrent à la fois des situations liées à la nature des actes pratiqués ou à la situation propre à la personne, les prestations sont remboursées en faisant supporter une participation à l'assuré social : le fameux "ticket modérateur" dont le niveau varie selon la nature de la prestation.

L'existence d'un dispositif d'assurance maladie caractérisé à la fois par la reconnaissance de la qualité d'assuré social, la notion de droits ouverts et le paiement de cotisation, aura longtemps laissé toute sa place à une aide sociale destinée à offrir un cadre de prise en charge pour les personnes aux ressources insuffisantes ou sans activité selon la conception française d'une protection sociale où l'absence de contribution laisse traditionnellement la place à la charité.

C'est ainsi que jusqu'à une date récente, l'assurance maladie pouvait coexister avec une aide médicale "gratuite" dont les principes étaient fixés dans le code de la famille et de l'aide sociale art.187-1 et suivants. Naturellement cette aide médicale était destinée, conformément au découpage de l'assurance maladie exposé plus haut, à couvrir à la fois la partie principale des soins et la partie complémentaire correspondant au ticket modérateur laissé traditionnellement à la charge de l'assuré.

Ce rappel est destiné à souligner le fait que la gratuité des soins est conçue dans le cadre juridique français comme une exception réservée aux plus pauvres ou aux inactifs incapables de relever de l'assurance personnelle.

C'est en fonction de ces éléments qu'il faut comprendre la place particulière qu'occupe dans le droit public français la référence à un droit à la santé.

S'agissant des sources internationales tout d'abord, la formulation la plus célèbre du droit à la santé est celle qu'a retenue l'organisation mondiale de la santé en 1946 : "la possession du meilleur état de santé qu'il est capable d'atteindre constitue l'un des droits fondamentaux de tout être humain, quelles que soient sa race, sa religion, ses opinions politiques, sa condition économique et sociale".

Mais il apparaît très vite que ce droit ne peut être assuré que si les individus peuvent directement ou indirectement financer ou faire prendre en charge par la collectivité les dépenses de santé

Cette déclaration est très proche des termes qui fondent le droit à la protection de la santé dans l'ordre juridique français depuis le préambule de la constitution de 1946 : "La nation assure à l'individu à la famille les conditions nécessaires à leur développement. Elle garantit à tous, notamment à l'enfant, à la mère et aux vieux travailleurs la protection de la santé, la sécurité matérielle le repos et le loisir...".

De fait, il est clair que le droit à la santé a longtemps revêtu davantage une vertu déclarative.[1]

Une fois ce cadre posé, il est possible de relever que l'évolution actuelle du droit de la sécurité sociale est marquée par le souci de faire avancer des principes de solidarité fondés clairement sur l'absence de

---

[1] Jean RIVERO, "Sécurité sociale et droit de l'homme", in *RFAS*, juin-septembre 1985.

relation entre activité et avantage social [2], de modifier la fonction du ticket modérateur et d'accepter largement des principes de tiers payant, destinés à élargir l'accès aux soins et accessoirement à mieux contrôler les professionnels de santé.

La gratuité ne fait plus peur à l'assurance maladie

Outre les éléments rappelés plus haut, le cadre même de l'assurance maladie a longtemps été peu favorable à la gratuité.

C'est ce cadre qui évolue sous la pression de multiples facteurs sans que les solutions soient toutes parfaitement stabilisées.

Le fonctionnement du ticket modérateur a volontairement été utilisé pour responsabiliser les assurés sociaux au gré des plans de réforme de l'assurance maladie, en particulier en 1986 avec le plan Séguin destiné à "rationaliser" la pratique du ticket modérateur en limitant le champ de l'exonération à la maladie invalidante, et non plus aux "affections intercurrentes", puis en 1993 avec le plan Veil, lui aussi de "rationalisation de l'assurance maladie" dont la mesure principale comportait la baisse des taux de remboursement de l'ensemble des soins de ville de 5%.

Mais il est apparu très vite, qu'en dehors même des interrogations légitimes que provoque ce dispositif quant à sa capacité à favoriser une pression sur la demande[3], l'extension des couvertures complémentaires en assurance maladie en limitait singulièrement l'intérêt.

Quant au dispositif de tiers payant destiné à permettre le remboursement des soins directement au professionnel de santé, si sa formulation juridique sous la forme de la délégation est restée en l'état, il a connu un développement considérable pour toute une partie du système de santé.

S'agissant tout d'abord des structures hospitalières, pour lesquelles traditionnellement l'assuré social ne fait pas l'avance des frais compte tenu du montant élevé des frais médicaux et de l'impossibilité pour les assurés sociaux de les avancer, le choix a été fait de faire figurer dans le code de la sécurité sociale des articles de loi destinés, pour chaque catégorie de structures, à permettre le paiement direct par les caisses de sécurité sociale des frais médicaux.

---

[2] J.-M. BELORGEY, "Logique de l'assurance, logique de la solidarité", *Dr. soc.*, n° spécial 50ème anniversaire de la sécurité sociale : "La décennie 70 se caractérise …par la dissociation progressive du lien entre la sécurité sociale et l'activité professionnelle".

[3] Cf. le chapitre V consacré à la responsabilisation des assurés dans le *Livre blanc sur le système de santé et d'assurance maladie* publié en 1995.

La généralisation de tels textes, pour les structures hospitalières et médico-sociales, s'est effectué tout au long des années 80. Petit à petit à l'occasion de la réforme du financement des hôpitaux publics[4], le champ hospitalier et médico-social s'est donc vu visé par des textes clairs d'ordre législatif qui se sont substitués à des textes anciens souvent même d'origine conventionnelle.

L'ensemble des textes figure dans le code de la sécurité sociale au chapitre 4 du titre VII du livre 1er, aux articles L.174 et suivants[5].

Quant aux cliniques privées, c'est un texte spécifique, la loi n° 91-738 du 31 juillet 1991 qui légalise le versement par les caisses d'assurance maladie des remboursements des frais de séjour (article. L.162-21-1 du code de la sécurité sociale).

Si l'on ajoute que pour les types de séjours concernés, les malades sont généralement exonérés du ticket modérateur, la gratuité des soins (en dehors du forfait journalier) est de fait largement assurée.

S'agissant de la médecine de ville, il est clair que l'extension des mécanismes de tiers payant est restée longtemps suspecte de favoriser l'accroissement des dépenses de santé ; d'autant plus que les professionnels de santé à l'exception notable des pharmaciens d'officine étaient eux-mêmes opposés à être directement rémunérés par les caisses d'assurance maladie.

Si l'extension des mécanismes de tiers payant est encore timide il faut y voir la conjugaison de plusieurs éléments.

Des éléments de fait tout d'abord, pour signaler qu'en pratique les hôpitaux publics au titre du développement des consultations externes comme les centres de soins qui emploient des personnes salariées, pratiquent le tiers payant, ne laissant à la charge de l'assuré que le paiement du ticket modérateur. Dans ces conditions il a pu être jugé qu'au regard du fonctionnement du système de santé, l'existence d'un vaste champ de structures pratiquant le tiers payant limitait la pression pour le généraliser à des professionnels en général hostiles.

Deuxième série de facteurs, la volonté des pouvoirs publics de disposer d'instruments de mesure et de contrôle de l'activité des professionnels libéraux.

C'est ainsi que les conventions passées sur la base de l'article L.162-38 du code de la sécurité sociale entre les caisses de sécurité sociale et les représentants de professionnels concernés comportent des références à des

---

[4] Loi 83-25 du 19 janvier 1983.

[5] L.174-1 pour les hôpitaux publics ; L.174-5 pour le long séjour ; L.174-7 et L.174-10 pour les établissements et les services médico-sociaux ; L.174-11 pour les structures de lutte contre les maladies mentales ; L.174-13 pour les Centres d'action médico-sociale précoce; L.174-14 pour les maisons d'enfants à caractère sanitaire.

dispositifs de tiers payant consolidés le plus souvent par des textes législatifs.

L'exemple le plus marquant est celui des médecins ou pharmaciens directeurs de laboratoires de biologie médicale pour lesquels un mécanisme de régulation financière a été mis en place en 1991 (art. L.162-13-1 du code de la sécurité sociale) et dont le fonctionnement optimum comportait, à l'origine, en dehors d'un mécanisme d'enveloppe fermée, le souci pour les pouvoirs publics de disposer d'un instrument de contrôle "à la source".

Quant aux médecins libéraux, outre le fait que l'institution du tiers payant en médecine de ville est toujours suspectée de provoquer une forte augmentation de la consommation médicale, les débats récurrents quant à la place de la médecine générale ont largement contribué à donner une tournure nouvelle au paiement direct par les caisses notamment à l'occasion du médecin référent.

Une fois ces points abordés, tout se passe en matière de gratuité comme si l'évolution de l'assurance maladie ne se contentait plus désormais de ces lignes défensives sous la pression renouvelée de la nécessité de faire de l'accès aux soins un élément essentiel de la protection sociale.

Mais s'agit-il d'une véritable gratuité ? En d'autres termes, le fait de ne pas faire l'avance des frais et de n'avoir aucun paiement à effectuer, s'il constitue une gratuité de fait, ne s'apparente pas à des soins gratuits puisque les mécanismes décrits supposent tous l'ouverture des droits à l'assurance maladie, à charge pour elle d'aménager les conditions pour faciliter l'accès aux soins en supprimant la participation de l'assuré social.

Comme on l'a souligné précédemment, c'est ainsi qu'il faut comprendre le mouvement qui, de la loi du 29 juillet 1992 généralisant le principe de la prise en charge des soins au titre de l'aide médicale gratuite à la loi du 27 juillet 1999 instituant la couverture médicale universelle, marque une accélération considérable de la couverture sociale pour s'attacher à rendre compte dans le droit de l'assurance maladie de l'acceptation nouvelle de la légitimité de la gratuité des soins.

II. GRATUITE ET SANTE PUBLIQUE

Dans le domaine des actions de santé publique et particulièrement de la prévention, le point de départ est diamétralement opposé à celui des soins pris en charge par l'assurance maladie. Mais l'évolution aboutit à rapprocher les deux domaines, au point que cette convergence peut conduire à des interrogations sur les frontières.

Au commencement était la gratuité liée à l'obligation et à la surveillance

Le premier développement des dispensaires est lié à des préoccupations sociales à certains égards proches de celle de l'assistance médicale gratuite (dite plus tard aide médicale gratuite), jointes à des préoccupations de lutte contre "les fléaux sociaux" : la loi du 15 avril 1916 crée les "dispensaires d'hygiène sociale et de préservation tuberculeuse", dispositif étendu en 1919 à "toutes les maladies sociales du fait de leur mode de contagion ou de leur fréquence". Le code de la santé publique parlera, jusqu'à sa refonte récente, de"lutte contre les fléaux sociaux" (c'était l'intitulé de son livre III). Il s'agit des maladies perçues comme un danger pour la société et dont il faut la protéger par la surveillance, l'incitation et parfois une bonne part de coercition.

Cette politique de dispensaires devient rapidement l'instrument indispensable d'une politique de prévention autoritaire, notamment sous le régime de Vichy mais les mesures prises alors sont souvent en gestation depuis des décennies et seront largement reprises en 1945 : qui dit obligation dit nécessairement accès facile et gratuit.

Il en va ainsi particulièrement des dispensaires anti-vénériens, chargés d'appliquer une législation qui, au départ, est particulièrement coercitive. L'histoire de cette législation de lutte contre les maladies vénériennes est intéressante : une réglementation sanitaire s'élabore peu à peu entre les deux guerres, favorisée par une dramatisation extrême du "péril vénérien", sur fond d'eugénisme patriotique et de débat sur le contrôle de la prostitution. La loi du 31 décembre 1942 sur la prophylaxie et la lutte contre les maladies vénériennes sera reprise en grande partie en 1945 et certaines de ses dispositions, exceptionnellement contraignantes, subsisteront même après un remaniement en 1960[6]. C'est ainsi que jusqu'en juin 2000, le code de la santé comportait encore des articles qui prévoyaient une obligation générale de traitement (art. L. 255) une déclaration obligatoire, nominative quand le malade se refuse à entreprendre ou à poursuivre celui-ci ou lorsque le médecin estime qu'il fait courir un risque grave de contagion à un ou plusieurs tiers (art. L. 259), un examen médical obligatoire pour "tout individu contre lequel existent des présomptions précises, graves et concordantes d'avoir

---

[6] Cf. Jean-Baptiste BRUNET "Evolution de la législation française sur les maladies sexuellement transmissibles", *Santé publique et maladies à transmission sexuelle*, Paris, 1990.

communiqué à une ou plusieurs personnes une maladie vénérienne" (art. L. 261) et même la possibilité d'une hospitalisation d'office (art. L. 275 - notons que dans ce cas, le malade peut selon son choix être hospitalisé à ses frais dans une clinique privée ou gratuitement à l'hôpital public).

Ces dispositions tombées en désuétude ne seront supprimées qu'à la faveur de la refonte du code de la santé publique par l'ordonnance du 15 juin 2000. N'en subsistent que deux articles brefs et sobres relatifs aux dispensaires antivénériens, précisant leur mission (assurer la prophylaxie et le traitement ambulatoire), le cadre départemental (résultant de la décentralisation de 1983) et enfin la gratuité.

Ce lien entre obligation et gratuité se manifeste aussi dans un domaine moins outrageusement coercitif, celui des vaccinations : les vaccinations obligatoires ont pour corollaire les dispensaires de vaccination. Dans certains cas, la gratuité de la vaccination obligatoire est assurée par d'autres voies, par exemple pour les vaccinations obligatoires des professionnels de santé salariés ou pour les étudiants en médecine, qui sont prises en charges respectivement par l'organisme employeur et par l'établissement d'enseignement. La boucle de la gratuité est bouclée par la réparation des accidents vaccinaux par l'Etat pour toutes les vaccinations obligatoires.

De même les examens obligatoires de la femme enceinte et du jeune enfant peuvent être pratiqués gratuitement dans les consultations de Protection maternelle et infantile (examens institués par la loi du 16 décembre 1942 qui instaure également le certificat d'examen prénuptial à des fins d'eugénisme).

La gratuité, dans une série de dispositifs de santé publique, repose donc sur le principe selon lequel ce qui est obligatoire doit être gratuit, de façon déconnectée de l'idée d'assistance ou de bienfaisance.

Cet aspect obligatoire s'estompe dans bien des cas (la coercition était tombée en désuétude dans le cas des maladies sexuellement transmissibles), et la gratuité ne se limite pas en fait à des actions à caractère obligatoire : les services de PMI, même s'ils réalisent les examens obligatoires, ont des missions bien plus larges. Mais même quand il ne s'agit pas d'obligation ou de coercition, il y a en toile de fond, dans toute une époque de la santé publique, une notion de surveillance des populations (de leur santé certes…), une intention de quadrillage et une attitude très tutélaire. Celle-ci s'exprime clairement dans la création des services de PMI : il s'agit d'aider mais aussi de surveiller les parents qui pourraient ne pas être capables de protéger convenablement la santé de leurs enfants. On n'hésitera pas à cette fin à pénétrer dans l'intimité des familles avec les infirmières visiteuses.

Aurait-on pu réaliser la gratuité dans un tel cadre par l'assurance maladie ?

Tout s'y opposait à l'époque où ces différents dispositifs se sont élaborés : la sécurité sociale n'existait pas encore dans la période d'entre deux guerres ou n'était pas encore généralisée (1945). En outre, comme on l'a vu, le ticket modérateur est un élément essentiel de la conception française de la sécurité sociale. Enfin et surtout prédomine l'idée que l'assurance maladie prend en charge les soins aux malades et non les mesures de prévention.

Se dessine alors un schéma qui aura la vie dure : à l'assurance maladie revient la prise en charge des soins (diagnostiques et thérapeutiques) ; à l'Etat et aux collectivités locales, la prévention.

Chacun sa mission, chacun son mécanisme de financement. Celui des dispensaires tourne le dos aux principes de la sécurité sociale : affiliation, ticket modérateur, avance des frais par l'assuré.

Il faut souligner par ailleurs que les mécanismes de gratuité précédemment décrits pour l'assurance maladie ne sont pas les mêmes que la gratuité du type "dispensaire". Dans un cas, la gratuité de fait (ne pas avoir à faire une dépense, ni même à l'avance) est obtenue sans réellement déroger aux principes de l'assurance maladie : il s'agit toujours de prendre en charge une dépense de l'assuré, et cette prise en charge repose encore malgré tout sur la notion de droits ouverts, liés à la situation d'activité d'une personne (son affiliation à un régime de sécurité sociale). Au contraire, les dispensaires sont d'emblée financés par un autre mécanisme, il n'y a pas de tarification, et ils sont en droit ouverts à tous, même si leur création a répondu à une préoccupation sociale et s'ils sont encore maintenant sociologiquement marqués.

La différence peut paraître neutre pour l'usager : dans les deux cas, il ne paie pas. En réalité, elle a des conséquences importantes : la"gratuité" dans le cadre de l'assurance maladie suppose des formalités administratives (feuille de soins, éventuellement entente préalable). Et surtout elle suppose que l'usager justifie qu'il a des droits ouverts. La gratuité dans ce cadre serait plutôt une quasi gratuité, une gratuité conditionnelle.

Cette conséquence peut être tout à fait tangible notamment pour les personnes qui sont ayants droit d'un assuré social, pour qui peut se poser un problème de confidentialité vis-à-vis de l'assuré. On a ainsi été conduit à étendre au-delà de leurs missions habituelles le champ d'action des structures de type dispensaire pour résoudre ce genre de situations : par exemple en donnant la possibilité aux centres de planification et d'éducation familiale de délivrer gratuitement des contraceptifs (qui normalement sont pris en charge par l'assurance maladie) aux "mineures désirant garder le secret" (art. L. 2311-4). Le mécanisme d'assurance maladie peut être porteur d'atteinte au secret médical.

Un grand tournant : les CDAG

Comme dans bien des domaines, le SIDA va être à la fois le prisme et le catalyseur de profondes transformations sociales.

Les consultations de dépistage anonyme et gratuit (CDAG), créées en 1987 mais réclamées dès 1985, sont nées d'un triple besoin : permettre un accès facile au dépistage, protéger les personnes concernées contre les risques de discrimination, constituer des équipes de professionnels formés au conseil et à l'information sur un risque à l'époque encore mal connu de l'ensemble des médecins.

Accès facile (pour inciter, mais aussi pour offrir une alternative à cette autre possibilité de dépistage facile que constituait le don de sang) : la gratuité est plus complète encore que la prise en charge avec tiers payant et dispense d'avance des frais puisqu'il n'y a aucune formalité, pas de vérification d'ouverture des droits notamment.

Protection des droits des personnes : on peut être troublé par l'implication sous-jacente d'une absence de confiance dans le respect du secret médical. On a vu cependant que celui-ci peut se trouver mis à mal non pas du fait des médecins mais par les procédures de prise en charge par l'assurance maladie. Ce qui était vrai pour la contraception va l'être *a fortiori* pour l'infection à VIH. Il faut se souvenir du contexte des années 80, des mythes véhiculés sur le SIDA, de la violence de certains débats et notamment sur le dépistage obligatoire, sur la crainte du fichage, sur la question du secret médical et de l'information du conjoint ou du partenaire sexuel, etc. Dans un contexte où circulent des idées menaçantes pour les libertés et pour le droit au respect de la vie privée, les personnes concernées ne veulent pas voir leur nom inscrit dans le cadre d'une démarche qui peut être perçue comme stigmatisante.

Création de structures spécifiques afin de développer des compétences, car l'essentiel du travail des CDAG ne réside pas dans l'acte technique de dépistage mais dans l'accueil et l'information-conseil personnalisé (*counselling*) : c'est à ce titre qu'elles sont de véritables structures de prévention.

Il est difficile de dire si l'un des deux éléments – anonymat et gratuité - est premier par rapport à l'autre : une interprétation "pragmatique" courante consiste à dire que la demande première était celle de l'anonymat et que la gratuité en découlait nécessairement, puisque que l'anonymat est incompatible avec la prise en charge par l'assurance maladie. En réalité, il semble bien que les deux exigences, anonymat et gratuité, se soient imposées d'emblée.

C'est ainsi que le couple anonymat-gratuité va prendre une dimension nouvelle en santé publique.

Il existe quelques précédents à l'anonymat : prise en charge des toxicomanes (sur leur demande, quand il s'agit de personnes qui "se présentent spontanément" dans un dispensaire ou un établissement de santé, par opposition à celles qui sont signalées par le procureur de la République ou par les services médico-sociaux), accouchement sous X. Mais ils sont relativement marginaux et liés à des situations juridiques particulières (comportement réprimé pénalement, filiation non légalisée).

Dans le cas des CDAG, le couple anonymat-gratuité va prendre une valeur symbolique forte : il va devenir comme le symbole des valeurs qui se sont exprimées dans la lutte contre le SIDA. La protection de la santé ne se conçoit plus sans le respect des droits des personnes, la prévention mettra en avant l'autonomie et la responsabilité des individus. La facilité d'accès réalisée par la gratuité (absence de paiement *et* absence de rattachement administratif) va désormais de pair avec le respect de l'individu, auparavant considéré comme l'apanage du colloque singulier dans le cadre de la médecine libérale. La prévention s'inscrit dans l'exigence fortement affirmée du consentement éclairé.

La gratuité de son côté tend à revêtir un sens particulier dès qu'il s'agit de prévention, même sous la forme de la"quasi gratuité" par l'assurance maladie : le remboursement à 100 % des actes de dépistage du VIH puis du VHC, de façon exorbitante du droit commun, apparaît comme le signe qu'il ne s'agit plus simplement de prise en charge d'un soin médical comme un autre, mais d'une politique de santé publique. Mieux, un même acte, la mammographie, pourra être pris en charge différemment selon qu'il correspond à un dépistage "spontané" (à la demande de la patiente ou à l'initiative de son médecin) ou qu'il est réalisé dans le cadre d'un programme de dépistage organisé. Tout se passe comme si on voulait signifier par la gratuité que l'Etat s'engage, et ce sens est prédominant par rapport à l'idée d'un mécanisme d'incitation par l'absence de frais laissés à la charge de la personne concernée. À côté de la mise en avant de la responsabilité individuelle s'affirment ainsi par la gratuité, la responsabilité et la solidarité de la collectivité dans la lutte contre la maladie.

L'assurance maladie quant à elle prend acte du caractère de plus en plus flou de la frontière entre soin et prévention et de ce qu'une part considérable des actes de prévention est en fait réalisée dans le cadre de la médecine de droit commun. Le dogme, encore fréquemment invoqué il y a quelques années, selon lequel l'assurance maladie ne prend pas en charge les actes préventifs, n'a plus tout à fait cours. Quand il y a débat sur la prise en charge d'un acte ou d'un médicament, il porte désormais sur son intérêt réel pour les patients et non plus sur la question de savoir s'il s'agit de prévention ou de soin.

Est-ce à dire que la prévention, en perdant tout caractère autoritaire ou même simplement toute connotation paternaliste, se banalise et devient une prestation médicale comme une autre, offerte simplement dans un cadre différent ? Pas tout à fait : l'Etat s'engage dans la décision d'inscrire une action préventive dans un programme de prévention et incite les usagers à bénéficier de ces actions qu'il leur propose, à l'inverse de la situation de soin curatif où il s'agit de répondre à une demande du patient qui veut qu'on remédie à sa souffrance. Dans le premier cas, on préconise une action, on l'organise et on cherche à inciter le maximum de personnes à y participer en raison de l'intérêt pour la population dans son ensemble (ou pour une population-cible). Dans le deuxième, on prend en charge financièrement ce qui paraît nécessaire au plan individuel, dans une logique de protection sociale.

C'est précisément la gratuité qui est le signe de cet engagement de l'Etat dans les actions de santé publique. L'Etat, qui ne s'engage plus par la contrainte ou le quadrillage des populations, marque cet engagement par l'instauration d'un dispositif gratuit. Que cette gratuité soit financée par l'Etat, les collectivités territoriales ou l'assurance maladie devient, de ce point de vue, secondaire.

On assiste ainsi à deux mouvements finalement convergents : d'une part les actions de prévention gratuite ne sont plus liées à une politique de surveillance des personnes dangereuses pour la santé publique et de contrainte, mais la gratuité devient une offre de l'Etat en même temps qu'un engagement de sa part ; d'autre part non seulement la gratuité, mais aussi la prévention, ne font plus peur à l'assurance maladie.

L'accès à l'instruction et la gratuité de l'école publique

Bernard Toulemonde[*]

Le principe général de gratuité du service public est peut-être "introuvable". Et pourtant, dans un domaine au moins, il est "trouvable" et chacun peut le rencontrer : celui du service public de l'enseignement. Il suffit pour cela de consulter le Code de l'éducation, publié récemment :
- art. L132-1 : "L'enseignement public dispensé dans les écoles maternelles et les classes enfantines et pendant la période d'obligation scolaire définie à l'article L 131-1 est gratuit".
- art. L132-2 : "L'enseignement est gratuit pour les élèves des lycées et collèges publics qui donnent l'enseignement du second degré, ainsi que pour les élèves des classes préparatoires aux grandes écoles et à l'enseignement supérieur des établissements d'enseignement public du second degré".

Dans leur sécheresse, ces textes ne rendent pas compte de la charge idéologique, de l'histoire, ni même du sens juridique exact de ces dispositions. La gratuité de l'enseignement public se construit en effet au milieu de luttes politiques et sociales féroces ; elle s'enracine dans les représentations sociales, forgées par les événements de notre Histoire, en particulier à deux moments forts :

- *l'installation de l'école primaire républicaine* : au début de la IIIème République, les républicains investissent les rouages du pouvoir ; ils posent alors les trois piliers de l'Ecole : la gratuité (loi du 16 juin 1881), la

---

[*] *Inspecteur général de l'administration de l'Education nationale et de la recherche.*

laïcité et l'obligation scolaire (loi du 28 mars 1882). Ces trois piliers sont posés au milieu d'un formidable combat entre l'Eglise et l'Etat pour le contrôle de l'Ecole. Ces fondations sont considérées unanimement aujourd'hui comme des principes démocratiques, des acquis inviolables ; elles participent de la symbolique de "l'Ecole de la République", fortement valorisées et même sur-valorisées dans les représentations sociales. A cet égard, les historiens ramènent l'avènement de la gratuité de l'enseignement à de plus justes proportions.

D'une part, celle-ci entérine un mouvement largement amorcé (comme d'ailleurs l'obligation scolaire) ; une part croissante des élèves étaient déjà exonérés de droits d'inscription : un quart dès l'an IV, un tiers sous la Monarchie de juillet, la moitié au moins en 1870. Une gratuité partielle s'est progressivement installée, encourageant un mouvement en faveur d'une gratuité générale : la Ligue de l'Enseignement, créée en 1866 autour de Jean Macé, milite pour la gratuité ; Victor Duruy obtient en 1867 le vote d'une loi qui autorise les conseils municipaux à voter "quatre centimes extraordinaires" pour assurer la gratuité à tous les écoliers. La loi de 1881 marque l'ultime étape d'un chemin déjà largement parcouru.

D'autre part, la gratuité ne concerne que l'enseignement primaire. A l'époque, le système éducatif était organisé en ordres d'enseignement distincts. D'un côté, les écoles primaires (avec leurs classes primaires supérieures), destinées essentiellement aux couches populaires et soumises au principe de gratuité de l'enseignement. De l'autre, les lycées, qui couvrent la totalité de la scolarité, depuis les classes primaires (le "petit lycée") jusqu'aux classes secondaires (correspondant à nos classes actuelles de collège et de lycée) : cet ordre d'enseignement scolarise essentiellement les enfants des élites et il reste payant jusque dans les années 1930. C'est Edouard Herriot qui, avec obstination et en dépit de considérables résistances, va introduire progressivement la gratuité de l'enseignement dans les classes secondaires des lycées, en commençant par la classe de 6ème, par une série de lois de finances étalées de 1928 à 1933. Notons d'ailleurs que la résistance va alors prendre une autre tournure : un examen d'entrée en 6ème est institué en 1933 ; en somme, au barrage financier est substitué un barrage "intellectuel", bien dans le style de la "méritocratie" à la française. Quoi qu'il en soit, en 1941, le Gouvernement de Vichy s'empresse de rétablir des droits d'inscription dans les lycées (classes de second cycle de seconde à terminale).

- *la Libération* : le second moment fort de la conquête de la gratuité de l'enseignement se situe à la Libération, qui va asseoir solidement la gratuité dans le second degré. D'une part, une ordonnance de 1945 décide définitivement la gratuité de toutes les classes des lycées (classes primaires, classes secondaires et classes préparatoires aux grandes écoles). D'autre part, le préambule de la Constitution de 1946 proclame comme un "devoir de l'Etat", "l'organisation de l'enseignement public *gratuit* et laïque à tous les degrés", dont il fait la conséquence de "l'égal accès de l'enfant et de l'adulte à l'instruction, à la formation et à la culture".

Comme on le voit, les conditions d'instauration de la gratuité de l'enseignement public établissent des liens puissants entre les notions de gratuité et celles de République et de démocratisation de l'Ecole. Cette symbolique reste profondément ancrée et la gratuité de l'enseignement reste un puissant moteur de luttes sociales et politiques : la "démocratisation de l'enseignement" des années 1960-1970 s'accompagne de revendications financières (par ex : de bourses) destinées à lever tout barrage à la poursuite des études ; en 1986, le "projet Devaquet" sur l'enseignement supérieur échoue notamment parce qu'il laisse entendre une augmentation des droits d'inscription dans les universités. Plus récemment, on peut observer que la gratuité demeure d'actualité : la presse, les parents d'élèves, le Médiateur de l'Education nationale s'en font l'écho ; le Ministre, en 2000, confie une mission sur ce sujet ; la Charte européenne des droits fondamentaux, récemment adoptée, l'évoque. Il est vrai que si la question émerge encore sur le terrain social et politique, elle investit désormais un autre terrain : le terrain juridique et contentieux ; comme dans bien d'autres domaines de la vie sociale, la régulation s'opère ici aussi par le recours aux juges, et la multiplication des recours devant les tribunaux, sur ce sujet, est nette.

Pour cerner la signification de la gratuité de l'enseignement, l'analyse mérite d'être menée sur trois plans : le plan juridique, car la gratuité n'est un principe ni général ni absolu ; le plan social, car la confusion est souvent installée entre la gratuité de l'enseignement et l'aide sociale à la scolarisation des jeunes ; enfin, le plan économique, car la gratuité a un coût considérable pour la collectivité.

LA GRATUITE DE L'ENSEIGNEMENT : UN PRINCIPE NI GENERAL NI ABSOLU

La portée de la gratuité prévue par le code de l'éducation suscite des questions : s'agit-il d'un "principe" ? De quelle valeur juridique ? Sur quel objet ? Les textes sont obscurs et ne donnent pas toujours de réponses très claires. Relevons d'abord deux ambiguïtés :

- la formule du Préambule de la Constitution de 1946 : de là découlerait un principe général de gratuité de l'enseignement. Or, rien n'est moins sûr. D'une part le texte lui-même comporte des zones d'incertitude : "un

devoir de l'Etat" est-il un objectif politique ou une obligation juridique ? "à tous les degrés", signifie-t-il que tous les établissements publics d'enseignement, depuis la maternelle jusqu'aux universités et grandes écoles, sont visés ? de tous les départements ministériels ou uniquement de l'Education nationale ? D'autre part, le Conseil Constitutionnel ne s'est jamais prononcé, laissant planer un doute, et le Conseil d'Etat a toujours soigneusement évité d'affirmer l'existence d'un principe général de gratuité de l'enseignement.
- la formulation de l'art. L. 132-1, reprise pour partie de la loi Haby de 1975 : elle semble limiter la gratuité à "la période de scolarité obligatoire" – ce qui semble contradictoire avec le début du même article relatif aux classes maternelles (qui se situent avant la scolarité obligatoire, étalée actuellement de 6 à 16 ans) et avec les dispositions de l'article suivant relatives aux lycées et aux classes préparatoires aux grandes écoles (qui se situent après la scolarité obligatoire).

Ces incertitudes juridiques invitent à préciser les deux éléments sur lesquels porte la gratuité de l'enseignement : la nature des établissements scolaires concernés ; la nature des prestations offertes gratuitement par le service public.

La nature des établissements scolaires concernés

A bien examiner les textes et la jurisprudence, on constate que leur critère d'application est organique. En effet, la gratuité ne se limite pas à la scolarité obligatoire, mais s'applique aux catégories d'établissements scolaires énumérées par la loi : écoles, collèges et lycées publics, quelles que soient les classes fréquentées au sein de ces établissements (y compris donc les classes enfantines et les classes d'enseignement supérieur qui y sont créées). Depuis très longtemps, le juge administratif a toujours interprété ainsi ces textes, par exemple à propos des classes primaires supérieures[1] ou des classes maternelles et enfantines[2] des écoles primaires.

En revanche, deux catégories d'établissements sont exclues par ces textes.
- D'une part, les établissements d'enseignement supérieur universitaire : comme on le sait, ceux-ci perçoivent des droits d'inscription, dont le montant est fixé chaque année par un arrêté interministériel. Cet arrêté a été contesté devant les tribunaux ; le Conseil d'Etat a conclu à sa légalité, sur la base de la loi de finances de 1951 qui les a institués et qui a habilité

---

[1] CE, 7 janvier 1932, Delbos, *Rec.*, p.15.
[2] CE, 10 janvier 1986, Commune de Quingey, *Rec.*, p. 3.

le gouvernement à en fixer le montant par arrêté ; il a ainsi évité de se prononcer sur la conformité de cette loi avec le Préambule de la Constitution[3]. Depuis lors, la loi du 26 janvier 1984 relative à l'enseignement supérieur prévoit expressément la perception de droits d'inscription dans les établissements universitaires (art. 41), sans que le Conseil constitutionnel, saisi pourtant de différentes questions de constitutionnalité soulevées par cette loi, ne soulève d'office celle de la conformité de cette disposition avec le Préambule de 1946.

- D'autre part, les établissements scolaires français à l'étranger : des droits d'écolage leur sont versés en toute légalité. Dans ce cas, comme dans le précédent, le Conseil d'Etat refuse de se situer sur le terrain de la conformité de la loi de 1951, source de ces droits, avec le Préambule de 1946, conformément à sa jurisprudence traditionnelle qui lui interdit d'examiner la constitutionnalité des lois. Mais, en outre, il considère que ces droits ne portent pas atteinte au principe d'égalité des usagers du service public : "Les usagers des établissements d'enseignement français à l'étranger ne se trouvent pas dans la même situation vis-à-vis du service public que les usagers des établissements d'enseignement situés en France" ; "dès lors, en leur imposant une rémunération pour des services rendus gratuitement sur le territoire national", le décret attaqué (le décret d'application de la loi de 1951) "n'a pas méconnu le principe d'égalité devant les charges publiques"[4]. Ainsi, une différence objective de situation peut justifier un traitement différent au regard de ce que le Conseil d'Etat évoque seulement comme "un" principe de gratuité de l'enseignement.

Force est donc de constater que l'existence d'un prétendu principe de gratuité de l'enseignement de valeur constitutionnelle n'est pas assurée. Celui-ci relève plutôt de l'ordre des objectifs politiques que du droit constitutionnel positif ; il figure d'ailleurs au sein des "principes politiques, économiques et sociaux", "particulièrement nécessaires à notre temps" ; il constitue un "devoir" de l'Etat plus qu'un "droit" des citoyens. On peut vraisemblablement considérer que la loi de 1881 et l'ordonnance législative de 1945 figurent parmi "les principes fondamentaux reconnus par les lois de la République" et possèdent donc une valeur constitutionnelle en ce qu'elles appliquent la gratuité à une série d'établissements d'enseignement. En tout cas, dans son ensemble, le principe de gratuité doit être rangé, semble-t-il, parmi les principes

---

[3] CE ass., 28 janvier 1972, Conseil transitoire de la faculté des lettres et sciences humaines de Paris, *AJDA* 1972, p. 109 et 90, *JCP* 1973.II.17296, note J. Chevallier.

[4] CE sect., 9 avril 1976, Conseil des parents d'élèves des écoles publiques de la mission culturelle française au Maroc, *D.* 1977 p. 240, note P. Schultz.

fondamentaux de l'enseignement relevant du législateur, à charge pour celui-ci d'en fixer l'étendue et les modalités.

La nature des prestations offertes gratuitement

L'Histoire éclaire le sens et la portée de la gratuité de l'enseignement. En effet, la Révolution n'a pas mis en œuvre l'objectif qu'elle s'était fixé dans la Constitution de 1791 d'assurer la gratuité de l'instruction primaire. De ce fait, les écoles fonctionnent et les maîtres subsistent grâce à une "rétribution scolaire". Celle-ci va prendre des formes différentes avec le temps.

Elle est d'abord une contribution en nature pesant sur les familles des enfants scolarisés, permettant l'entretien de la "maison d'école" et la rémunération des maîtres. Peu à peu, une prise en charge publique, par financement communal, se conjugue avec la rétribution par les familles : la loi Guizot de 1833 met à la charge de la commune l'entretien de l'école, le logement de l'instituteur ainsi que la partie fixe de son traitement – seule la partie variable relevant des familles. A partir du milieu du XIX° siècle (loi Falloux), la rétribution se transforme progressivement en imposition – elle est recouvrée sur les familles des enfants scolarisés (et non bénéficiaires de la gratuité) comme en matière d'impôt, tandis que la partie fixe du traitement est elle-même relevée. La loi de 1881 supprime expressément la "rétribution scolaire", comme le feront ultérieurement les lois des années 1930 en ce qui concerne les classes secondaires des lycées. Notons aussi que pour couronner logiquement cette évolution, le traitement des instituteurs est mis à la charge de l'Etat et non plus des communes, en 1889, libérant ceux-ci de toute tutelle locale.

Dès lors, la gratuité possède, au moment de son instauration, un sens précis : elle signifie que les prestations offertes par l'établissement scolaire sont gratuites (personnels et matériels), c'est-à-dire que l'enseignement dispensé par les maîtres, dans le cadre des horaires et programmes officiels, ne fait plus l'objet de contreparties financières individuelles versées par les usagers du service public mais d'une prise en charge collective. La gratuité exclut donc toute contribution aux frais de fonctionnement matériels, administratifs et pédagogiques.

Ces dernières années, les frontières du champ de la gratuité ont été précisées soit par le ministère de l'Education nationale, soit par les tribunaux administratifs :

• à propos des prestations offertes gratuitement : les frais de fonctionnement réclamés aux familles soit de façon ponctuelle (photocopies, piscine…) soit de façon traditionnelle (enveloppes timbrées, carnet de correspondance) – sujets de controverses entre les établissements scolaires et certaines familles – sont couverts par la gratuité ;

• à propos de la nature des activités gratuites : il s'agit de toutes les activités obligatoires ou même facultatives (options) réalisées dans le cadre des programmes et horaires officiels d'enseignement ; en revanche, les activités facultatives, au-delà du temps réglementaire d'enseignement, peuvent faire l'objet d'une contribution des familles (par ex : sorties et voyages scolaires).

Dans ce cadre, la gratuité est "absolue". En somme, elle porte sur "l'externat simple", expression autrefois utilisée pour distinguer les prestations obligatoires et gratuites des prestations supplémentaires et payantes : externat "surveillé", demi-pension et internat. A noter que la gratuité s'étend au-delà de l'enseignement public : la loi Debré et ses textes d'application (art. 15 du décret du 28 juillet 1960) prévoient la gratuité de l'externat simple dans les classes sous contrat d'association, prises en charge par les fonds publics, sous réserve de contributions des familles pour les exercices religieux et le financement des locaux et des équipements (non pris en charge par l'Etat).

Toutefois, pour diverses raisons, le sens originel de la gratuité de l'enseignement s'est peu à peu obscurci.

LA GRATUITE DE L'ENSEIGNEMENT : UN PRINCIPE AUX CONTOURS OBSCURCIS

La notion de gratuité de l'enseignement va perdre, au fil des temps, sa pureté originelle. De la gratuité de la prestation d'enseignement, on va passer à toutes les formes d'aides sociales apportées aux familles pour faciliter le travail scolaire et l'égalité d'accès à l'éducation. Le terrain est alors plus mouvant et l'amalgame fréquent. Ainsi, d'une conception étroite mais absolue, on tend à adopter une conception large mais relative de la gratuité, avec son cortège de discussions et de controverses où les familles et les forces sociales trouvent matière à contentieux et luttes.

La distinction initiale de la gratuité et de l'aide sociale

A l'origine, la gratuité de l'enseignement est soigneusement distinguée des aides sociales aux familles et aux enfants. Ainsi, parallèlement à l'instauration de la gratuité des écoles primaires, le décret du 29 janvier 1890, dont l'article 8 est toujours en vigueur, prévoit que "les ressources provenant de la caisse des écoles et de la subvention de l'Etat…seront affectées en premier lieu à la fourniture gratuite de livres aux élèves indigents".

Pendant plusieurs dizaines d'années, les familles bénéficient de la gratuité de l'enseignement et, pour celles qui sont "indigentes" ou "nécessiteuses", de quelques rares aides sociales. Des bourses sont instituées en faveur des élèves "méritants" socialement et scolairement ; l'obtention en est subordonnée à un concours.

La confusion va se produire sous l'effet de deux événements : la multiplication des aides sociales liée à la période de "l'Etat providence" ; le mouvement de démocratisation du système d'enseignement.

La gratuité, facteur de démocratisation de l'enseignement

Peu à peu, l'idée s'installe de favoriser la démocratisation de l'enseignement, de permettre aux couches sociales défavorisées l'accès à l'instruction et à l'éducation en assurant la "gratuité" de l'éducation : il s'agit alors d'atténuer ou de gommer tous les coûts induits par la scolarisation des enfants. Cette conception se traduit par :
- la fourniture des instruments nécessaires au travail des élèves : livres, fournitures scolaires ;
- des aides destinées à supporter le coût des dépenses liées à la scolarité, telle que l'allocation de rentrée scolaire (dont le montant a été porté à 1600 francs depuis 1997), et à l'entretien des enfants (tarifs différenciés des cantines scolaires ; institution de fonds sociaux gérés par les collèges et les lycées) ;
- des allocations pour compenser le "manque à gagner" représenté par la poursuite d'études des jeunes : les bourses nationales d'études du second degré (ainsi que celles de l'enseignement supérieur) ont pour partie cet objet.

Ce mouvement imprime une autre signification à la gratuité : celle-ci tend à recouvrir un large spectre d'aides sociales. La loi Haby de 1975 couronne et entérine sur le plan juridique cette évolution des esprits : "Pour favoriser l'égalité des chances, des dispositions appropriées rendent possible l'accès de chacun, en fonction de ses aptitudes, aux différents types ou niveaux de la formation scolaire. Ces dispositions assurent la gratuité de l'enseignement durant la période de scolarité obligatoire". Or, comme on le sait, la loi Haby se traduit dès 1976 par l'une des "mesures appropriées" qu'elle appelle de ses vœux : la gratuité des manuels scolaires de tous les élèves des collèges.

L'évolution est loin d'être parvenue à son terme. La "gratuité" est même devenue un pavillon de complaisance qui justifierait une prise en charge généralisée de quantités de "marchandises" ; des mouvements sociaux ne manquent pas de réclamer l'élargissement du cercle de la gratuité : fournitures scolaires à usage personnel, manuels scolaires des lycées, matériel et équipement des élèves des séries technologiques et professionnelles, nouvelles technologies (ordinateurs), demi-pension et internat, etc. Dès lors, l'intervention de l'Etat est de plus en plus fréquente ; mais surtout, depuis une vingtaine d'années, on assiste à une entrée massive des collectivités locales à tous les niveaux (régions, départements et communes) dans l'aide à la scolarité, sous les formes les plus diverses (manuels et matériels ; cantines ; sorties et voyages scolaires...).

La gratuité de l'enseignement prend désormais des formes très variées ; ses sources sont également diverses, mais au total, le coût pour la collectivité est considérable.

LA GRATUITE DE L'ENSEIGNEMENT : UN COUT COLLECTIF CONSIDERABLE

La gratuité a évidemment un coût, évidence qu'il convient de rappeler tant ce coût est "invisible" ; même élevé, celui-ci n'est guère sensible, ni pour les contribuables – car il est fondu dans la masse –, ni pour les bénéficiaires – laissés dans l'ignorance des montants réels, en particulier dans tous les cas de prestations impersonnelles –. Cette ignorance autorise des injustices, que le système actuel de gratuité recèle sans aucun doute.

Le coût de la gratuité de l'enseignement

Le service public d'enseignement a un coût : qui va le supporter ? Les bénéficiaires directs étant largement exonérés dans l'enseignement du premier et du second degré, ce sont pour l'essentiel les collectivités publiques, Etat et collectivités territoriales qui supportent la charge de la gratuité.

Les statistiques relatives aux dépenses d'éducation permettent de calculer le montant de toutes les dépenses d'éducation (activités d'enseignement scolaire et extrascolaire de tous les niveaux, y compris l'enseignement supérieur ; organisation du système éducatif ; aides à la fréquentation scolaire ; fournitures scolaires) : celui-ci est qualifié de "dépense intérieure d'éducation". Cette dépense s'élevait en 1999 à 625 milliards de francs, soit une dépense moyenne de 38 500 francs par élève ou étudiant[5].

La répartition de la dépense intérieure d'éducation montre que le principal financeur reste l'Etat (64,5%) ; sa part tend depuis une quinzaine d'années à décroître légèrement, du fait de la décentralisation du système éducatif. Parallèlement, on assiste à une augmentation de la part des collectivités locales (20,9%). En 1999, les "ménages" supportaient 6,7% de la dépense (soit 41 604 MF) : à cet égard, il est intéressant de noter que la part relative des ménages continue à diminuer de façon significative, passant de 10,7% en 1975 à 6,7% en 1999. La gratuité de l'enseignement a donc, pour les familles, encore fait des progrès ces dernières années, même s'il est probable que le creusement des inégalités sociales a pu rendre la charge résiduelle plus difficile à supporter à certaines d'entre elles.

Enfin, le reste du financement est assuré par les entreprises (5,9%) et les autres administrations et caisses d'allocations familiales (2%).

Remarquons que cette structure de financement est très originale par rapport aux pratiques des pays étrangers : faible part des ménages, des entreprises et des collectivités locales et intervention massive de l'Etat.

Les injustices de la gratuité de l'enseignement

La gratuité de l'enseignement est un "droit" assuré également à tous les élèves des écoles, collèges et lycées publics ; le principe d'égalité interdit ici de procéder à des distinctions entre élèves ou entre catégories d'élèves en fonction, par exemple, des revenus des familles. Ceci pose question.

En effet, la dépense intérieure d'éducation se montait à 38 700 francs par élève ou étudiant en 1999 ; cette dépense moyenne se révélait très différente selon les niveaux d'enseignement : 25 500 francs en maternelle, 26 200 en élémentaire, 43 000 en collège, 54 300 en second cycle général et technologique, 56 400 en second cycle professionnel, 65 600 en STS, 78 300 en CPGE, 41 200 en université, 77 800 en école universitaire d'ingénieurs, 55 900 en IUT. Or, on peut s'interroger sur les bénéficiaires de la gratuité, si l'on sait que les familles aisées sont celles dont les enfants poursuivent le plus longtemps des études. Surtout, comment justifier que les élèves des CPGE – dont la grande majorité se recrute parmi les familles les plus favorisées – bénéficient de la gratuité, avec le

[5] *L'état de l'école*, n° 10, octobre 2000 ; *Repères et références statistiques*, éd. 2000, et *Note d'information de la Direction de la programmation et du développement* n° 00-38, oct. 2000.

coût de scolarité le plus élevé, tandis que les étudiants inscrits en université, globalement issus de milieux plus modestes, restent soumis à des droits d'inscription ?

Sur le terrain des aides sociales, dont le principe est au contraire d'être différenciées en fonction des revenus des familles, on observe peu à peu une avancée des aides indifférenciées, sous prétexte d'égalité, qui engendre des systèmes inéquitables. Ainsi, la gratuité des manuels scolaires des collèges bénéficie à tous les enfants, quelle que soit leur situation financière ; des collectivités régionales se sont engagées dans la même voie à l'égard des lycéens : égalité et simplicité certes, mais l'équité y trouve-t-elle son compte ? Dans le même ordre d'idée, les cantines scolaires des collèges et lycées publics bénéficient d'un amoindrissement du prix de revient grâce à une participation de l'Etat à la rémunération des personnels de restauration (60%, la part pesant sur les familles s'élevant à 40%) – ce qui représentait une charge pour l'Etat de 2,116 milliards de francs en 2000. Là aussi, il s'agit d'une aide indifférenciée (d'ailleurs totalement invisible) : l'éventuelle suppression de toute participation des familles, demandée çà et là, ne conduirait-elle pas à aggraver l'inéquité que recèle déjà la situation présente ?

Gardons-nous de généraliser les aides sociales indifférenciées, qui traitent également des situations inégales et créent de ce fait de nouvelles inégalités !

La gratuité de l'enseignement a permis de formidables progrès dans la longue marche de la démocratisation de l'enseignement et de l'égalité de l'accès à l'instruction. Elle constitue un acquis que nos concitoyens n'admettraient pas de voir remis en cause.

Toutefois, l'amalgame qui se produit entre la gratuité de l'enseignement et les aides sociales à la scolarité présente un risque : celui de généraliser une tendance déjà observée à verser des aides indifférenciées, sans égards pour la situation sociale des familles. Dans une période où se creusent les inégalités face au système éducatif, les aides ciblées doivent prévaloir sur les aides indifférenciées. En somme, le principe d'égalité, pour atteindre l'objectif d'équité qui le sous-tend, engage à traiter différemment les usagers du service public placés en situation différente. Dans ces conditions, ne convient-il pas de revenir à la pureté du principe de gratuité de l'enseignement, circonscrit aux prestations du service public, et de le distinguer soigneusement des aides sociales à la scolarité, versées en fonction des revenus des familles ?

5

Bibliothèques publiques : la gratuité du prêt des ouvrages

*Daniel Dürr**

La lecture est une activité culturelle libre, et pour beaucoup un plaisir individuel, jalousement personnel. Il relève de la culture de chacun, de son engagement, de sa sensibilité, de son esthétique, de sa philosophie... Tout cela lui appartient pleinement, révèle sa personnalité. Pourtant, pour l'exercice de ce loisir ou de cette passion si intime, le lecteur a bien souvent recours à une organisation collective et publique. Cette forme de lecture qui caractérise à la fois le choix de l'individu et son épanouissement intellectuel ne s'exprime, dans la plupart des cas, que grâce à la mise en place d'une politique de lecture publique pour laquelle l'intervention de l'administration est indispensable et justifiée.

La justification de l'intervention des autorités publiques se trouve dans leur mission éducative et culturelle. Dans notre société, même si les moyens de communication se sont diversifiés, la maîtrise de la lecture reste une condition sine qua non pour l'accès à la culture.

Plus d'un siècle après Jules FERRY, tous les problèmes éducatifs ne sont pas résolus. Et la politique de lecture publique a aussi pour tâche de lutter contre un grave fléau social : l'illettrisme[1].

Organisée sur le plan social, la lecture est un moyen d'accéder à l'information, à la culture. C'est aussi une garantie contre le rejet, la

* *Maître de Conférences en droit public à l'Université Lumière Lyon-2.*

[1] Pour quelques témoignages sur ce thème et sur la politique de lecture publique qu'il nécessite, se reporter à une parution du Centre Georges POMPIDOU : Culture au quotidien "Cultures périphériques ?", Paris, septembre 1985, p. 57 et s.

marginalisation dans une société où la communication devient toujours plus rapide et sophistiquée[2].

La politique de lecture publique s'est tout de suite appuyée sur des institutions qui existaient déjà : les bibliothèques. Ainsi, on en trouvait (et parfois depuis longtemps) de différentes formes et origines : les bibliothèques populaires des écoles publiques qui dépendaient des "œuvres scolaires", les bibliothèques paroissiales qui se rattachaient aux "œuvres sociales de l'Eglise" et de nombreuses institutions qui étaient le fruit d'initiatives privées, notamment d'établissements industriels[3]. Cependant, ces structures, d'inspiration charitable et philanthropique, "s'adressaient spécialement au petit peuple des villes et des campagnes et poursuivaient un but de moralisation et d'éducation[4]". Ces bibliothèques se démarquaient notamment du modèle de bibliothèque publique anglo-saxonne conçue comme une institution démocratique : elles n'avaient pas pour objectif l'égalisation des conditions, ni même le progrès social.

La politique moderne de lecture publique a d'autres moyens et d'autres buts. Fondée sur la gratuité, cette politique se développe pour assurer l'émancipation des citoyens par la communication et la culture. Cependant, la mise en pratique de cette politique bute sur un premier écueil : le livre, instrument primordial de toute lecture publique, a une valeur économique qui doit faire vivre une filière de production, d'édition et de distribution.

La gratuité présente alors un double visage dans ce processus : indispensable pour assurer au citoyen un accès véritable à la culture, elle risque de déséquilibrer la filière économique du livre, mettant en péril certains métiers et, à travers eux, la création littéraire.

LES RELATIONS ENTRE LA BIBLIOTHEQUE ET SES USAGERS : L'IMPOSSIBLE REMISE EN CAUSE DE LA GRATUITE

Les bibliothèques publiques sont chargées d'assurer le développement de la lecture publique en France : pour ce faire, il est prévu qu'elles soient gratuites. Cette considération ne manque pas de susciter certaines interrogations :

- quelles sont les sources, les bases notamment textuelles, de cette affirmation,

---

[2] Sur ce sujet, voir l'analyse de J.-M. PONTIER, J.-C. RICCI et J. BOURDON dans *Droit de la culture*, Dalloz 1ère éd., 1990, p. 481 et s.

[3] Ces exemples sont cités dans la thèse d'Henri COMTE, *Les bibliothèques publiques en France*, Presses de l'Ecole Nationale Supérieure des Bibliothèques, Lyon, 1977, p. 265.

[4] H. COMTE, *op. cit.* p. 265.

- quelles sont ses justifications,
- quelles sont ses manifestations et ses limites,
- quel est son impact sur la lecture ?

Les sources de la gratuité

D'après le préambule de la Constitution du 4 octobre 1958, reprenant celui de la Constitution du 27 octobre 1946, "la Nation garantit l'égal accès de l'enfant et de l'adulte à l'instruction, à la formation professionnelle et à la culture. L'organisation de l'enseignement public gratuit et laïc à tous les degrés est un devoir de l'Etat".

Si la gratuité de la lecture publique n'est pas ici officiellement affirmée, en revanche est annoncé un droit à la culture. L'exercice de ce droit sous-entend la mise en place d'un réseau de prestations : il constitue pour l'Etat une obligation générale (de moyens) vis-à-vis de la société. Parmi ces moyens, les bibliothèques publiques ont une place de choix : la politique de lecture publique doit permettre l'accès à la culture, à l'instruction et même à la formation.

Cette reconnaissance constitutionnelle indirecte de la gratuité a été reprise par différents textes ou projets de textes de valeur moindre. Parmi ceux-ci, citons :

- la Charte des bibliothèques, adoptée par le Conseil supérieur des bibliothèques le 7 novembre 1991. Après avoir fait une référence explicite à la Constitution dans son article premier[5], ce texte retient la formule suivante : "La consultation sur place des catalogues et des collections doit être gratuite pour l'usager. Les autres services proposés par la bibliothèque peuvent être tarifés au moindre prix… Il est souhaitable que le prêt à domicile soit aussi gratuit ou qu'il fasse l'objet des exonérations les plus larges en faveur des enfants et des adolescents, des publics empêchés ou défavorisés" ;
- une proposition de loi sur les bibliothèques publiques datant de 1979. Dans son article 3, ce texte précise : "Tous les documents conservés par une bibliothèque publique doivent être communiqués gratuitement à tout lecteur, à sa demande[6]".
- le rapport Yvert (1984) qui énonce des éléments pour un projet de loi sur les bibliothèques publiques. Il comporte un article 3 ainsi formulé :

[5] "Pour exercer les droits à la formation permanente, à l'information et à la culture reconnus par la Constitution, tout citoyen doit pouvoir, tout au long de sa vie, accéder librement aux livres et aux autres sources documentaires."

[6] Cette position, affirmée il y a plus de vingt ans, ne manquerait pas de poser certains problèmes aujourd'hui, notamment avec le développement des documents électroniques.

"L'information et la documentation mises à la disposition du public doivent être :
• faciles d'accès
• communiquées gratuitement ou au moindre coût
• adaptées aux besoins généraux et spécifiques des usagers
• pluralistes" ;

- le texte rédigé en 1992 par la "Commission-loi" de l'Association des Bibliothécaires Français. Il comporte des éléments de proposition pour une législation sur les bibliothèques publiques. Son article 2 énonce : "La lecture publique est un service public permettant à tous, dès le plus jeune âge, l'accès gratuit aux livres et aux documents de bibliothèque pour leurs besoins de formation, de documentation, de culture et de délectation... Elle est un droit au même titre que l'instruction, la formation professionnelle, la culture et l'information, dont l'accès est garanti au citoyen par la Constitution[7]" ;

Tous ces textes s'appuient sur le corpus constitutionnel pour affirmer le caractère indispensable de la gratuité. Cette tendance est d'ailleurs fermement défendue et revendiquée par la profession des bibliothécaires (la plupart des textes mentionnés ci-dessus sont d'origine professionnelle).

Les justifications de la gratuité

Les bibliothèques publiques justifient la gratuité de (certaines de) leurs prestations par le fait qu'elles remplissent une mission de service public. Cette mission est d'ailleurs affichée et proclamée par certains textes fondateurs de la politique de lecture publique. Ainsi la Charte des bibliothèques prévoit : "La bibliothèque est un service public nécessaire à l'exercice de la démocratie. Elle doit assurer l'égalité d'accès à la lecture et aux sources documentaires, pour permettre l'indépendance intellectuelle de chaque individu et contribuer au progrès de la société".

Cette mission de service public apparaît évidemment en référence et en complément de celle d'instruction qui a suscité l'émergence d'une politique publique au début de la Troisième République[8]. Cependant, à l'heure actuelle, la mission des bibliothèques est beaucoup plus large, elle ne se limite pas à une fonction de complément pédagogique.

---

[7] Pour une approche plus complète de ce texte, se reporter au rapport de la "Commission-loi" publié dans le *Bulletin d'Informations de l'Association des Bibliothécaires Français,* n° 154, 1er trimestre 1992, pp. 61 et s.
[8] Et même auparavant, si l'on prend en considération les initiatives de F. GUIZOT.

Depuis longtemps, les bibliothèques se sont engagées sur d'autres voies ; particulièrement leur rôle social s'est affirmé[9]. Luttant contre l'illettrisme et l'isolement culturel des populations défavorisées, elles constituent un facteur non négligeable d'intégration[10]. Dans leur rapport à la ministre de la Culture et de la Communication, J.-M. Borzeix et J.-W. Pré soulignent l'importance de ce rôle social : "Les élus locaux ont bien compris que créer une bibliothèque dans un quartier en difficulté était l'un des meilleurs investissements politiques possibles, pour prévenir le pire... Dans beaucoup de bibliothèques modernes... les bibliothécaires apprennent avec courage et non sans difficulté à devenir les militants de l'action sociale. Là où le tissu social menace ruine, la bibliothèque / médiathèque est aujourd'hui aussi indispensable que le terrain de foot et de basket[11]".

L'affirmation de ce rôle social, notamment en direction des populations les plus défavorisées, justifie la gratuité. Elle se présente comme une condition indispensable de cette difficile entreprise[12].

Les aménagements de la gratuité

Parler de gratuité en matière de bibliothèques publiques peut paraître curieux, voire déplacé. Si l'on se penche sur les statistiques nationales, on se rend compte que la gratuité totale est un phénomène à la fois marginal et en voie de diminution[13].

---

[9] Rôle qui reste très éloigné de la conception philanthropique et paternaliste véhiculée par les bibliothèques populaires. Voir sur ce point la position d'H. COMTE dans sa thèse précitée, p. 286 et s.

[10] La revue *Cultures périphériques ?*, précitée, p. 62, évoque quelques exemples du rôle social des bibliothèques : "La bibliothèque de Fontbarlettes... a été mise en service en décembre 1979. Les données de départ n'étaient pas très encourageantes : une ZUP (10500 habitants) dans laquelle vivent dix-huit ethnies différentes, où la plupart des gens n'avaient jamais mis les pieds dans une bibliothèque, des jeunes et des adultes pour certains à la limite de l'illettrisme... Résultat : presque la moitié de la population de la ZUP (3000 enfants et 1500 adultes) fréquente la bibliothèque. Pour en arriver là, ... la bibliothèque s'est faite simultanément lieu de rencontre, base d'animation de quartier, relais des écoles, partenaire des organismes d'orientation et d'aide sociale, de la mission pour l'emploi..."

[11] J-M. BORZEIX, J-W. PRE, "La question du droit de prêt dans les bibliothèques", *Rapport à la ministre de la Culture et de la Communication*, juillet 1998, p. 47.

[12] Dans un article intitulé "Les tarifications dans les bibliothèques", G. GUDIN DE VALLERIN affirme, citant T. Giappiconi : "En évitant les exclusions sociales, la gratuité symbolise une "certaine idée" de la République, dont tous doivent se sentir parties prenantes", *Bull. Bibl. France*, Paris, t. 39, n° 6, 1994, p. 21.

[13] Taux de bibliothèques entièrement gratuites : 1993 : 23,5% ; 1994 : 22,9% ; 1995 : 22,3% ; 1996 : 20,9% (chiffres cités dans le document interne rédigé par A-M. BERTRAND, *La tarification dans les bibliothèques municipales*, rendu le 15 janvier 1998) ; 1999 : 13,7% (chiffre cité par J.-L. LEREBOURS dans son article intitulé "Quelques

Autant dire que la gratuité justifiée en tant que principe et affirmée comme une condition prend des formes aménagées. Dans plus de 85% des bibliothèques publiques, cette gratuité n'est pas complète, mais démembrée suivant les différentes prestations assurées. Il apparaît donc nécessaire d'en faire une étude détaillée pour rendre compte de la réalité et de l'importance du phénomène. La plupart des communes ont adopté un système de catégorisation, établissant par exemple des distinctions suivant la nature des publics et le contenu des prestations.

Certaines prestations sont presque toujours gratuites : l'accès à la bibliothèque[14], la consultation des documents sur place, le conseil et l'orientation par les bibliothécaires, la consultation du catalogue de la bibliothèque, l'accès aux expositions et aux animations.

Certains publics bénéficient de régimes particuliers, allant de la réduction de tarifs à l'exonération pure et simple des droits. Dans son étude datant de 1994[15], G. Gudin De Vallerin recensait une vingtaine de cas d'exemption sur les trente-trois villes de plus de 100 000 habitants où il avait enquêté. Les différences de traitement entre les publics s'établissent sur la base de critères distinctifs : critères géographiques, démographiques et sociaux.

- Les critères géographiques permettent d'appliquer aux usagers un tarif différent suivant leur lieu de résidence : on distingue le plus fréquemment les habitants de la commune et ceux qui ne le sont pas (les premiers finançant déjà la bibliothèque à titre de contribuables).
- Les critères démographiques permettent d'établir entre les usagers des distinctions fondées sur l'âge. Ainsi, il est courant que la gratuité s'applique aux jeunes lecteurs : de cette façon, elle se présente comme un complément à l'éducation, gratuite et obligatoire.
- Les critères sociaux concernent directement la situation des usagers : suivant leur revenu, leurs difficultés économiques, leur place dans la société..., il peut être décidé de les exonérer du paiement des droits ou de réduire le montant de leur cotisation.

La conjonction de tous ces critères laisse une situation statistique assez étrange. En se fondant sur des enquêtes internes, A.-M. Bertrand pouvait écrire en 1998 : "La majorité des usagers inscrits bénéficient de fait de la gratuité[16]".

---

résultats de l'influence des politiques tarifaires sur le fonctionnement des services municipaux de lecture publique", paru dans la revue *Livres* n° 28, septembre 1999, p. 44).

[14] Le seul contre-exemple brestois, qui se justifiait par le fait que l'entrée de la bibliothèque se trouvait à l'intérieur du périmètre payant d'Océanopolis, ne semble plus exister aujourd'hui.

[15] *précitée.*

[16] *précité*, p. 4.

Ainsi donc, en matière de lecture publique, la gratuité présente plusieurs visages, parfois très différents :
- dans les discours et dans les textes (déclaratifs le plus souvent ou normatifs), elle est affirmée avec vigueur, comme un principe, et justifiée par des références solides ;
- dans les décisions politiques locales, elle est battue en brèche et apparaît comme une rare survivance d'une époque aujourd'hui révolue ;
- dans les applications pratiques individuelles, elle réapparaît comme une exception qui se multiplie jusqu'à atteindre un caractère de fréquence inattendu.

Affirmée et pratiquée, même partiellement, la gratuité repousse les effets et les rigueurs d'une logique purement économique.

LES RELATIONS ENTRE LA BIBLIOTHEQUE ET SES FOURNISSEURS : LA GRATUITE ET LES RISQUES D'UNE INJUSTICE

Entre la bibliothèque publique et ses fournisseurs, les relations sont souvent perçues comme ambivalentes : la bibliothèque est à la fois un débouché pour la production littéraire et un concurrent de la filière économique et commerciale du livre. Dans ce contexte, la gratuité, même incomplète, a forcément un impact sur le rôle et la position des fournisseurs. Suivant leur profession (auteur, éditeur ou libraire), ils sont dans des situations différentes, mais bien souvent leurs intérêts convergent.

La position des professionnels de la filière du livre

Les auteurs, même s'ils ne forment pas une catégorie homogène, ont depuis longtemps perçu que la mission des bibliothèques s'exprime parfois (souvent ?) au détriment de leurs revenus. Dès 1973, le "cahier de revendications" de la Société des Gens de Lettres signalait : "il est absolument illogique qu'un seul livre puisse être loué dix, vingt ou cent fois sans que son auteur ne perçoive le moindre pourcentage[17]...".

Les auteurs soulignent que plus le volume des prêts de livres augmente[18], plus ce phénomène économique critiquable tourne à l'injustice.

---

[17] Cité par le rapport BORZEIX-PRE, *précité*, p. 44.
[18] Ce qui est le cas à l'heure actuelle ; voir sur ce point les différentes enquêtes effectuées pour le compte du ministère.

Le rapport Borzeix-Pré[19] constate : "A propos du prêt dans les bibliothèques, le sentiment qui domine aujourd'hui parmi les auteurs est d'être exploités, sinon spoliés… Ce sentiment d'injustice est accru quand il s'agit d'auteurs dont les livres sont épuisés, et ne se vendent donc plus en librairie, ne rapportent plus le moindre droit d'auteur et continuent de tourner en bibliothèque. *C'est comme si j'étais tombé dans le domaine public de mon vivant*, confie un écrivain à ce propos".

Cette impression d'ensemble traduit un malaise révélateur de la faiblesse de la situation, notamment économique, des auteurs. En effet, la grande majorité d'entre eux sont dans une situation précaire : les études montrent qu'ils sont bien souvent les moins rémunérés dans la filière de production du livre. Le Rapport du Conseil Supérieur des Bibliothèques pour 1993 estimait que sur les 20 000 auteurs recensés en France, "rares sont ceux qui vivent de leurs droits d'auteurs[20]". Pour ceux-ci tout particulièrement, la gratuité du prêt en bibliothèque prend une forme encore plus cuisante.

Depuis plusieurs années, les éditeurs ont fait cause commune avec les auteurs : approche similaire de la situation, revendications souvent identiques[21]. Ils signalent pourtant un problème qui leur est propre : celui de la mise en péril de certains secteurs de l'édition. Au nom du Syndicat National de l'Edition, son directeur constate : "un livre de plus en plus prêté ne permet pas de rémunérer équitablement ses créateurs, l'auteur comme l'éditeur, dans la mesure où il s'avère qu'il est en même temps de moins en moins vendu[22]".

Les baisses de diffusion liées à une conjonction de facteurs défavorables (au rang desquels est comptée dans une certaine mesure l'activité des bibliothèques) engendrent une situation très problématique sur le plan éditorial. Le rapport du Conseil Supérieur des Bibliothèques pour 1993[23] constatait : "le secteur de l'édition est globalement en déficit en France. Si l'édition est bénéficiaire sur 20% des livres publiés, elle doit combler les pertes sur les 80% restants… L'édition française est donc amenée à réduire ses activités".

Les secteurs particulièrement en danger sont bien sûr ceux qui sont le moins rentables économiquement. Ainsi, on constate que l'édition

---

[19] *précité.*

[20] Conseil Supérieur des Bibliothèques, *Rapport du Président pour l'année 1993*, p. 27.

[21] Cette proximité est globalement due au fait que les éditeurs gèrent le plus souvent les droits des auteurs.

[22] Lettre de S. EYROLLES, président du Syndicat National de l'Edition, aux Maires de France, le 15 septembre 1997.

[23] *précité.*

scientifique en langue française a pratiquement disparu, que l'édition en sciences humaines est en situation difficile.

Derniers acteurs de la filière professionnelle du livre, les libraires sont moins présents dans le débat contradictoire sur les bibliothèques publiques. Ils connaissent et apprécient le rôle de ces structures dans la promotion du livre. A l'inverse, ils ne sont pas directement et économiquement intéressés par la mise en place du droit de prêt ou par une réaffirmation du droit d'auteur. Pourtant, ils constatent que bien souvent la mission quasi gratuite de la bibliothèque peut avoir des effets négatifs sur leur équilibre économique particulier. Quand il est prêté, le livre n'est pas vendu et le libraire est mis à l'écart de la relation entre le lecteur et le livre (alors qu'à l'origine, il est une courroie de transmission indispensable et payante dans cette relation).

De plus, pour acquérir leurs fonds documentaires, les bibliothèques passent parfois par des centrales d'achat[24]. Dans certains cas, les libraires ne sont donc même pas fournisseurs des bibliothèques. Ils peuvent, encore une fois, être en dehors de ce circuit commercial qui pourtant concerne le produit qu'ils vendent habituellement.

Sur un plan général, la gratuité (ou la quasi gratuité) des bibliothèques publiques est financée de deux parts :
- d'une part, elle n'est possible que grâce à l'effort des contribuables[25] qui participent indirectement à la détermination de la politique de la collectivité publique en votant et à sa réalisation en payant leurs impôts ;
- mais d'autre part, on peut soutenir que la gratuité est aussi financée, en creux, par tous les efforts imposés aux différents acteurs de la filière du livre.

A l'heure actuelle, on assiste à un développement des moyens de communication sous toutes leurs formes. Les informations, les messages sont délivrés d'une manière toujours plus rapide, toujours plus souple, toujours plus interactive... Le livre sous sa forme traditionnelle est concurrencé, parfois même dépassé[26].

Dans un tel contexte, il est nécessaire de prévoir un système de soutien à la filière du livre, en liaison directe avec les exigences de la politique de lecture publique[27].

---

[24] Cela se vérifie surtout dans les grandes bibliothèques publiques.

[25] Ce qui justifie, dans les bibliothèques municipales, les différences de droits d'inscription entre les habitants de la commune (qui sont contribuables municipaux) et les autres.

[26] Dans une conférence intitulée "Passé et avenir du livre", R. CHARTIER considère : "de ce fait, c'est la notion même de "livre" que met en question la textualité électronique" in *Qu'est-ce que la culture ?* Université de tous les savoirs, vol. 6, Ed. Odile Jacob, 2001, p. 401.

[27] R. CHARTIER prend ainsi position : "Cette réorganisation du monde de l'écrit en sa forme numérique est un préalable pour que s'organise l'accès payant en ligne et puissent être

Les textes qui instaurent un droit de prêt

En France, le problème s'est d'abord posé en termes purement juridiques : il convenait d'assurer la protection de la propriété littéraire et artistique.

D'après le Code de la propriété intellectuelle, l'auteur dispose de prérogatives patrimoniales sur ses œuvres. Toute cession de ses droits est subordonnée "à la condition que chacun des droits cédés fasse l'objet d'une mention distincte dans l'acte de cession et que le domaine d'exploitation des droits cités soit délimité quant à son étendue et à sa destination, quant au lieu et quant à la durée[28]". Cela signifie que toute utilisation d'une œuvre n'est possible que sur la base du consentement de l'auteur.

Plus précisément, le rapport Borzeix-Pré retient, à propos du droit de prêt, les caractéristiques suivantes :

"Le droit de prêt est inclus dans le droit d'auteur ;
- c'est un droit exclusif de l'auteur ;
- il ne peut être cédé par lui que de façon expresse ;
- il ouvre droit à rémunération en application de l'article L 131-4 du Code de la propriété intellectuelle[29]"[30].

Elément du droit d'auteur, le droit de prêt bénéficie à ce titre d'un arsenal normatif de protection. Cependant, il risque de mettre en péril le développement de la lecture publique au sein des bibliothèques.

A partir de 1992, une directive communautaire[31] est venue s'ajouter aux dispositions protectrices issues du droit national. On peut considérer qu'elle fait obligation aux Etats membres de mettre en œuvre le droit de prêt. Dans une étude consacrée à ce texte, le professeur COMTE signale son double objectif : "harmoniser les législations des douze Etats

---

sauvegardés la rémunération du travail d'édition et le droit patrimonial et moral des auteurs", *loc. cit.*, p. 400.

[28] Article L. 131-3 du Code la propriété intellectuelle.

[29] *Rapport précité*, p. 29.

[30] De façon générale, on peut retenir avec R. MAZON que "le droit de prêt… c'est le droit qu'a l'auteur d'autoriser le prêt ou la location de son œuvre… L'exercice par le titulaire de cette prérogative fait perdre à la bibliothèque la plénitude du droit d'usage de son bien. Elle ne la recouvre qu'aux conditions fixées dans l'acte d'achat. Le droit de prêt, c'est aussi le droit que doit payer l'usager d'une bibliothèque de lecture publique pour être autorisé à emprunter un ouvrage qu'il n'entend pas consulter sur place" : R. MAZON, "Droit de prêt en bibliothèque : les scénarios de mise en œuvre", *La Gazette des Communes,* 22 mai 2000, p. 6-7.

[31] Directive 92/100 CEE du 19 novembre 1992 relative au droit de location et de prêt et à certains droits voisins du droit d'auteur dans le domaine de la propriété industrielle, *JOCE* du 27 novembre 1992, n° 346, p. 61.

membres de la CEE concernant le prêt et la location et fonder cette harmonisation sur un haut niveau de protection"[32].

Mais la Communauté ne s'est pas contentée d'une tentative d'harmonisation entre les régimes mis en place par les Etats membres, elle a aussi proposé un modèle normatif innovant. Celui-ci se fonde sur la reconnaissance d'un droit important : le droit exclusif d'autoriser ou d'interdire le prêt. En d'autres termes, pour obtenir le prêt ou la location d'une œuvre, il faut bénéficier d'une autorisation préalable, en général monnayée.

Avec ce système de protection très efficace, "la directive se situe ainsi dans le droit fil d'une stratégie communautaire prônant le rééquilibrage des intérêts entre producteurs culturels au sens large (auteurs, artistes, entrepreneurs) et consommateurs de productions culturelles[33]". Cependant, on peut penser que ce texte est un peu victime de son ambition : c'est pourquoi il prévoit l'exemption possible pour certaines catégories d'établissements bibliothécaires[34].

De plus, le gouvernement français a considéré, comme cela était permis, que la transposition de la directive en droit interne n'était pas nécessaire puisqu'il existe, en droit national, un système de protection qui s'appuie sur le droit d'auteur et le droit de prêt.

Les initiatives en faveur du droit de prêt

Chronologiquement, ces initiatives se sont d'abord matérialisées en France avec le rapport Borzeix-Pré[35] rendu en juillet 1998. Après un état des lieux de la filière du livre et de la lecture publique, celui-ci opte pour une solution permettant une rémunération de la production littéraire.

Le rapport présente un panorama des solutions retenues par la plupart des pays développés, avant et après la directive de 1992. Puis, il s'attache à répondre à la question : qui doit acquitter le droit de prêt ?

Trois options sont envisageables : les sommes correspondant au droit de prêt peuvent être versées par les usagers eux-mêmes, par les collectivités territoriales ou /et par l'Etat[36]. Après étude de chacune de ces options, le rapport insiste sur les inconvénients des deux dernières. Le

---

[32] H. COMTE, Une étape de l'Europe du droit d'auteur : la directive CEE du 19 novembre 1992 relative au prêt et à la location, *RIDA* n° 158, octobre 1993, p. 3.
[33] H. COMTE, *article précité*, p. 23.
[34] Certains Etats, comme l'Espagne, l'Italie et l'Irlande, ont adopté le système de l'exemption généralisée des bibliothèques. Toutefois, cette solution, qui établit l'exception au rang de principe, ne semble pas conforme à l'esprit de la directive.
[35] *précité*.
[36] L'article de R. MAZON *précité* présente plus précisément les trois options (ou scénarios) retenues, *La Gazette des Communes*, 22 mai 2000, p. 8-9.

financement par les collectivités territoriales risque de conduire à un affaiblissement du budget d'acquisition des bibliothèques. Les finances locales n'étant pas extensibles, on pourrait assister à une redistribution des sommes.

Le financement par l'Etat aurait plusieurs inconvénients :
- d'une part, il s'apparenterait à une subvention (de plus) et conduirait à une séparation non fondée entre droit de prêt et droit d'auteur ;
- d'autre part, il déresponsabiliserait les usagers du service (en effet, le versement des sommes serait totalement indolore, et même invisible pour les lecteurs).

En conséquence, le rapport choisit l'option du financement par les usagers : financement modeste (fixé alors à 10 ou 20 francs par an), forfaitaire et acquitté avec l'inscription annuelle, il aurait pour les rapporteurs l'énorme avantage de responsabiliser les lecteurs. Les jeunes pourraient en être exonérés jusqu'à dix-huit ans ou jusqu'à la fin de leur scolarité secondaire. Il repousse cependant le système dit du paiement à l'acte qui suscite d'assez vives querelles (entre ceux qui lui sont favorables – essentiellement les éditeurs et les gens de lettres –, et ceux qui y sont hostiles – les bibliothécaires –).

La principale objection élevée contre ce système vient du fait qu'il n'incite pas à la lecture[37]. De plus, il serait techniquement difficile et coûteux à mettre en place puisqu'il exigerait de créer, dans chaque établissement, une régie de recette pour percevoir les droits qui seraient directement versés[38].

Une deuxième initiative a été prise, en faveur du droit de prêt, par le ministère de la Culture et de la Communication. Conscient de la nécessité d'apporter un soutien à la filière du livre, il souhaite ne pas pénaliser la lecture publique. C'est pourquoi il semble choisir d'autres bases de financement et surtout d'autres financeurs. Dans un premier projet, Madame la ministre C. Tasca a proposé un double système de financement :
- le versement d'une somme forfaitaire de 10 francs par inscrit en bibliothèque. Ce versement devrait être pris en charge directement par l'Etat ;
- une double opération concernant les fournisseurs de livres
  • un plafonnement des rabais qu'ils accordent aux bibliothèques[39]

[37] puisque ce système de rétribution pénaliserait proportionnellement les "gros lecteurs".
[38] On imagine que, dans les petites bibliothèques rurales, ce procédé de gestion coûterait plus qu'il ne rapporterait.
[39] Cela nécessiterait une modification des dispositions de l'article 3 de la loi du 10 août 1981 relative au prix du livre (loi Lang).

• le reversement d'un pourcentage de 5% sur le prix des livres, sorte de contribution des libraires au "prêt payé à l'achat[40]" [41].

La somme globale récoltée au titre du droit de prêt pourrait ainsi avoisiner 150 millions de francs (ce qui apparaissait très insuffisant aux différents acteurs de la filière du livre).

Ce système complexe initialement projeté par le ministère s'est précisé[42]. Il a pour objectif ambitieux de concilier les intérêts de la lecture publique et ceux du monde de l'économie du livre.

Pour soutenir les professionnels du livre sans pénaliser la lecture publique, serait institué un "droit de prêter". Celui-ci serait financé par deux opérations distinctes :

- un "prêt payé" à l'achat des ouvrages. Un paiement de 6% du prix public des ouvrages destinés aux établissements de prêt serait acquitté par les acquéreurs. Ce pourcentage serait ensuite reversé par les fournisseurs à l'organisme chargé de la gestion collective du droit de prêt ;
- un "prêt payé" forfaitaire. Celui-ci prendrait la forme d'un versement annuel de la part de l'Etat. Pour les bibliothèques publiques, le ministère de la Culture et de la Communication verserait la somme de 1,5 € par inscrit. Pour les bibliothèques de l'enseignement supérieur, le ministère de l'Education nationale verserait la somme de 1 € par inscrit.

Ce système de reversement serait mis en application sur une période de deux ans (afin d'éviter certains effets de choc). La première année, le reversement par les fournisseurs serait fixé à 3% et les forfaits se monteraient à 0,75 € et 0,5 €.

Le ministère réaffirme son soutien à la librairie grâce au renforcement des dispositions de la loi du 10 août 1981 relative au prix du livre. Par dérogation au prix unique, ce texte prévoit la possibilité d'accorder des

---

[40] Selon les termes retenus par L. SANTANTONIOS dans son article "Droit de prêt : l'Etat paiera plus" publié dans la revue *Livres Hebdo* n° 417, 16 mars 2001, p. 82.

[41] R. MAZON explique le mécanisme de la remise aux collectivités : "Dans le cadre de la loi Lang sur le prix unique du livre, les collectivités locales profitent d'un régime dérogatoire. Alors que les particuliers achètent leurs livres à un prix fixe quel que soit le lieu de l'achat, les collectivités locales bénéficient de remises allant parfois jusqu'à 30%. Cette situation a entraîné un déséquilibre dans la chaîne du livre, des grossistes obtenant les marchés des bibliothèques au détriment des libraires locaux", *article précité*, 2000, p. 8.

L'idée d'un plafonnement des remises accordées par les libraires lors des commandes des bibliothèques n'est pas nouvelle. Elle est, depuis plusieurs années, notamment défendue par l'Association des Directeurs de Bibliothèques Départementales de Prêt (ADBDP). Voir l'article de R. MAZON, "Le droit de prêt en bibliothèques fait l'objet d'âpres discussions entre éditeurs et bibliothécaires", *La Gazette des Communes*, 8 mars 1999, p. 26.

[42] Pour une vision plus complète et précise de ce système de soutien, se reporter à la Communication sur le droit de prêt en bibliothèque en Conseil des Ministres du 10 octobre 2001.

rabais pour les ventes aux collectivités. Or ces rabais ont pris des proportions importantes mettant en péril l'économie générale de nombre de librairies[43]. Pour contrecarrer ce mouvement, il est prévu un plafonnement des rabais à 9% (12% la première année). Cette mesure a pour but de permettre une amélioration de la situation financière de la plupart des librairies.

Les ressources dégagées par le droit de prêt sont estimées à 22 millions d'euros. Elles seront utilisées de deux façons :

- elles permettront le versement de droits d'auteur qui seront calculés sur la base de la totalité des titres achetés par les bibliothèques ;
- elles seront affectées à un régime de retraite complémentaire créé pour les auteurs et les traducteurs.

L'ensemble de ces dispositions a été intégré dans un projet de loi qui a présenté au début de l'année 2002[44].

L'option choisie par le ministère a, pour nous, au moins un mérite : elle ne remet pas en cause les termes de la gratuité telle qu'elle est pratiquée dans les bibliothèques publiques françaises.

Cependant, les problèmes soulevés dans le cadre de la question sur le droit de prêt des livres ne sont qu'une préfiguration de ceux qui ne manqueront pas de se poser pour ce qui concerne les CD audio, les Cédéroms, les copies numériques...

Le traitement indispensable de ces dossiers brûlants pourra-t-il se faire sans remise en cause de la gratuité dans les bibliothèques multimédias ?

---

[43] Dans une enquête d'octobre 2001, le ministère souligne"l'envolée des taux de rabais... (pour les bibliothèques de lecture publique, par exemple, 18,4% pour les commandes hors marché, 24% pour les marchés), contraignant les librairies à une surenchère sur les rabais (en moyenne, 15,7% en 1998, plus de 20% aujourd'hui)".

[44] Projet de loi relative à la rémunération au titre du prêt en bibliothèque et renforçant la protection sociale des auteurs, voté le 8 octobre 2002 par le Sénat.

6

Le prix de la justice administrative

Michel Courtin[*]

Le prix du service public s'entend comme la contribution ou la participation financière demandée au candidat usager pour bénéficier du service. Mais il m'a semblé utile de prendre le terme "prix" au sens que lui donne le justiciable, c'est-à-dire celui du coût économique qu'il va supporter à raison du litige qu'il va porter devant le juge ou dans lequel il va se trouver impliqué.

L'idée de demander à l'administré une contribution financière pour que soit contrôlée la légalité de l'acte qui lui est opposé par la puissance publique ou plus généralement de faire valoir ses droits ne peut que heurter, notamment dans un Etat de droit. Mais la nécessité de permettre un accès au juge sans préalable contribution financière n'est pas nouvelle et ne peut être rattachée à l'émergence du concept d'Etat de droit même si l'organisation d'un tel accès est nécessaire à la reconnaissance de l'existence de ce dernier : M. Alain Peyrefitte, alors garde des sceaux ministre de la justice, rappelait lors du débat parlementaire sur le projet de loi sur la gratuité de la justice qu'il présentait, qu'Henri de Navarre, avant de devenir Henri IV, avait reçu en 1581 de Montaigne, alors que celui-ci était maire de Bordeaux, le conseil de faire en sorte que ses sujets n'aient plus besoin de payer les juges les tribunaux pour obtenir justice. Henri de Navarre, enthousiasmé par cette conversation avait alors promis qu'il agirait en ce sens dès qu'il serait monté sur le trône; le garde des sceaux estimait, en 1977, être celui qui tenait la promesse formulée 400 ans auparavant[1].

---

[*] *Président du Tribunal administratif de Paris.*

[1] *JO, débats parlementaires, Assemblée nationale*, 2 décembre 1977, p. 8252.

La gratuité de la justice administrative est une condition de réalisation de l'égalité des administrés à obtenir la reconnaissance de leurs droits, une protection contre les actes et agissements illégaux de la puissance publique, la réparation des conséquences dommageables résultant de l'action des personnes publiques. Mais elle n'est pas une condition suffisante, d'autres facteurs interviennent et notamment le degré d'instruction, l'environnement social.

Mais surtout, la gratuité d'accès au service qui se traduit par une prise en charge intégrale par la collectivité du coût de la prestation qu'elle offre, ne doit pas masquer que la conduite du procès engendre un coût important qui demeure à la charge des parties et peut dissuader le demandeur potentiel.

La justice représente un coût pour la collectivité, c'est une évidence et la question importante est : doit-on faire supporter, fut-ce pour partie, ce coût aux parties présentes au litige ?

LE COUT DU TRAITEMENT DES LITIGES N'EST PAS UNE QUESTION QUI SEMBLE AVOIR ETE L'OBJET D'ETUDES PARTICULIERES MAIS IL EST POSSIBLE D'EN FAIRE UNE APPROCHE ET DE CERNER SON EVOLUTION.

Il est bien évidemment tentant d'essayer d'approcher le coût moyen de traitement d'un dossier et je me suis livré à cet exercice au niveau du premier ressort, notamment dans le but de rapprocher la situation 2000 de celle qui avait été observée lors d'un colloque organisé en janvier 1989 à l'Assemblée Nationale[2].

Il me semble possible d'affirmer, après exploitation des éléments budgétaires recueillis auprès des services du secrétariat des tribunaux administratifs et cours administratives d'appel, que le coût moyen de traitement d'un dossier – hors dépenses d'investissements et d'entretiens immobiliers – se situe pour l'année 2000 dans une fourchette comprise entre 2 500 et 2 800 francs. Ce chiffre est à rapprocher de celui qui avait été observé pour l'année 1987[3] : 3 516 francs, ce qui correspond, si l'on

---

[2] Colloque organisé par le 27 janvier 1989 par le Syndicat de la juridiction administrative sur le thème "Le prix de la justice administrative", Actes du colloque publiés par les *Cahiers européens du droit public*, 1989.

[3] V. intervention de M. DIEFFENBACHER, sous-directeur au ministère de l'intérieur, qui gérait alors les tribunaux administratifs, *Actes du colloque*, précités, p. 85.

applique le coefficient d'érosion monétaire entre 1987 et 2000 (1,27), à 4 465 francs valeur 2000 [4].

Cet abaissement du coût moyen de traitement d'un dossier de plus de 37 % en 13 ans résulte pour une grande part de l'impact de réformes décidées pour faire face à l'afflux de dossiers, la progression des moyens mis par l'Etat au service de la justice administrative ne pouvant s'adapter à celui de l'évolution des entrées : élimination de dossiers par voie d'ordonnances (loi du 25 juin 1990), traitement au fond de dossiers par un juge unique plutôt que par une formation collégiale (loi du 8 février 1995), traitement de dossiers sans intervention du commissaire du gouvernement (contentieux des reconduites à la frontière). Si l'on fait abstraction de la réforme ayant pour objet l'information des parties sur la perspective de voir la solution du litige fondée sur un moyen soulevé d'office et de celle récente relative aux procédures d'urgence, on peut dire que toutes les réformes importantes portant sur les structures de l'institution ou sur l'organisation des procédures observées depuis la création des tribunaux administratifs ont été motivées et expriment des solutions au problème économique majeur : éviter que le coût de fonctionnement du service de la justice progresse en relation directe de l'évolution des flux contentieux[5], toutes choses égales par ailleurs.

La lecture du rapport annuel sur l'activité des tribunaux administratifs et cours administratives d'appel relatif à l'année 2000 fait apparaître que sur les 115 625 dossiers traités qui auraient dû l'être après audience tenue par une formation collégiale sous l'empire des textes en vigueur en 1987[6], seulement 47,60% en raison des réformes introduites depuis lors, l'ont été.

Il convient toutefois de relever que cet abaissement du coût moyen de traitement d'un dossier est également imputable, même si on ne peut apprécier dans quelle mesure, aux effets de l'utilisation généralisée de l'informatique, d'une part, par les greffes s'agissant de la conduite de

---

[4] Il n'est pas possible de procéder à une telle approche comparative du coût de traitement du dossier en appel à raison notamment de l'importante réforme structurelle engendrée par la création des cours administratives d'appel et de la difficulté d'isoler au niveau du Conseil d'Etat les moyens consacrés à l'activité contentieuse ; l'estimation faite par le Pr Richer lors de son intervention au colloque ne peut être actualisée; d'ailleurs le pourrait-elle, elle ne saurait fonder de comparaison significative, l'importance respective des différents domaines de contentieux traités en appel ayant profondément varié (par exemple à raison de la masse des dossiers relevant de la police des étrangers).

[5] Pour mémoire : le flux des entrées enregistrées annuellement dans les greffes des tribunaux administratifs a progressé de 48% environ entre 1989 et 2000.

[6] En étaient alors exclues les seules demandes présentées devant le juge des référés (14 624 demandes de cette nature en 2000).

l'instruction des dossiers, d'autre part, par les magistrats, notamment sous ses applications de recherche documentaire.

L'ETAT PEUT-IL REPERCUTER DIRECTEMENT OU INDIRECTEMENT CE COUT SUR LES PARTIES ?

On peut affirmer que, jusqu'en 1956, les frais mis à la charge des parties au procès procédaient d'une approche fiscale[7] sans relation directe ou affirmée avec la préoccupation de recouvrer des ressources destinées à financer pour partie le service rendu.

Cette affirmation est apparue lors de la présentation du projet qui allait devenir la loi n° 56-780 du 4 août 1956 portant ajustement des dotations budgétaires reconduites à l'exercice 1956.

Il est intéressant d'observer que l'institution du dispositif de droit de timbre et frais de justice organisé par cette loi se justifiait par le souci de dégager un financement des nouvelles dépenses engendrées par la décision d'augmenter les effectifs du Conseil d'Etat (création de deux nouvelles sous-sections de la section du contentieux, l'une à compter du 1er juillet 1956, l'autre à compter du 1er juillet 1957)[8]. Ainsi, très officiellement était affirmée une logique reposant sur l'idée d'une contribution du justiciable au financement du service[9]. Cette logique et la discussion à laquelle elle prête ressortent clairement des débats. Elle se trouve parfaitement exprimée par la motivation des "décisions" de la commission de la justice de l'Assemblée nationale sur l'article 30 du projet en première lecture : "Il est apparu à votre commission que s'il importait pour ne pas compromettre la réforme, d'en assurer le financement, il n'était pas possible d'accepter le principe proposé. - La gratuité de la justice administrative est le principe fondamental de notre droit public. - Il apparaît singulièrement déplacé de vouloir arrêter le

---

[7] C'est ainsi que comme le rappelait le président ODENT (*Contentieux administratif*, Les Cours de droit, 1957/58, p. 529 et s.) l'exigence de production de la requête et des mémoires sur papier timbré n'était que l'application de la règle générale résultant des dispositions combinées des articles 867 et 879 du code du timbre qui valait pour la saisine de toutes les juridictions ; la sanction d'irrecevabilité qui était opposée aux conclusions et moyens présentés sur papier libre (CE, 6 février 1948, Vendel, *Rec.*, p. 64) a cessé d'être opposée à raison de l'intervention de l'article 22 de l'ordonnance du 29 décembre 1958.

[8] voir la présentation du projet dans *JO Documents parlementaires - Assemblée nationale*, 1956, p.1637 "I.- Augmentation des effectifs du Conseil d'Etat... II.- Financement des nouvelles dépenses. - art. 26".

[9] "L'augmentation d'effectif envisagée est intégralement gagée par des suppléments de recettes résultant d'une augmentation des droits d'enregistrement perçus devant la juridiction administrative", *JO documents parlementaires-Assemblée nationale*, 1956, p. 1518.

justiciable dans la recherche de la défense de ses droits en lui opposant une difficulté supplémentaire basée sur des considérations d'argent. - Les sommes envisagées sont dérisoires pour les personnes disposant d'un revenu élevé, mais très appréciables pour les citoyens n'ayant qu'un revenu modeste. Ce sont donc ces derniers – et eux seuls – qui seraient handicapés dans l'exercice de leur droit. - Ce serait donc dans un certain sens organiser une véritable justice de classe et votre commission de la justice ne peut se résoudre à en accepter le principe estimant qu'il est profondément regrettable que le principe fondamental de la gratuité de la justice se heurte à des multiples restrictions. - Toutefois, il apparaît équitable que celui qui succombe dans une instance provoquée plus ou moins légèrement supporte une sanction appropriée. Il a paru souhaitable à votre commission que soient créés des droits et frais de justice payables pour ceux qui auront succombé. - Toutefois, l'importance de ces droits devrait dépendre de l'appréciation du juge qui pourrait en dispenser ou au contraire les fixer suivant le caractère plus ou moins abusif du recours qui lui est soumis et les ressources du justiciable"[10].

La volonté de dissuader l'administré de se pourvoir était la motivation de la suppression par le Conseil de la République de la disposition adoptée par l'Assemblée nationale prévoyant un droit sensiblement réduit pour les arrêts donnant acte d'un désistement avant que le pourvoi ne soit en état d'être jugé[11].

Le dispositif de 1956 prévoyait qu'outre le droit de timbre, des frais de justice étaient mis à la charge de la partie perdante; le montant en était réduit de moitié en ce qui concernait les recours pour excès de pouvoir et les recours en cassation et les requêtes et recours se rattachant à certains domaines de contentieux (pension); il était plus sensiblement réduit pour les arrêts donnant acte d'un désistement formulé avant que le pourvoi soit en état[12] ; la juridiction administrative se voyait reconnaître la faculté de dispenser les parties du paiement de tout droit même en cas de rejet du recours et prévoyait que, dans le cas de recours jugé abusif, la partie qui succombe serait condamnée à une amende dont le montant ne pourrait excéder le montant des frais de justice.

Pour mémoire, le montant des frais de justice était de 300 francs devant le Conseil d'Etat et de 150 francs lorsqu'ils ont été supprimés en 1977 (valeur 2000 : 870 et 435 francs).

---

[10] V. note 2.

[11] "La mesure envisagée par l'Assemblée nationale risque d'inciter un plus grand nombre de plaideurs à déposer des pourvois." *JO, Documents parlementaires - Assemblée nationale*, p. 2052.

[12] pour la mise en œuvre du dispositif, V. chronique FOURNIER et BRAIBANT, *AJDA* 1956, p. 415.

Le principe de la gratuité des actes de justice devant les juridictions administratives a été institué par la loi n° 77-1468 du 30 décembre 1977.

L'abandon du droit de timbre, des droits de frais de justice prévus à l'article 1012 du code général des impôts et du droit de plaidoirie emportait pour l'Etat une charge nouvelle évaluée à un total de 280 millions de francs (valeur 2000 : 812 millions de francs) dont on supposait que, pour partie, il serait compensé par l'augmentation des amendes prévues par le projet.

La gratuité de la justice apportait un effet immédiat s'agissant de la simplification du travail des greffes dont les tâches administratives et comptables se trouvaient allégées.

La loi de finances n° 93-1352 du 30 décembre 1993 a, pour reprendre l'expression du professeur Guglielmi[13], fléchi la gratuité de principe des actes de justice par l'introduction d'une exception organisant la perception d'un droit de timbre de 100 francs par requête enregistrée (actuellement reprise à l'article L. 411-1 du code de justice administrative). Cette obligation dont la conformité à la Constitution n'a pas été contestée par les parlementaires qui ont saisi le Conseil Constitutionnel, ni examinée d'office par ce dernier[14], pèse, selon l'interprétation jurisprudentielle qui en a été donnée par le Conseil d'Etat, de principe, sur tous les demandeurs et quelle que soit la nature des recours.

Ainsi, en prenant en exemple quelques hypothèses où il y avait matière à s'interroger, la formalité du droit de timbre, condition de recevabilité de la requête trouve application :
- au déféré des préfets tendant :- au contrôle de légalité d'un acte émanant d'une collectivité territoriale (CE avis, 25 janv. 1995, Préfet des Yvelines : *Rec.* p. 39); - à la condamnation de l'auteur d'une contravention de grande voirie (CE avis, 28 sept. 1994, Préfet de l'Aube c/ SARL Gueritte : *Rec.* p. 414 ; *JCP* 1994 GIV, p. 332, note M.-C. Rouault) ;
- à la requête d'un maire demandant l'homologation d'un arrêté de péril pris sur le fondement des dispositions de l'article R. 511-1 du Code de la construction et de l'habitation (CE avis, 28 sept. 1994, Maire de la commune de Laneuvelle : *Rec.* p. 416 ; *Dr. adm.* 1994, comm. 608 ; *JCP* 1994 GIV, p. 332, note M.-C. Rouault).

---

[13] "Le réveil des vieux démons du droit administratif : l'obligation de timbre les requêtes", *Les Petites Affiches*, 30 mars 1994, n° 38.
[14] déc. n° 93-330 DC du 29 déc.1993, *JO* du 31 décembre 1993.

Deux exceptions procèdent directement des textes :
- d'une part, aux termes de la loi, sont exonérées de ce droit les requêtes dont l'auteur remplit les conditions pour bénéficier de l'aide juridictionnelle (pour la mise en œuvre de cette disposition : CE avis, 22 févr. 1995, Fofana : *Rec.* p. 103).
- d'autre part, les dispositions de l'article L. 522-2 du code de justice administrative issues de la loi du 30 juin 2000 relative au référé devant les juridictions administratives dispensent du droit de timbre les demandes visant au prononcé de mesures d'urgence, c'est-à-dire celles qui sont présentées sur le fondement des dispositions des articles L. 521-1 à L. 521-3 dudit code.

Une exception procède de la jurisprudence et concerne le contentieux de l'annulation des mesures de reconduite à la frontière (CE avis sect., 18 févr. 1994, Mme Chatbi : *Rec.* p. 79) ; mais cette dispense ne vaut qu'en première instance, l'appel contre un jugement se prononçant sur la légalité d'un tel acte n'en bénéficie pas (CE, 13 janv. 1995, Miayoukou : *Rec. tables*, p. 965).

Il convient ici de préciser que le droit de timbre, qui ne procède pas des dépens, peut faire l'objet d'une demande de remboursement sur le fondement des dispositions de l'article L. 8-1 du Code des tribunaux administratifs et cours administratives d'appel (avis du 28 sept. 1994, précité) devenu L. 761-1 du code de justice administrative.

L'institution du droit de timbre a été très critiquée par les organisations professionnelles regroupant les magistrats administratifs et par la doctrine[15]. Pour l'essentiel, elle a été regardée comme une atteinte inutile au principe de la gratuité, car dépourvue de réelle portée à raison de la modicité relative du droit perçu (100 francs à l'origine) qui ne pouvait avoir d'effet dissuasif que sur la catégorie des requérants potentiels velléitaires et avaricieux, seuls susceptibles d'être affectés par cette exigence contributive et une mesure d'autant plus inutile qu'elle était génératrice d'un alourdissement du travail des greffes.

Il faut toutefois reconnaître que, s'agissant de demandes mal formulées présentées sans timbre par leur auteur "dans un mouvement d'humeur" devant la juridiction de premier ressort – et bien souvent affectées d'autres vices de forme –, l'invitation à régulariser par la production d'un timbre fiscal de 15 euros n'est pas, dans une proportion

---

[15]V. notamment, outre l'article du Pr GUGLIELMI, précité note 12, J.-M. W. "Le rétablissement du droit de timbre dans le contentieux administratif : une réforme ratée ? Réflexion sur la gratuité de la justice administrative", *Les petites affiches* 1993, n° 150, p. 15-19.

relativement importante, suivie d'effets ; il est ainsi possible d'éliminer par voie d'ordonnances et sans délai de telles demandes qui, par le passé, auraient nécessité instruction.

Il me semble utile à ce stade d'aborder rapidement la sanction économique qu'est l'amende pour recours abusif actuellement prévue par les dispositions de l'article R. 741-12 du code de justice administrative : "Le juge peut infliger à l'auteur d'une requête qu'il estime abusive une amende dont le montant ne peut excéder 20 000 F".

Ces dispositions, dont l'objet est de contenir les excès que peut provoquer la gratuité des actes de justice, ne peuvent être regardées comme une restriction du droit reconnu à toute personne de soumettre sa cause à une juridiction, énoncé par les dispositions de l'article 6 § 1 de la Convention européenne de sauvegarde des droits de l'homme (CE, 25 juill. 1986, Casanovas : *Rec.* p. 669 ; *Dr. adm.* 1986, n° 522).

L'amende pour recours abusif qui trouve à s'appliquer quel que soit le type de recours et le domaine de contentieux, et peut être infligée à une personne privée comme à une personne publique (CE, 26 mars 1971, Départ. de Seine-et-Marne : *Rec.* p. 261. - 3 oct. 1986, Régie des passages d'eau de Charente-Maritime : *Rec. tables*, p. 771) autre que l'État (CE ass., 7 avr. 1979, Min. délégué à l'économie et aux finances c/ Lestrade, concl. J.-F. Théry : *Rec.* p. 172 ; *RD publ.* 1980, p. 1163 s., note Waline), n'a le caractère ni d'un impôt, ni d'une sanction pénale (CE, 31 oct. 1980, Féd. nat. des Unions des jeunes avocats et a. : *Rec.* p. 395 ; *Dr. adm.* déc. 1980, n° 431); elle est une amende civile (CE, 12 oct. 1979, Rassemblement des nouveaux avocats de France : *Rec.* p. 371). Toutefois cette qualification juridique ne saurait masquer qu'elle constitue une sanction économique dès lors que son montant peut excéder sensiblement le montant moyen estimé du coût du traitement d'un dossier[16].

LE COUT REEL DU PROCES POUR LES PARTIES QUE LE JUGE SERA, LE CAS ECHEANT, INVITE A PRENDRE EN CONSIDERATION PEUT-IL DISSUADER D'AGIR AU CONTENTIEUX ?[17]

Il convient à titre préliminaire de présenter l'enquête aux résultats de laquelle il sera parfois fait référence dans la suite de mon propos.

---

[16] et comme le plus souvent le recours abusif est un recours qui ne présente aucune difficulté pour la détermination de la décision à prendre, son coût réel de traitement est certainement inférieur au coût moyen approché.

[17] Il est fait abstraction ici des correctifs apportés par le dispositif organisant l'aide juridictionnelle (cf. *infra* chap. 7).

L'objectif était de recueillir des éléments pour cerner les dépenses et frais réellement engagés par les "justiciables", d'apprécier s'ils étaient différents selon que le justiciable était un particulier ou non, un demandeur ou un défendeur, que le litige se plaçait en premier ressort ou en appel, d'appréhender la perception des intéressés eux-mêmes sur ce coût et les enseignements qu'ils en tiraient...

L'échantillon interrogé est constitué par les parties présentes dans un recours pour excès de pouvoir relatif au domaine de l'urbanisme qui s'est prolongé par un appel, domaine choisi à raison de ce que très souvent il oppose, nonobstant la contestation d'un acte administratif, des personnes privées. Ainsi le questionnaire anonyme accompagné d'une lettre exposant les buts de l'enquête a été adressé aux parties en présence dans 138 litiges jugés en appel par la Cour administrative d'appel de Paris sur la période du 4 septembre 1988 au 28 juin 2000.

Les résultats sont relativement décevants puisque n'ayant reçu que 66 réponses intégralement exploitables[18], il n'est pas possible de tirer statistiquement des enseignements nuancés.

Quelle est l'importance du coût réel du procès pour les parties ?

Le coût réel du procès correspond pour l'essentiel, abstraction faite de ceux qui procèderont d'une décision du juge (condamnation aux dépens c'est à dire au paiement des frais et honoraires de l'expert ; condamnation sur le fondement des dispositions de l'article L. 761-1 du code de justice administrative), au montant des frais engagés pour la production des requêtes, mémoires et pièces jointes en nombre d'exemplaires requis, frais d'affranchissement et, poste le plus important, honoraires d'avocat s'il y a eu recours à mandataire.

Le volume de réponses exploitables ne permet d'avoir d'indications significatives que pour les particuliers[19].

Tout d'abord si l'on veut tenir compte du dicton "le temps c'est de l'argent", observons que l'enquête fait apparaître que le temps consacré par les particuliers à la préparation et au suivi de leur litige, en première instance, est, en moyenne, de l'ordre de 40 heures s'agissant des demandeurs, de 20 heures s'agissant des défendeurs. Le temps consacré par les mêmes au niveau de l'instance d'appel s'établit à 25 heures et 8 heures.

---

[18] 17 réponses ont été écartées comme n'étant pas fiables à raison d'incohérence ou de leur caractère lacunaire.

[19] Mais si on pense à l'accès à la justice, ils sont notre préoccupation première.

La dépense moyenne déclarée par des particuliers ayant ainsi saisi le tribunal est de l'ordre de 10 000 francs, la fourchette allant de 200 à 23 000 francs.

La proportion des particuliers demandeurs de première instance ayant eu recours au ministère d'avocat est d'un peu plus de 60%, il n'est que de 30% s'agissant des défendeurs.

Seulement 25% des personnes morales de droit public, défenderesses de première instance ont organisé seules leur défense, cette défense a été organisée pour 25% d'entre elles dans le cadre de la garantie assurance couvrant la collectivité; les personnes morales de droit public sont dans environ 60% des cas environ représentées par un avocat[20] (proportion qui se retrouve d'ailleurs au niveau de l'appel) alors que les particuliers défendeurs de première instance n'ont eu recours au ministère d'avocat que dans la proportion de 30%.

Le juge prend-il directement ou non en considération ce coût ?

Le juge ne prendra en considération ce coût que s'il est saisi par la partie qui obtient satisfaction de conclusions présentées sur le fondement des dispositions de l'article L. 761-1 code de justice administrative ou de conclusions à fin de dommages et intérêts pour procédure abusive.

a) La condamnation au paiement d'une somme au titre des frais non compris dans les dépens : bref rappel historique et quelques généralités

Depuis 1976 les dispositions de l'article 700 du Nouveau Code de procédure civile autorisaient le juge judiciaire à condamner l'une des parties à un procès de caractère civil, au paiement à l'autre partie de frais exposés et non compris dans les dépens. Les tribunaux administratifs ont parfois été tentés de faire application de ces dispositions (TA Grenoble, 15 févr. 1984, Maubleu c/ Bandiera : *Gaz. Pal.* 1984, 2, 483) mais le Conseil d'Etat s'y est constamment refusé (CE, 26 févr. 1982, Chavantre : *Rec.* p. 719. - 10 déc. 1986, Rousseau : *Rec.* p. 278). Sur proposition du Médiateur de la République est intervenu le décret n° 88-907 du 2 septembre 1988 dont l'article 1er donne au juge administratif la possibilité de condamner une partie au litige à rembourser à une autre les frais que cette dernière a engagés dans la procédure et non compris dans les dépens ; les possibilités offertes par la rédaction de cet article dont les

[20] Nous verrons plus loin que la présence de l'avocat a un impact pour la partie adversaire de la personne morale de droit public si elle perd, à raison de la perspective possible de la condamnation au paiement d'une somme au titre des frais non compris dans les dépens exposés par la collectivité.

termes reproduisaient ceux de l'article 700 du Nouveau Code de procédure civile répondaient aux vœux maintes fois exprimés par la doctrine et les organisations professionnelles de magistrats. Le régime actuel est issu de la loi du 10 juillet 1991 et est exprimé dans les dispositions de l'article L.761-1 du code de justice administrative[21].

Le juge n'exigeant pas de justificatifs des demandes apprécie, en l'absence de tels éléments, de façon empirique en tenant compte notamment de la difficulté de l'affaire, de la présence ou non d'un avocat aux côtés du demandeur de la condamnation, de la masse et de la qualité des mémoires produits etc. la somme qu'il mettra à la charge de la partie perdante ; il peut pondérer ce montant par des considérations tirées de la situation économique de la personne susceptible d'être condamnée ou par des considérations d'équité; il peut également, en raison de celles-ci, décider qu'il n'y a pas lieu de prononcer une condamnation. On ne peut exclure que sous la notion d'équité percent parfois des considérations d'opportunité au regard du contexte et ce surtout dans les contentieux relevant du recours pour excès de pouvoir.

b) Les indications données par l'enquête

La présence de l'avocat emporte quasi automatiquement de la part de ce dernier demande de condamnation de l'adversaire de son client au paiement d'une somme au titre des frais non compris dans les dépens qu'il a exposés.

La condamnation sur le fondement des dispositions de l'article L. 8-1 du code des tribunaux administratifs et cours administratives d'appel (L. 761-1 Code just. adm.) n'a pas été demandée dans environ un tiers des dossiers; on observe un volume égal d'instances dans lesquelles la demande de condamnation n'a été formulée que par l'une des parties et d'instances dans lesquelles il y a eu demande de condamnation réciproque.

S'agissant des parties ayant eu recours au ministère d'avocat et ayant obtenu une condamnation de leur adversaire au paiement d'une somme au titre des frais non compris dans les dépens, l'on observe que la dépense moyenne en honoraires d'avocat a été en première instance de l'ordre de 10 000 francs pour une allocation moyenne de 6 700 F au titre de l'article

---

[21] "Dans toutes les instances, le juge condamne la partie tenue aux dépens ou, à défaut, la partie perdante, à payer à l'autre partie la somme qu'il détermine, au titre des frais exposés et non compris dans les dépens. Le juge tient compte de l'équité ou de la situation économique de la partie condamnée. Il peut, même d'office, pour des raisons tirées des mêmes considérations dire qu'il n'y a pas lieu à cette condamnation".

L. 8-1; qu'en appel ces sommes s'établissaient respectivement environ à 13 000 francs et 5 000 francs.

J'ouvrirai ici une parenthèse double :
- d'une part, il faut rappeler que selon une jurisprudence constante, une collectivité publique qui n'a pas eu recours au ministère d'avocat ne saurait présenter une demande au titre des dispositions de l'article L. 8-1 du code des tribunaux administratifs et des cours administratives d'appel (CE, 12 déc. 1997, Richez : *Gaz.Pal.*, 17-18 juin 1998, lett. jur. p. 11; CAA Nantes, 30 déc. 1998, Comité de réflexion et d'action sur l'aménagement de l'université, req. n° 98NT00054, Juris-Data n° 048206 ; CE, 3 nov. 1999, Min. dél. au budget : *Procédures*, janv. 2000, n° 26).
- d'autre part, il est tentant de s'interroger sur le point de savoir, notamment dans le domaine de l'urbanisme, si les communes qui ont recours à un avocat pour défendre les décisions qu'elles ont prises, dans des dossiers où la conception de la défense ne présente pas de réelles difficultés, ne voient pas dans ce concours du mandataire, au-delà de l'assistance réelle qu'il leur apporte, la possibilité d'utiliser la perspective de condamnation du requérant au paiement d'une somme au titre des frais non compris dans les dépens comme un moyen de nature à dissuader ce dernier de persévérer dans sa démarche contentieuse.

c) Les dommages et intérêts pour procédure abusive

En recours de plein contentieux indemnitaire, le défendeur à l'instance peut solliciter par conclusions reconventionnelles l'octroi de dommages intérêts pour procédure abusive (CE, 25 octobre 1946, Granier et Gastu, *Rec.* p. 247; CE, 4 oct. 1946, Min. Intérieur c/ sté "Le Témoignage chrétien" : *Rec.* p. 584 ; CE, 5 mars 1982, Commune de Cergy, req. n° 30570 -sol. impl.-).

Il n'en va pas de même dans le contentieux du recours pour excès de pouvoir ; selon une jurisprudence constante depuis l'arrêt de section CE, 24 novembre 1967, M. Noble (*Rec.* p. 443), eu égard à sa nature particulière, des conclusions reconventionnelles tendant à ce que le demandeur soit condamné à payer à une personne mise en cause des dommages intérêts pour procédure abusive ne peuvent être utilement présentées[22].

---

[22] De principe, dès lors que la demande reconventionnelle de dommages intérêts apparaît comme soulevant un litige distinct de celui dont est saisi le juge administratif, elle est déclarée irrecevable (CE, 12 juin 1996, él. mun. de Mutzig : *Rec. tables*, p. 898; CE, 30 juillet 1997, Min. de l'éd. nat., de l'ens. sup. et de la rech. c/ M. Noguès, req. n° 170799).

En réaction implicite contre cette position jurisprudentielle, une proposition de loi avait été déposée en 1987[23] aux fins d'autoriser le tribunal administratif, lorsque son jugement est celui d'un rejet assorti d'une condamnation de l'auteur à l'amende pour recours abusif, à condamner également ce dernier à verser au défendeur des dommages et intérêts ; il convient de préciser qu'eu égard aux motifs de la proposition cette disposition visait essentiellement les recours concernant les plans d'occupation des sols et les programmes d'investissement des communes et visait à accorder à celles-ci réparation du préjudice qui résultait de la paralysie de leur action de développement économique engendré par de tels recours.

d) Le coût réel du procès pour les parties est-il un élément dissuasif ?

Est-il possible de conclure que le coût du procès est dissuasif de renouveler, toutes choses égales par ailleurs, l'expérience contentieuse ?

Le dépouillement conduit à retenir comme exploitables 10 réponses à la question J dont la formulation était la suivante : "*Etant demandeur devant le Tribunal et n'ayant pas aux termes de l'instance d'appel obtenu satisfaction, l'expérience qui est vôtre vous conduirait-elle, si une situation comparable à celle qui a motivé votre action contentieuse venait à se présenter, à renoncer à saisir le juge d'un recours ?*".

Sept réponses sur dix vont dans le sens d'une renonciation à renouveler l'expérience. Dans les sept cas, il s'agit de demandeurs attaquant le permis de construire délivré à un tiers. A une exception près, le montant des dépenses déclaré est supérieur à 10 000 francs et pour quatre d'entre eux se situe (condamnation au paiement de sommes au titre des frais non compris dans les dépens incluses) à plus de 20 000 francs. L'exception concerne un demandeur de première instance demandeur également en appel qui n'a fait l'objet d'aucune condamnation sur le fondement des dispositions de l'article L. 8-1 et qui déclare une dépense de 500 francs (l'intéressé justifie son choix de ne pas renouveler l'expérience par sa profonde déception[24]).

Deux des trois réponses de personnes se disant susceptibles d'introduire à nouveau une action contentieuse sont des demandeurs de première instance, également requérants en appel, contestant un permis de

---

[23] Proposition n° 1203, présentée par M. Jean de Lipkowski (député-maire de Royan), tendant à permettre aux tribunaux administratifs de fixer, en cas de recours jugés abusifs, des dommages et intérêts au profit du défendeur.

[24] Selon l'intéressé les décisions des juges de premier ressort et d'appel étaient contraires à tous les avis recueillis préalablement auprès de personnes compétentes lui ayant affirmé qu'il était dans son droit.

construire délivré à un tiers : l'une de ces personnes énonce une dépense de l'ordre de 12 000 francs y compris les sommes auxquelles elle a été condamnée sur le fondement des dispositions de l'article L. 8-1; l'autre déclare une dépense de 25 000 francs dont deux condamnations à l'identique au niveau de la première instance et de l'appel de 5 000 francs respectivement au profit du pétitionnaire et au profit de la commune, soit un total de 20 000 francs, mais, opiniâtre, elle fait connaître qu'elle envisage de se pourvoir en cassation nonobstant la somme de 18 000 francs demandée par l'avocat qu'elle a consulté. La troisième personne (demandeur contestant en première instance la décision qui lui était opposée et qui s'est trouvé en situation de défendeur dans l'instance d'appel ayant abouti à l'annulation du jugement) fait état d'une dépense d'environ 10 000 francs et déclare envisager, si la situation qu'elle a connue se représentait, d'introduire à nouveau une action contentieuse étant précisé qu'elle se passerait alors d'un avocat dont elle a estimé le travail peu satisfaisant.

Les éléments signalés comme incitant à renoncer de saisir à nouveau le juge, qui transparaissent nettement dans les libres observations formulées en fin de questionnaire, dégagées des ressentiments exprimés avec passion contre tel ou tel acteur du procès, tiennent à l'impression d'inefficience de la décision juridictionnelle tant à raison du délai dans lequel elle intervient que dans les difficultés rencontrées pour obtenir le résultat escompté (la construction irrégulière demeurera, notamment s'il intervient un permis modificatif venant régulariser la situation), à la frustration qu'apporte des solutions reposant sur des motifs de procédure ou de forme ayant conduit le juge à ne pas examiner le fond, au jeu de certaines collectivités publiques qui, en cours de procédure – et le plus souvent peu avant la clôture de l'instruction –, retirent l'acte attaqué ou le modifient sans pour autant apporter satisfaction au requérant.

Ainsi au terme de cette approche, je crois que l'on peut affirmer que si la puissance publique a fait disparaître les obstacles financiers à l'accès au juge administratif et a mis en place avec les textes sur l'aide juridique un dispositif au profit des plus défavorisés permettant à ceux-ci un accès au droit et à la justice dans des conditions satisfaisantes, il demeure que la conduite d'un procès représente un coût économique souvent important qui constitue un facteur de retenue à saisir le juge ; certes, il n'est pas le seul et il serait irréaliste de penser pouvoir le faire disparaître, mais il est peut-être celui qui heurte le plus tout démocrate attaché à l'Etat de droit, notamment lorsque la finalité de l'action introduite par le citoyen est de faire sanctionner par le juge l'illégalité commise par les détenteurs des pouvoirs de puissance publique.

La veuve, l'orphelin et l'aide juridictionnelle : de la gratuité du service public au service public de la gratuité

*Hélène Destrem**

Chacun sait que les principes de continuité, de mutabilité et d'égalité, plus connus sous le nom de "lois de Rolland", sont traditionnellement présentés comme des principes immuables du fonctionnement du service public.

Comme on sait aussi, il n'en va pas de même pour le principe de gratuité que Rolland lui-même, après avoir certes envisagé de le retenir dans un premier temps, a fini par écarter en estimant que "*la gratuité n'est pas de l'essence du service public*"[1]. Pour autant, sa non-reconnaissance comme principe de fonctionnement du service public est-elle absolue ?

Si l'on s'en remet à la définition idéale de Jean-François Lachaume, selon laquelle "*le service public est gratuit lorsqu'aucune participation financière n'est demandée à l'usager du service pris en tant que tel, en contrepartie directe de la prestation qui lui est accordée*"[2], il faut avouer qu'elle résiste mal à l'épreuve des faits : qu'ils soient industriels et commerciaux ou administratifs, la plupart des services publics exigent aujourd'hui de la part de l'usager le paiement d'un prix en contrepartie de la prestation offerte.

Est-ce à dire qu'il n'existe aucun service public dont la gratuité pourrait constituer un élément de reconnaissance ? Sans doute pas.

On voit mal, en effet, comment en particulier l'administration de la justice pourrait se concevoir en dehors de la gratuité : le principe de celle-ci, posé par l'article 11 de la loi des 16 et 24 août 1790 et jamais démenti

---

* *Avocat, Docteur en droit public.*

[1] H. ROLLAND, *Cours de droit administratif*, Paris, 1945-46, p. 131.

[2] J.-F. LACHAUME, C. BOITEAU, H. PAULIAT, *Grands services publics*, Paris, Armand Colin, 2ème édition, 2000, p. 367.

depuis lors[3], ne lui est-il pas consubstantiel ? Ou du moins n'est-il pas le corollaire nécessaire du principe d'égalité devant la justice, quant à lui inhérent, à coup sûr, à l'esprit moderne du service public de la justice, tel qu'il a été consacré par la Révolution ? L'hypothèse d'une interdiction d'accéder au prétoire qui serait opposée au plus démuni, sous le seul prétexte qui lui est impossible de rémunérer son juge, ne signifierait évidemment rien d'autre qu'une régression vers le système inégalitaire de l'Ancien Régime du paiement des épices.

Cela dit, cette officielle autant que nécessaire gratuité du service public de la justice n'est pourtant pas forcément synonyme d'une totale absence de coût pour le justiciable[4]. Lorsque ce dernier engage une instance, son recours quasi systématique à l'assistance des auxiliaires de justice que sont les avocats ou les huissiers par exemple, entraîne pour lui la charge d'une dépense que la prestation de l'homme de l'art, nullement gratuite, occasionne sous forme de rémunération ou d'honoraire. De sorte que, si le fait de rendre la justice est gratuit, l'environnement pour accéder à la décision de justice ne l'est pas. Le prétoire se ferme alors aux plus démunis, menaçant de réserver exclusivement aux "riches" l'accès à la justice. Pour contrer un tel danger, le législateur a mis en place, en 1991[5], le système de l'aide juridique, permettant de rendre effectif le principe de gratuité, du moins en faveur des moins nantis.

La loi de 1991 : l'accès au prétoire pour les plus démunis

Cette aide judiciaire s'opère suivant deux modalités : d'une part l'aide juridictionnelle, d'autre part l'aide à l'accès au droit. La première, selon le visage qu'en dessine la loi du 10 juillet 1991, se conçoit comme l'assistance offerte, apparemment par l'État, du moins indirectement, aux parties à un procès, lorsqu'elles n'ont pas les ressources pour y faire face par elles-mêmes. L'aide à l'accès au droit[6], quant à elle, connaît un autre champ d'application et se comprend comme l'aide à la consultation et à l'assistance pour les procédures non juridictionnelles. Celle-ci, à la différence de l'aide juridictionnelle qui ne joue que dans le cadre des procédures contentieuses, intervient donc en amont de l'instance pour la prévenir et fournir au justiciable les moyens d'être informé sur ses droits et obligations. Puisqu'elle n'intéresse pas directement les conditions

[3] Voir à ce propos, R. PERROT, *Institutions judiciaires*, Paris, Montchrestien, (Domat), 3ème éd., 1989, p. 61.

[4] Outre bien sûr le coût supporté par tout contribuable à travers l'impôt.

[5] Loi n° 91-647 du 10 juillet 1991, relative à l'aide juridictionnelle, *Nouveau code de procédure civile*, Dalloz, éd. 2001, p. 1194-1214.

[6] Cette aide a été mise en place par la loi n° 98-1163 du 18 décembre 1998, ajoutée à la loi du 10 juillet 1991.

d'administration de la justice, laissons-là de côté et concentrons-nous sur la seule aide juridictionnelle, où peut s'observer plus nettement la qualité de l'action législative dans sa tentative d'instauration d'une justice véritablement gratuite, au moins pour les plus démunis.

Si l'on veut tâcher de déterminer plus précisément la signification politique et sociétale de la gratuité mise en œuvre par l'aide juridictionnelle résultant de la loi du 10 juillet 1991, il convient sans doute d'en envisager l'étude suivant une double perspective : il faut à la fois éprouver la réalité de cette gratuité du côté du bénéficiaire de l'aide juridictionnelle, et appréhender la nature et l'intensité du coût que cette aide inflige à son prestataire qu'est l'auxiliaire de justice.

Le premier point de vue, bien que classique, s'impose évidemment : il permet d'évaluer la fonction sociale essentielle que remplit le système d'aide juridictionnelle du côté de son bénéficiaire. Mais le second angle d'attaque n'est pas moins nécessaire. Certes, il peut sembler *a priori* étranger à une réflexion sur la gratuité de s'interroger sur le coût que sa mise en œuvre occasionne pour le prestataire : il va de soi, en effet, que toute gratuité coûte toujours à celui qui en supporte la charge, comme celle qui incombe à l'État en matière de bourses d'études par exemple.

Mais, dans le cas de l'aide juridictionnelle, il se pose un problème tout à fait spécifique et, à vrai dire, fort épineux : l'identité de celui sur qui pèse le coût de la prestation est en effet loin d'être déterminée avec clarté, puisque si la loi semble désigner officiellement l'État pour assurer la rémunération de l'auxiliaire de justice au lieu et place du justiciable en affirmant dans son article 24 que "*les dépenses pour le bénéficiaire de l'aide juridictionnelle sont à la charge de l'État*", il s'avère, qu'en pratique, c'est l'auxiliaire de justice lui-même qui paraît surtout être mis financièrement à contribution, en étant contraint par l'État d'y mettre assez largement de sa poche. Or, si l'on considère la réalité et l'ampleur de ce coût par lequel l'auxiliaire de justice semble astreint juridiquement à une sorte d'obligation de "charité" à l'égard de la veuve et de l'orphelin, la signification du système d'aide juridictionnelle et de la gratuité que celui-ci a pour objet de promouvoir peut difficilement se concilier avec diverses exigences normatives qu'il convient ici d'examiner en tenant compte de leurs implications.

Il y a l'exigence du statut de profession libérale des auxiliaires de justice d'abord : comme le mouvement de colère des avocats, à la fin de l'année 2000 l'a fait valoir, il peut en effet sembler curieux d'imposer à une profession libérale d'exercer en fait une mission à titre gratuit alors même que l'essence de cette profession est la rémunération du service rendu dans l'assistance aux justiciables.

Mais aussi, et peut-être plus profondément, il y a à considérer l'exigence normative que l'analyse juridique nous permettra d'identifier, et en vertu de laquelle l'aide juridictionnelle, rendue obligatoire par des impératifs juridiques autant que politiques, ne peut guère s'envisager que sous la forme d'un service public spécifique, c'est-à-dire d'un service public dont l'objet même est de mettre en œuvre la gratuité.

Dans une telle perspective où il est alors moins question d'un service public gratuit que d'un véritable service public de la gratuité, la gratuité de l'aide juridictionnelle ne saurait apparaître que comme le fruit d'un mécanisme de solidarité sociale objective à l'égard des plus démunis, et ne pourrait aucunement se concevoir, comme l'actuelle législation tend au contraire à le faire, comme le produit d'une solidarité seulement intersubjective, par laquelle un corps professionnel est appelé à garantir lui-même l'effectivité de la gratuité offerte aux justiciables nécessiteux.

C'est pourquoi, afin d'évaluer dans quelle mesure l'aide juridictionnelle posée par la loi de 1991 est ou non à la hauteur de son propre concept de "service public de la gratuité", tant en ce qui concerne le type de gratuité qu'elle procure à son bénéficiaire qu'est le justiciable démuni, qu'en ce qui concerne le type de service qu'elle requiert de la part de son prestataire qu'est l'auxiliaire de justice, il sera sans doute indispensable de commencer par expliquer quels sont ces impératifs juridiques et politiques éminents qui conduisent à concevoir l'aide juridictionnelle sous la forme nécessaire d'un service public de la gratuité.

L'AIDE JURIDICTIONNELLE COMME NECESSAIRE SERVICE PUBLIC DE LA GRATUITE

D'un mot rappelons cette évidence : fonction régalienne de l'État, la justice est l'une de ses attributions naturelles fondamentales car intrinsèquement liée à sa souveraineté, de sorte qu'à nombre d'auteurs[7], elle apparaît comme un service public par essence :"*service organisé par l'État en vue d'accomplir un acte normal de sa fonction*", c'est-à-dire, "*un*

[7] A commencer par Bodin qui définissait"*la première marque de la souveraineté*" comme une"*puissance de donner à tous en général et à chacun en particulier*" réunissant dans cette formule les deux fonctions législative et juridictionnelle comme étant constitutives de la souveraineté étatique : J. BODIN, *Les six livres de la République*, livre I, chapitre 10, Fayard, Paris, 1986, p. 306.

acte de la nature et de l'essence même de l'État"[8]. De ce point de vue, on pourrait tenir, en s'en remettant à une conception matérielle de la Constitution, la justice comme un service public constitutionnellement obligatoire, puisque correspondant à une fonction de souveraineté.

Par ailleurs, au regard même de la théorie moderne de l'État, l'égalité des citoyens dans l'accès à la justice apparaît également comme une ardente nécessité. Si bien que le service public de la justice, financé par l'impôt, est absolument insusceptible de s'inscrire dans une logique de marché[9], et ne peut guère se concevoir autrement que comme une activité gratuite.

Autrement dit, la qualité même de service public de la justice et le caractère de gratuité qui s'y attache pour satisfaire l'exigence d'égalité qui lui est inhérente, paraissent directement impliqués par la nature même de l'État.

Un moyen au service de l'égalité effective dans l'accès à la justice

Mais, on l'a dit, l'environnement de l'accès à la justice n'est pas, quant à lui, gratuit. Le seul moyen de rendre la justice accessible à tous de façon égale est donc de rendre son environnement lui aussi gratuit. L'office de l'aide juridictionnelle est ainsi, foncièrement, d'œuvrer au rétablissement de l'égalité effective dans l'accès à la justice, conformément à l'idéal qu'implique la souveraineté même de l'État, dans son principe.

En effet, sans système d'aide juridictionnelle, les plus démunis, du fait de leur impécuniosité, ne pourraient jamais réellement accéder au prétoire, du moins lorsque pour ester en justice, le service d'un auxiliaire de justice de justice est prescrit par la loi. La gratuité apportée par l'aide juridictionnelle permet donc aux pouvoirs publics de gérer une inégalité sociale en remédiant à des situations désespérées. C'est ce qui permet d'affirmer qu'ici la gratuité, si elle ne peut pas être reconnue en elle-même comme une loi régissant le fonctionnement des services publics, n'est *qu'un instrument permettant d'assurer l'égalité devant le service public pour tous les justiciables.*

Certes on pourrait d'emblée contester cette dernière affirmation en faisant valoir que la gratuité, aménagée par l'aide juridictionnelle, au bénéfice des seuls démunis, rompt au contraire l'égalité des justiciables devant le service public de la justice en introduisant ici une discrimination au regard des revenus. Mais s'en tenir à un tel point de vue revient à

---

[8] Voir en ce sens la définition des services publics, TC, 22 janvier 1921, *Société commerciale de l'Ouest Africain*, concl. Matter, *D* 1921, III, p. 24.

[9] Voir en ce sens, M.-A. FRISON-ROCHE,"Principes et intendance dans l'accès au droit et l'accès à la justice", *Revue juridique des Barreaux*, janvier-mars 1998, pp. 13-21.

oublier que, comme l'écrit Danièle Lochak, "le principe d'égalité n'implique plus nécessairement l'uniformité de la législation et n'impose plus de traiter tous les individus de façon identique; il s'interprète comme un principe de non-discrimination c'est-à-dire qu'il proscrit seulement les différences de traitement arbitraires, illégitimes, celles qui ne sont pas rationnellement justifiées par des différences de situation"[10]. Ainsi, lorsque l'État met en place le système d'aide juridictionnelle accessible aux plus démunis, n'instaure-t-il pas une différence de traitement illégitime, mais cherche-t-il plutôt à "*assurer l'égalité par le service public*"[11] en se servant du principe de gratuité pour atteindre la finalité de l'égalité des citoyens dans l'accès à la justice[12].

Dans ces conditions où il s'agit, pour l'État, de se doter, grâce à la gratuité des prestations offertes par les auxiliaires de justice, du moyen le plus efficace au service du rétablissement de l'égalité effective dans l'accès au service public de la justice, ne pourrait-on pas considérer que l'aide juridictionnelle constitue en elle-même, un service public ? On a toutes les raisons, semble-t-il, de le penser.

L'aide juridictionnelle entendue comme un service public

Selon l'esprit alloué à la notion par le fondateur de l'école du service public, l'aide juridictionnelle peut sans doute être aisément qualifiée de service public. En effet, pour Duguit, le service public s'entend comme "toute activité dont l'accomplissement doit être assuré, réglé et contrôlé par les gouvernants parce que l'accomplissement de cette activité est indispensable à la réalisation et au développement de l'interdépendance sociale, et qu'elle est de telle nature qu'elle ne peut être réalisée complètement que par l'intervention de la force gouvernante"[13].

Le critère de ce qui est "*indispensable à la réalisation et au développement de l'interdépendance sociale*" semble bien convenir à l'aide juridictionnelle, étant donné son importance essentielle pour assurer l'égalité devant la justice, et par-là, la cohésion sociale. Mais, à vrai dire, un tel critère, si flou, subjectif et général, pourrait tout autant convenir à la caractérisation d'à peu près n'importe quelle activité, et il vaut ainsi mieux s'en remettre à une définition plus technique ou, en tout cas, plus

---

[10] D. LOCHAK,"L'autre saisi par le droit", in B. BADIE, M. SADOUN (dir.), *L'autre, Etudes réunies pour A. Grosser*, Paris, Presses de sciences politiques, 1997, p. 191.

[11] Suivant les termes retenus par G. GUGLIELMI, G. KOUBI, *Droit du service public*, Paris, Montchrestien, (Domat), 2000, p. 396.

[12] Sur la controverse de la discrimination positive et du service public, *ibid.*, p. 395-401.

[13] L. Duguit, *Traité de droit constitutionnel*, Paris, de Boccard, 3ème éd., tome II, première partie, 1928, p. 61.

juridique, à l'instar de celle, aujourd'hui canonique, formulée par René Chapus :"*un acte constitue un service public quand elle est assurée ou assumée par une personne publique en vue d'un intérêt public*"[14].

D'abord, par l'analyse de son fonctionnement, l'aide juridictionnelle semble donner satisfaction au critère organique que propose cette définition. D'une part, officiellement, c'est-à-dire selon l'article 24 de la loi du 10 juillet 1991, le système d'aide juridictionnelle est financé intégralement par l'État. Ce dernier verse chaque année, pour rétribuer les avocats[15], intervenant au titre de l'aide juridictionnelle, une dotation à la Caisse de Règlement Pécuniaire des Avocats (CARPA) qui est une personne morale de droit privé crée par l'article 53 de la loi du 31 décembre 1971. D'autre part, l'État confie également au Bureau d'aide juridictionnelle (BAJ) composé, suivant l'article 12 du décret n° 91-1266 du 19 décembre 1991[16], d'un avocat, d'un huissier, du directeur de la DDASS, du directeur départemental des services fiscaux et d'un usager, le soin de décider l'attribution ou non de l'aide à chaque demandeur. Etant donné la nature hybride de cette dernière instance, où siègent des représentants des auxiliaires de justice ainsi que des justiciables à côté des représentants de l'administration, il n'est pas possible de l'identifier tout à fait à l'État. Ainsi peut-on, à l'examen de ce faisceau d'indices, caractériser l'activité d'aide juridictionnelle comme étant dans son ensemble plus assumée que directement assurée par ce dernier, puisqu'il délègue sa gestion financière aux CARPA, et son fonctionnement matériel aux BAJ chargés de statuer sur la recevabilité des candidatures individuelles : institutions qui, représentant en tout ou partie des intérêts privés, sont ainsi investies par l'État de prérogatives de puissance publique (BAJ), en contrepartie d'un contrôle que l'État exerce sur leur gestion.

Quant au second critère proposé par la définition de René Chapus, celui de l'intérêt public, il ne semble guère difficile de le déceler, si l'on se contente simplement de rappeler le rôle éminent joué, dans son principe, par l'aide juridictionnelle dans le rétablissement de l'égalité entre les justiciables dans l'accès à la justice[17].

---

[14] R. CHAPUS, *Droit administratif général*, Paris, Montchrestien, (Domat), 1998, p. 535.

[15] On s'en tiendra désormais au cas de cette seule catégorie d'auxiliaires de justice.

[16] Décret n° 91-1266 du 19 décembre 1991 portant application de la loi n° 91-647 du 10 juillet 1991 relative à l'aide juridique, *Nouveau code de procédure civile*, Dalloz, éd. 2001, p. 1215-1249.

[17] Même si René CHAPUS apporte lui-même de sérieuses complications dans l'utilisation de ce critère en faisant observer, de manière peut être désabusée mais sans doute réaliste au regard de l'idéal quelque peu improbable de la notion d'intérêt public, que l'on ne saurait parler d'une opposition entre intérêt public et intérêt privé, pour la raison simple que cette

Un service public de la gratuité

Si, au terme de ces observations, l'on agrée cette qualification de service public concernant l'activité d'aide juridictionnelle, on ne peut pas manquer de s'attarder un instant sur son objet. Celui-ci est univoque : il s'agit d'assurer la gratuité de la justice pour les plus démunis. Autrement dit, avec l'aide juridictionnelle, on rencontre mieux encore qu'un simple service public qui serait gratuit voire dont la gratuité revêtirait le caractère d'un principe essentiel de fonctionnement : il s'agit plus exactement d'un service public dont l'objet même est d'assurer la gratuité. Ainsi l'aide juridictionnelle est avant tout *le service public de la gratuité* par excellence, et c'est à ce titre qu'il peut procurer, au sein d'une étude juridique et théorique sur la notion de gratuité en général, un élément central de réflexion sur la signification sociale d'une politique de gratuité institutionnalisée. De ce point de vue, et en fonction de ce qui précède, retenons au moins en premier lieu que le service public de la gratuité ne conçoit pas cette dernière comme une fin en soi, mais comme un simple moyen au service de la réalisation accrue du principe d'égalité devant la justice.

Mais il apparaît, à l'examen, une seconde caractéristique remarquable de cette gratuité aménagée par le service public de l'aide juridictionnelle : non seulement elle ne procède pas d'un idéal de gratuité en elle-même que l'État chercherait à réaliser, mais en outre elle ne procède même pas d'une volonté proprement libérale de ce même État. Ce n'est en effet pas la grâce du bon plaisir étatique qui fait aux plus pauvres la faveur de leur octroyer, par dérogation, l'entière gratuité d'accès à la justice. Autrement dit, ce n'est nullement le mouvement spontané et condescendant de charité qui motive, comme un devoir qu'il se ferait subjectivement à lui-même, le souverain dans la mise en place de ce service public de la gratuité de la justice. Au contraire, c'est bien plutôt la liaison produite par certaines exigences normatives éminentes qui conduisent l'État à devoir objectivement apporter cette assistance. Ces exigences impérieuses sont de deux ordres : juridique et politique. Envisageons-les successivement.

Les impératifs juridiques

On peut sans doute estimer que l'État est juridiquement obligé d'offrir au justiciable économiquement défavorisé la gratuité de l'aide

---

opposition n'existe pas, un intérêt public n'étant jamais que la collection d'intérêts privés convergents. Voir en ce sens, R. CHAPUS, *Droit administratif général, op.cit.*, p. 535.

juridictionnelle, en vertu de normes aussi bien constitutionnelles que conventionnelles.

Les obligations constitutionnelles

Certes, constitutionnellement, aucune disposition ne concerne explicitement le droit d'accéder à la justice[18] que l'aide juridictionnelle a pour fonction de rendre effectif. Toutefois, il ne serait probablement pas fantaisiste d'inférer la reconnaissance de ce droit de l'article 16 de la Déclaration des Droits de l'Homme et du Citoyen lorsque celui-ci dispose que "*Toute société dans laquelle la garantie des droits n'est pas assurée (...) n'a point de Constitution*". C'est en tout cas en se fondant sur cet article que le Conseil constitutionnel a, en 1996, dans une décision relative à la Polynésie française[19] établi qu'il résultait "*de cette disposition qu'en principe il ne doit pas être porté d'atteintes substantielles au droit des personnes intéressées d'exercer un recours effectif devant une juridiction*". C'est ainsi que le juge a constitutionnalisé le principe du droit au recours effectif pour le justiciable, si bien qu'il n'est pas interdit de penser que le droit d'accès à la justice a pu du même coup faire l'objet d'une pareille constitutionnalisation. En effet, le droit au recours effectif se réduirait à une coquille vide s'il ne s'accompagnait pas d'une reconnaissance d'un droit fondamental d'accéder à la justice. Dans une telle perspective, l'État apparaît alors comme étant assujetti à l'obligation constitutionnelle de mise en œuvre de ce droit, dont l'une des facettes est, bien entendu, la faculté offerte à chacun d'accéder au juge, quels que soient ses moyens, en lui garantissant l'assistance de tous les auxiliaires de justice utiles à son action.

En définitive, en vertu d'une constitutionnalité certes prétorienne et non pas textuelle, on peut parfaitement supposer que le justiciable détient, depuis 1996, un véritable droit-créance opposable à l'État, obligeant ainsi ce dernier à lui garantir en cas de besoin le soutien de l'aide juridictionnelle[20], c'est-à-dire interdisant à l'État de lui octroyer discrétionnairement cette aide, comme une faveur consentie, sur le mode de l'apitoiement charitable vis-à-vis de la veuve et de l'orphelin.

---

[18] Il y a eu en ce domaine une tentative de constitutionnalisation dans le projet constitutionnel du 19 avril 1946, dont l'article 11 prévoyait que " *La loi assure à tous les hommes le droit de se faire rendre justice et l'insuffisance des ressources ne saurait y faire obstacle* ".

[19] Conseil constitutionnel, n° 96-373 DC du 9 avril 1996.

[20] Voir, dans le même sens l'opinion de M.-H. RENAUT, " Le droit à l'accès à la justice et au droit dans le sillage de l'histoire ", *La revue des idées*, 2000, p. 321-331.

D'ailleurs, il n'est pas exclu que cette dette de l'État envers le justiciable soit née à une date en réalité bien antérieure à celle de 1996 : on ne saurait en effet manquer d'analyser la possibilité d'accéder au prétoire comme une composante essentielle des droits de la défense.

Ces droits ont été, comme on sait, érigé en principe général du droit dès 1945 par le fameux arrêt *Aramu* du Conseil d'État[21], dont le considérant de principe affirme qu'il "*résulte (...) des principes généraux du droit applicables même en l'absence de texte qu'une sanction ne peut (...) être prononcée légalement sans que l'intéressé ait été en mesure de présenter utilement sa défense*". Or, qu'est ce que présenter utilement sa défense si l'on ne dispose pas du moyen de s'offrir le concours des auxiliaires de justice pouvant y contribuer, au moins dans les nombreux cas où l'accès au tribunal est légalement conditionné par la représentation d'un avocat[22] ? Dès lors, sachant que les droits de la défense disposent désormais d'une assise constitutionnelle depuis que le juge constitutionnel, dans une décision du 2 décembre 1976 confirmée notamment par celle des 19 et 20 janvier 1981 dite *Sécurité et Liberté*[23], les a érigés en principe fondamental reconnu par les lois de la République, on peut alors tenir l'aide juridictionnelle, en tant que moyen nécessaire à la possibilité, pour les plus démunis, de présenter utilement leur défense, pour une activité de service public effectivement commandée par une exigence normative constitutionnelle dont l'impérativité s'impose ainsi positivement à l'État[24].

Mais, de toutes façons, l'obligation de ce dernier est encore plus nettement et directement affirmée par des dispositions explicites de conventions internationales.

Les obligations conventionnelles

C'est essentiellement la Convention européenne des Droits de l'Homme qui assujettit formellement les États parties au devoir de garantir l'accès à la justice aux plus démunis. Il faut ici cependant distinguer la

---

[21] CE, 26 octobre 1945, *Aramu, Rec.* p. 213.

[22] On sait certes que l'arrêt *Aramu* concerne les garanties en matière disciplinaire, mais on peut penser que le principe qu'il dégage est *a fortiori* applicable pour tout recours juridictionnel, quel qu'il soit.

[23] Décision n° 70-76 DC du 2 décembre 1976, *Rec.* p. 137; décision n° 80-127 des 19 et 20 janvier 1981, *Rec.* p. 15

[24] C'est d'ailleurs en ce sens que va la jurisprudence de la Cour de cassation qui précise : "*La défense constitue pour toute personne un droit fondamental constitutionnel, son exercice effectif exige que soit assuré l'accès de chacun avec l'assistance d'un défenseur auprès du juge chargé de statuer sur sa prétention*", Cass. plén., 30 juin 1995, *D* 1995, p. 513, note Drago.

matière pénale et la matière civile : si, dans le premier cas, la protection conventionnelle est explicite, il faut dans le second s'en remettre, pour la débusquer, à un éclairage jurisprudentiel des dispositions du traité.

Selon l'article 6 § 3 de la Convention, tout accusé a droit de "*se défendre lui-même ou avoir l'assistance d'un défenseur de son choix et s'il n'a pas les moyens de rémunérer un défenseur, pouvoir être assisté gratuitement par un avocat d'office lorsque les intérêts de la justice l'exigent*". L'aide juridictionnelle est ainsi clairement garantie sur le terrain pénal par cette disposition textuelle, mais il n'y en a point d'équivalent concernant les litiges civils. En effet, l'article 6 § 1 établit seulement que toute personne "*a droit à ce que sa cause soit entendue par (...) un tribunal qui décidera (...) des contestations sur les droits et obligations à caractère civil*". Cela dit, c'est la Cour qui a donné à cette disposition un essor particulier en précisant qu'elle "*consacre de la sorte le droit à un tribunal dont le droit d'accès, à savoir le droit de saisir un tribunal en matière civile, ne constitue qu'un aspect*[25]". Il n'est certes toujours pas ici question d'une obligation d'assistance gratuite pour les plus démunis, cependant cet arrêt porte le germe de sa reconnaissance, puisqu'on voit mal comment la garantie d'un droit d'accès au tribunal pourrait se concevoir sans comprendre celle du droit d'accès à l'auxiliaire de justice qui, le plus souvent, ouvre la porte même du prétoire.

C'est pourquoi la Cour n'en est pas restée là et a précisé, en 1979, que l'article 6 § 1 "*peut parfois astreindre l'État à pourvoir à l'assistance d'un membre du Barreau quand elle se révèle indispensable à un accès effectif au juge*". Elle souligne à cet égard que le but de la Convention est "*de protéger des droits non théoriques ou illusoires, mais concrets et effectifs*"[26].

La Cour ne confère pas à cette obligation un caractère absolu puisqu'elle admet que l'État dispose d'une certaine liberté dans le choix des moyens techniques susceptibles de garantir aux plus défavorisés la gratuité de l'accès à la justice. Il peut ainsi, plutôt que prendre en charge les frais de la représentation d'un avocat, opter pour la simplification des procédures et supprimer les mécanismes de représentation obligatoire, à l'instar de ce dont le contentieux administratif français fait bénéficier l'administré pour lui permettre d'articuler facilement un recours pour excès de pouvoir.

---

[25] CEDH, 21 février 1975, *Golder*.
[26] CEDH, 9 octobre 1979, *Airey*.

Toutefois, s'il est vrai que la Cour, comme le souligne Frédéric Rolin[27], ne voit pas dans l'aide juridictionnelle un moyen exclusif de réalisation du droit d'accès à un tribunal, il reste que le Conseil des ministres du Conseil de l'Europe prône, quant à lui, le recours prioritaire à cette technique. Ainsi, dans sa recommandation du 2 mars 1978 sur l'assistance judiciaire et la consultation juridique, il a insisté sur le fait que "*nul ne doit être empêché par des obstacles de caractère économique de faire valoir ou de défendre ses droits devant toutes les juridictions statuant en matière civile, commerciale, administrative, sociale ou fiscale. A cet effet, toute personne doit avoir le droit à l'assistance judiciaire nécessaire*"[28], en prenant même le soin de préciser les critères d'appréciation pour l'ouverture de ce droit[29].

Au total, on voit ainsi que l'obligation juridique pour l'État de faire bénéficier de la gratuité les justiciables les plus démunis sous la forme de l'aide juridictionnelle, est une exigence qui, en raison de son caractère à la fois constitutionnel et conventionnel, apparaît comme des plus impérieuses. Mais on peut considérer que sa force est plus grande encore si l'on s'inscrit dans la perspective plus politique de l'idéal de l'État de droit, auquel l'ordre juridique français contemporain est supposé se conformer, tant du point de vue des valeurs qu'il véhicule que de son organisation institutionnelle.

L'exigence politique de l'État de droit

Ne pourrait-on pas, en effet, considérer l'aide juridictionnelle comme étant nécessairement induite par le concept d'État de droit ? En effet, s'il y a une caractéristique de celui-ci[30] c'est sans doute la portée maximale qui y est allouée au principe de *justiciabilité*, lequel ne peut se concevoir qu'en étroite association avec le droit de tous d'accéder à la justice.

Théoriquement, la marque principale de l'État de droit est, comme on sait, d'apparaître comme une étape du dépassement de ce que Carré de

---

[27] F. ROLIN, " L'aide juridictionnelle face aux exigences du procès équitable ", note sous CEDH, 19 septembre 2000, *Gnahoré c. France, D* 2001, n° 9, p. 726.
[28] Recommandation citée par J. RIBS, " L'accès au droit ", *Les petites affiches*, 26 juin 1998, p. 56.
[29] Voir nos développements *infra*.
[30] Voir notamment M.-J. REDOR, *De l'État légal à l'État de droit L'évolution des conceptions de la doctrine publiciste française 1879-1914*, Paris, Aix-en-Provence, PUAM-Economica, 1992, 379 p.; M. LOISELLE, *Le concept d'État de droit dans la doctrine juridique française*, thèse Paris-II, 2000, dact., 824 p.; J. CHEVALLIER, *L'État de droit*, Paris, Montchrestien, (Clefs), 1994, 2ème éd., 158 p.

Malberg a appelé *"l'État légal"*[31], où le règne de la loi écrite ouvre déjà la possibilité d'une justice pénale et civile que l'État garantit aux citoyens pour le règlement de leurs litiges mutuels. Mais, avec l'État de droit, où surgissent les mécanismes de contrôle de légalité prétorienne des actes de l'exécutif et d'un contrôle de constitutionnalité – non moins prétorien – des actes du législatif, c'est jusqu'à la relation entre gouvernants et gouvernés que s'étend la dimension contentieuse des rapports sociaux. Dans ces conditions, l'État de droit se caractérise avant tout par l'extension maximale qu'il confère à la justiciabilité en ouvrant au gouverné l'accès le plus large possible aux voies de droit qui lui permettent de contester juridictionnellement les actes des gouvernants. C'est ainsi, en particulier, que les progrès récents de l'État de droit, amplement salués par la doctrine, se sont manifestés par un accroissement des actes étatiques reconnus comme justiciables par le juge administratif, grâce à la réduction de ceux qui étaient jusque-là tenus pour des mesures d'ordre intérieur ou des actes de gouvernement. C'est également pour le perfectionnement futur de l'État de droit que beaucoup plaident pour la reconnaissance du droit d'accès individuel du citoyen au juge constitutionnel, afin de soulever devant lui l'exception d'inconstitutionnalité de la loi. D'ailleurs, l'une des marques les plus caractéristiques de la naissance de l'État de droit dans l'ordre juridique français ne consiste-t-elle pas dans la possibilité offerte au citoyen de contester la légalité de l'action administrative par le moyen du recours pour excès de pouvoir ? N'est-il pas remarquable, à cet égard, que ce recours, d'une importance pratique et symbolique si grande pour la réalité de l'État de droit, se conçoive d'autant mieux comme l'instrument de la justiciabilité effective et pas seulement théorique dans la mesure où il s'exerce dans une quasi totale gratuité[32] que la dispense du ministère d'avocat permet de garantir ?

Ce dernier exemple permet d'apprécier combien l'aide juridictionnelle, autre instrument de la gratuité dans l'accès au juge, est un mécanisme dont l'esprit, au service manifeste de la réalisation de la justiciabilité, participe pleinement de la réalisation de cette dernière que le concept d'État de droit signifie essentiellement. C'est ce qui nous permet d'estimer que l'aide juridictionnelle, en tant qu'instrument privilégié de l'idée de justiciabilité, est commandée par l'impératif politique de l'État de droit dans lequel se reconnaît et se constitue l'ordre juridique français

---

[31] R. CARRE DE MALBERG, *Contribution à la théorie générale de l'État*, Paris, Sirey, 1920-1922, vol. 1, pp. 489-492.
[32] En dehors du droit de timbre de 15 euros, obligatoire pour exercer ce type de recours.

contemporain. Comme l'écrivait Duguit, pour reconnaître un État de droit, il ne suffit pas d'y constater la consécration du principe de légalité, mais il faut encore "qu'il y ait des juridictions fortement organisées, composées d'hommes compétents et absolument indépendants du pouvoir politique, il faut que les décisions prises par les juridictions soient reconnues comme s'imposant également au respect des gouvernants et des gouvernés (...). Il faut en un mot que tous reconnaissent que l'État lui-même est lié par les décisions de ses tribunaux[33]." A quoi l'on pourrait ajouter : il faut enfin que l'instrument de l'aide juridictionnelle garantisse à tous l'accès effectif à ces tribunaux, car c'est la condition pour que les décisions de ces derniers adviennent, pour le bénéfice de tous les sujets de droit.

Cela dit, si politiquement et juridiquement obligatoire qu'apparaisse la mission de l'État de fournir au justiciable démuni, sous la forme de l'aide juridictionnelle, une gratuité théoriquement insusceptible de procéder, de la sorte, d'un quelconque mouvement de charité, encore faut-il que cette assistance parvienne en pratique, dans les modalités concrètes de sa mise en œuvre, à ne pas se laisser dénaturer au point de se réduire, en fin de compte, à une forme simplement déguisée de charité, c'est-à-dire à une charité si honteuse d'elle-même qu'elle n'ose pas même s'avouer comme telle et en porter le nom. Or, il y a tout lieu de craindre que, dans les aménagements techniques de son fonctionnement effectif, le service public de la gratuité que l'aide juridictionnelle devrait être, se contente aujourd'hui d'administrer une telle charité déguisée. C'est en effet l'inaptitude actuelle de l'aide juridictionnelle à se hisser, en fait, véritablement au-delà du seuil d'une simple charité que l'on peut observer tant dans le caractère très partiellement et restrictivement gratuit de la prestation offerte à son bénéficiaire, que dans la grande ambiguïté qui préside à la détermination de son prestataire. Pour l'apercevoir, envisageons successivement ces deux difficultés.

L'ETENDUE RESTREINTE DE LA GRATUITE OFFERTE AU BENEFICIAIRE

La loi du 10 juillet 1991 subordonne l'octroi de l'aide juridictionnelle à l'exigence de deux conditions. Pour en bénéficier, il faut d'abord "*avoir des ressources insuffisantes pour faire valoir ses droits en justice*" (article 2), et ensuite que l'action envisagée n'apparaisse pas comme "*manifestement irrecevable ou dénuée de fondement*" (art. 7 al. 1). A vrai dire ces deux conditions ne sont cumulatives que lorsque le candidat à

---

[33] L. DUGUIT, *Traité de droit constitutionnel*, tome III, *op. cit.*, 1930, p. 596

l'aide juridictionnelle agit en demande, tandis que la seconde condition, ce qui est logique, disparaît lorsque la candidature émane "*du défenseur à l'action, d'une personne civilement responsable, d'un témoin assisté, d'un inculpé, d'un prévenu, d'un accusé ou d'un condamné*" (art. 7 al. 2).

Les critères de recevabilité d'une demande à l'épreuve de la Convention européenne des droits de l'homme

Mais, malgré tout, le caractère particulièrement restrictif de ce régime de recevabilité de la candidature à l'aide juridictionnelle, au moins lorsqu'il s'agit de celle d'un justiciable agissant en demande, est frappant si on le compare notamment au standard proposé par la recommandation du 2 mars 1978 du Conseil des ministres du Conseil de l'Europe, dont le degré d'exigence est bien moindre. Cette recommandation se contente d'affirmer que "*pour apprécier si cette assistance est nécessaire il doit être tenu compte 1) des ressources et charges financières de l'intéressé; 2) du coût probable de la procédure*"[34]. On peut voir, en l'occurrence, que la loi française va bien au-delà des critères de sélection retenus par le Conseil de l'Europe, non seulement par le nombre mais aussi par la nature de ses propres critères. Conformément à l'esprit de justice sociale inhérent à l'aide juridictionnelle, le Conseil de l'Europe s'en tient en effet à des simples considérations *de fait*, d'ordre économique, parfaitement extérieures au procès intenté, puisque ne regardant que la question des ressources du demandeur rapportées au coût de la procédure envisagée. Tandis que le système français, certes tout aussi attentif à la situation économique de l'intéressé, y mêle des considérations *de droit*, par conséquent internes à l'action souhaitée, puisque excluant du bénéfice de l'aide, l'action qui apparaît "*manifestement irrecevable ou dénuée de fondement*".

D'ailleurs on pourrait même se demander si cette sévérité accrue, de la part de la loi française à travers les dispositions de son article 7 alinéa 1, est tout à fait compatible avec l'article 6 § 1, relatif au droit du requérant à un tribunal, de la convention européenne des droits de l'Homme, laquelle s'inscrit précisément dans le cadre du système du Conseil de l'Europe.

Jusqu'ici, la Cour européenne des droits de l'Homme n'a pas eu à se prononcer sur ce point, mais elle a toutefois dû statuer sur la compatibilité avec l'article 6 § 1 de la Convention d'une autre disposition de la loi du 10 juillet 1991, celle contenue dans son article 7 alinéa 3, et selon laquelle "*en matière de cassation, l'aide juridictionnelle est refusée au demandeur si aucun moyen de cassation sérieux ne peut être relevé*".

---

[34] Recommandation citée par J. RIBS, " L'accès au droit ", *op. cit.*, p. 56

Certes, la Cour, dans son arrêt *Gnahoré contre France* du 19 septembre 2000, a retenu la conventionnalité de cette disposition. Elle a pour cela fait valoir que "quant au motif retenu par le bureau d'aide juridictionnelle (...) – à savoir le défaut d'un moyen sérieux de cassation – il (...) s'inspire sans nul doute du légitime souci de n'allouer les deniers publics au titre de l'aide juridictionnelle qu'aux demandeurs dont le pourvoi a une chance raisonnable de succès. Comme le soulignait la Commission européenne des droits de l'Homme, à l'évidence un système d'assistance judiciaire ne peut fonctionner sans la mise en place d'un dispositif permettant de sélectionner les affaires susceptibles d'en bénéficier"[35].

Autrement dit, le principe d'un filtrage reposant sur des considérations juridiques est retenu comme pertinent par la Cour, du moins lorsqu'on est en présence d'un pourvoi en cassation et ce d'autant plus facilement que, à ses yeux, "le système mis en place par le législateur français offre des garanties substantielles aux individus, de nature à les préserver de l'arbitraire", les garanties en question tenant à la composition du bureau d'aide juridictionnelle chargé de vérifier le caractère sérieux du moyen de cassation, ainsi qu'à l'existence d'une voie de recours contre les décisions de rejet du bureau.

L'appréciation des critères de recevabilité devant le juge du fond

Cela dit, peut-on pour autant appliquer *mutatis mutandis* le même raisonnement aux dispositions de l'article 7 alinéa 1 de la loi de 1991, qui conditionne la recevabilité des demandes d'aide juridictionnelle faites dans le cadre d'une action devant *le juge du fond*, et non pas devant le juge de cassation, par l'exigence d'une action qui n'apparaît pas, elle-même, comme "*manifestement irrecevable ou dénuée de fondement*" ? On peut avoir des raisons d'en douter. En effet, on peut avoir le sentiment que l'appréciation portée sur la validité juridique de la requête par le bureau d'aide juridictionnelle n'a pas le même enjeu suivant qu'il s'agit de permettre la gratuité d'une action devant le juge de cassation ou devant le juge du fond. Dans le dernier cas, le candidat à l'aide juridictionnelle est dans une situation où, par hypothèse, sa cause n'a pas encore été entendue par quelque juge que ce soit : la frustration du justiciable consistant à ne même pas pouvoir accéder à sa saisine, par insuffisance de moyens financiers, sous prétexte que sa demande paraîtrait d'avance vouée juridiquement à l'échec, est sans doute bien plus grande que celle produite

[35] CEDH, 19 septembre 2000, *Gnahoré c. France*, *D* 2001, n° 9, p. 725, § 41.

par le refus, sous le même prétexte, de lui accorder l'aide juridictionnelle lorsqu'il s'agit d'un justiciable qui a déjà eu l'occasion de soumettre ses prétentions aux juges de première instance et d'appel et dont le pourvoi en cassation peut sembler procéder d'un vrai entêtement de sa part.

Le bureau d'aide juridictionnelle garant de l'impartialité ?

Par ailleurs, même si, comme le relève la Cour européenne des droits de l'homme, la composition du bureau d'aide juridictionnelle présente des garanties d'impartialité, il n'est pas dit pour autant qu'elle apporte des garanties aussi grandes, du point de vue des compétences techniques utiles, pour apprécier convenablement ce qui est ou non susceptible d'apparaître comme "*manifestement irrecevable ou dénué de fondement*".

On pourrait en effet considérer qu'une telle appréciation nécessite un savoir juridique, théorique autant que pratique, que des fonctionnaires, même directeurs de services déconcentrés de l'administration de l'État, et *a fortiori* de simples usagers, ne sont pas censés détenir nécessairement. On pourrait ainsi redouter que, par sa composition qui n'intègre qu'un seul magistrat professionnel à proprement parler parmi ses six membres[36], le bureau d'aide juridictionnelle soit conduit à produire des appréciations subjectives sur le caractère fondé du recours, selon qu'il lui paraît juste ou non[37]. On peut estimer insolite qu'une telle formation, qui ne saurait en rien s'apparenter à un tribunal au sens de la Convention, puisse bel et bien se prononcer sur une question de droit en vertu d'un jugement de valeur inévitable, afin de rendre une décision visant à restreindre le droit d'un requérant économiquement défavorisé d'avoir accès à une juridiction. Certes, la décision du bureau d'aide juridictionnelle est ici, comme dans l'hypothèse du pourvoi en cassation, susceptible de recours, certes aussi, le bureau d'aide juridictionnelle est supposé n'écarter les demandes que dans les cas où leur irrecevabilité ou leur caractère non fondé apparaîtrait "*manifeste*", il n'empêche que, comme l'a souligné Frédéric Rolin, "toute restriction de fond est par nature un obstacle à l'accès à un tribunal, même si cette restriction est limitée à des cas où l'irrecevabilité ou le caractère dénué de fondement est manifeste"[38].

---

[36] Rappelons que le bureau d'aide juridictionnelle est composé par le Président du Tribunal de grande instance, un avocat, un huissier, le directeur départemental des services fiscaux, celui des affaires sanitaires et sociales et un usager suivant les termes de l'article 12 du décret n° 91-1266 du 19 décembre 1991 portant application de la loi du 10 juillet 1991 relative à l'aide juridique, *op. cit.* p. 1217.

[37] Voir en ce sens, CEDH, 20 juillet 1998, *Aerta contre Belgique, D* 1999, somm., p. 310.

[38] F. ROLIN, " L'aide juridictionnelle face aux exigences du procès équitable ", *op. cit.*, p. 727.

D'ailleurs, tout juriste connaît la dimension plus rhétorique qu'effective de la prétendue limite apportée par le standard du "manifeste" : l'hypothèse du cas de "l'erreur manifeste" auquel le juge administratif ou le juge constitutionnel se contenteraient de limiter leur contrôle de la qualification des faits opérée par l'administration ou le législateur a été suffisamment analysée par une partie de la doctrine comme une simple figure de style grâce à laquelle le juge anéantissait, en réalité, purement et simplement leur pouvoir discrétionnaire tout en feignant de le respecter[39]. Quant à la possibilité de préjuger du caractère recevable ou bien-fondé d'une demande sans "préjudicier au principal", on sait qu'elle paraît déjà fort épineuse lorsqu'elle est confiée au juge des référés[40], mais ce dernier a au moins le mérite d'être précisément un juge, à la différence du bureau d'aide juridictionnelle. Comment apprécier le caractère fondé (ou pas manifestement infondé, ce qui revient au même) d'une demande *ex abrupto*, comment déterminer les chances de succès d'une instance avant qu'elle ait eu lieu ? La justice n'est pas une science mathématique, la considération des circonstances de l'espèce y est essentielle. Peut-on alors s'accommoder du risque d'un "préjugé" de la part d'une formation non juridictionnelle, pour trancher précisément la question de savoir si un justiciable, empêché par la gêne économique d'accéder à une juridiction peut espérer à parvenir à ce que son cas soit véritablement *jugé* ?

Il ne s'agit évidemment pas de verser dans une béate naïveté et de stigmatiser par principe toute forme de sélection des demandes : si celles-ci, en totalité, quel que soit leur contenu, étaient automatiquement recevables, une inévitable dérive processuelle en résulterait. Cela dit, toute forme de sélection est-elle légitime pour autant ? Tout dépend, à vrai dire, du parti philosophique et politique que l'on prend lorsqu'on institue un système d'aide juridictionnelle : s'il s'agit, comme la logique y inciterait, de rendre le droit accessible gratuitement au plus grand nombre pour satisfaire au principe d'égalité, on ne peut guère admettre l'existence d'un filtrage justifié, même partiellement, par une appréciation juridique du bien-fondé de la requête. Le seul critère pertinent d'attribution devrait être le niveau de ressources du demandeur.

Cependant, même si l'on s'en tenait strictement à cette considération factuelle, de nature économique, il resterait encore à se soucier d'un

---

[39] S. RIALS, *Le juge administratif et la technique du standard. Essai sur le traitement juridictionnel de l'idée de normalité*, LGDJ, 1980, 564 p.
[40] Voir R. CHAPUS, *Droit du contentieux administratif*, p. 925-977.

minimum d'adéquation à la réalité sociale de la fixation des seuils à partir duquel le candidat, supposé ne plus être dans l'incapacité de subvenir lui-même aux moyens de sa représentation par avocat, n'est plus considéré comme éligible à l'aide juridictionnelle. Or, il n'est pas dit que la loi de 1991 se montre très avisée en la matière. Examinons, en effet, de quelle manière elle prend en considération la situation économique du demandeur.

La détermination du "seuil de pauvreté"

Dans son article 4, modifié par la loi n° 2000-1352 du 30 décembre 2000, la loi de 1991 décide que seul peut bénéficier d'une aide juridictionnelle complète, celui dont les ressources mensuelles n'excèdent pas 5 175 francs, soit 788,92 euros. Au-delà de ce plafond, il existe un mécanisme d'aide juridictionnelle seulement partielle et dégressive, réservée à ceux dont les ressources mensuelles n'excèdent pas 7 764 francs, soit 1 183,61 euros. Dans cette dernière hypothèse, l'État contribue forfaitairement au coût des auxiliaires de justice, le reste de leurs honoraires restant à la charge du justiciable. Le résultat de ce mécanisme de discrimination à échelle signifie donc que la "richesse" de celui qui gagne plus de 1 183,61 euros par mois est jugée suffisante (alors pourtant que le montant du SMIC est de 1 154,27 euros en juillet 2002) pour qu'il apparaisse apte à prendre en charge seul, la totalité des dépenses d'avocat, mais que la "pauvreté" ouvrant droit à la prise en charge totale de ces frais se situe à un seuil encore plus bas, celui de 5 175 francs, tandis que la situation intermédiaire, pourtant comprise entre deux seuils plutôt voisins l'un de l'autre, n'est pas considérée comme correspondant vraiment à celle des "plus démunis" même si elle justifie, seulement en partie, l'assistance de l'État.

Peut-on considérer qu'un tel système de discrimination selon les ressources est satisfaisant au regard du concept de *service public de la gratuité* à travers lequel doit se penser, comme on l'a proposé, l'aide juridictionnelle ? La réponse peut varier selon qu'on envisage son principe ou ses modalités de mise en œuvre.

Une discrimination à échelle théoriquement envisageable

Dans son principe, on l'a dit plus haut, une telle discrimination ne heurte aucunement, bien au contraire, l'exigence d'égalité devant la justice à la réalisation de laquelle est vouée l'offre gratuite apportée par l'aide juridictionnelle. Tout juriste[41] sait, en effet, qu'une différence de traitement rationnellement justifiée par la prise en considération de situation différente, n'est tenue, ni par le Conseil d'État[42], ni par le Conseil constitutionnel[43], comme une violation du principe d'égalité. C'est que, comme l'a dégagé Olivier Jouanjan à propos de la notion d'égalité des chances, celle-ci "possède de prime abord un pouvoir de séduction certain, du fait qu'elle est reliée aux deux traditions juridico-idéologiques fondamentales de l'égalité : celle de la neutralité de l'État, l'égalité des chances étant alors l'égalité des conditions juridiques dans l'inégalité des moyens factuels; celle socialisante du rétablissement d'une certaine égalité factuelle, comme condition de possibilité d'une égalité juridique réelle"[44].

Bien entendu, l'aide juridictionnelle s'inspire de la tradition "socialisante" plutôt que de la tradition libérale, puisque son objectif est, par le rétablissement de l'égalité factuelle entre les justiciables, d'assurer une égalité juridique réelle des plus démunis par rapport aux plus nantis dans l'accès à la justice. Le système mis en place, confère effectivement à ces plus démunis "*une possibilité abstraite d'acquérir, en se conformant à une échelle universelle et à une mesure égale de réglementation juridique, (leur) propre droit individuel sur un objet donné*"[45] et traduit l'idée d'égalité des chances selon cette tradition qui favorise l'interventionnisme et non pas l'abstentionnisme de l'État.

Cela dit, comme le souligne Geneviève Koubi à propos de l'article 1er de la Déclaration des droits de l'homme et du citoyen qui, malgré la perspective libérale, fondait pourtant déjà la distinction entre les individus sur la considération de *"l'utilité commune"*, en vertu d'une telle conception de l'égalité, "la différence devient le critère principal de l'appréciation : elle est la valeur à partir de laquelle sont mesurées les

---

[41] D. LOCHAK,"L'autre saisi par le droit", *loc. cit.*

[42] Voir par exemple, le rapport du Conseil d'État de 1996, qui admet, pour rétablir le principe d'égalité mis à mal, la création de " *droits différenciés, conformes à la conception équitable de l'égalité qui pourrait être mise en œuvre par la loi* ", Rapport public du Conseil d'État, *Sur le principe d'égalité*, 1996, n° 48, p. 91.

[43] "Le principe d'égalité ne s'oppose ni à ce que le législateur règle de façon différente des situations différentes, ni à ce qu'il déroge à l'égalité pour des raisons d'intérêt général, pourvu que dans l'un et l'autre cas, la différence de traitement qui en résulte soit en rapport avec l'objet de la loi qui l'établit", Conseil constitutionnel, 7 janvier 1988, *Mutualisation de la caisse régionale du Crédit Agricole, Rec.* p. 17.

[44] O. JOUANJAN, *Le principe d'égalité devant la loi en droit allemand,* Paris, Economica, coll. "droit public positif", 1992, p. 152.

[45] V. S. NERSESSIANTS, " Le droit comme mathématiques de la liberté ", *Revue de la recherche juridique,* 1992, p. 307.

inégalités auxquelles il semble nécessaire de remédier"[46]. Or, peut-on considérer que, dans les modalités de sa mise en œuvre, la loi de 1991 procède à une mesure avisée des inégalités de situation et opère ainsi des différenciations satisfaisantes ? Il est largement permis d'en douter.

Une discrimination à échelle pratiquement inconcevable

Envisageons, en effet, très concrètement ce qui résulte des seuils à partir desquels, en 2001, la loi estime que la situation économique de l'intéressé justifie ou non l'assistance juridictionnelle de l'État, et plus précisément de cette catégorie intermédiaire où le demandeur, n'étant tenu pour ni vraiment riche, ni vraiment pauvre, parce que son revenu mensuel est compris entre 5 175 francs et 7 764 francs, bénéficie certes de cette aide, mais doit se contenter de son caractère seulement partiel et forfaitaire.

Prenons l'exemple d'un demandeur disposant d'un revenu de 7 000 francs : l'aide qui lui sera consentie avoisinera la somme de 1 000 francs. Sachant que le coût minimal d'une instance tourne autour de 10 000 francs (13 000 francs hors taxe pour un divorce par consentement mutuel)[47], peut-on raisonnablement penser que ce justiciable pourra, en pratique, subvenir aux frais supplémentaires causés par l'instance à hauteur de 9 000 francs dans le meilleur des cas ?

Autrement dit, n'admettre la prise en charge totale des frais d'avocat par l'aide juridictionnelle que dans le cas des revenus inférieurs, n'est-ce pas établir des différences de situation parfaitement irréalistes au regard du coût effectif entraîné par la rémunération des auxiliaires de justice, et donc retirer toute justification rationnelle au traitement juridique différencié des situations ? Surtout, une admission si restrictive à l'aide juridictionnelle totale, qui semble réservée à des situations d'extrême pauvreté seulement, ne confère-t-elle pas à cette prestation étatique de gratuité, le caractère de "charité" un peu condescendante qu'elle ne devrait, en principe, aucunement revêtir ?

Certes, l'article 6 de la loi de 1991 a beau jeu d'apporter un apparent démenti à l'idée d'une excessive parcimonie de sa part, en précisant que "l'aide juridictionnelle peut, à titre exceptionnel, être accordée aux personnes ne remplissant pas les conditions de l'article 4 lorsque leur situation apparaît particulièrement digne d'intérêt au regard de l'objet du

---

[46] G. KOUBI, " Vers l'égalité des chances : quelles chances en droit ? ", *in* G. KOUBI, G. GUGLIELMI (dir.), *L'égalité des chances. Analyses, évolutions, perspectives*, Paris, La Découverte, coll. " Recherches ", 2000, p. 77.

[47] Voir, notamment, *FNUJA Infos*, n° 79, décembre 2000-février 2001, p. 12-14.

litige ou des charges prévisibles du procès". Cela dit, on peut d'une part considérer que cette hypothétique orientation de l'aide juridictionnelle vers la satisfaction non pas du principe d'égalité mais plutôt de celui de l'État de droit, conduisant le bureau d'aide juridictionnelle à apprécier ce qui apparaît ou non "*particulièrement digne d'intérêt au regard de l'objet du litige*", est redevable des mêmes critiques que celles faites plus haut à l'égard d'une prise en considération, pour l'éligibilité à l'aide juridictionnelle, des critères juridiques et non pas factuels par une instance de décision non juridictionnelle. Mais on doit aussi et surtout noter, d'autre part, que les bureaux d'aide juridictionnelle n'ont, de toutes façons, donné en pratique aucun essor à cette disposition et se sont contentés jusqu'ici d'accorder l'aide aux seuls cas d'impécuniosité du demandeur, selon les conditions d'appréciation de cette dernière fixés par le seul article 4.

Si bien que, au total, la gratuité instaurée par la loi de 1991, peut sembler, aux yeux de son bénéficiaire justiciable, procéder d'une bien grande réticence de la part de l'État, c'est-à-dire demeurer fort en deçà des exigences du concept de service public de la gratuité. Or, ce sentiment d'inachèvement dans la réalisation, par l'aide juridictionnelle, de l'idée de gratuité, se renforce encore si l'on se penche, non plus sur la situation du bénéficiaire de l'aide, mais sur l'identité de son prestataire : l'analyse fait en effet facilement apparaître que l'État n'est nullement le seul acteur de cette prestation de gratuité et qu'il en fait supporter partiellement la charge, dans des proportions non négligeables, à l'auxiliaire de justice lui-même, ce qui n'est pas sans poser des problèmes pratiques autant que théoriques.

LA CONFUSE IDENTITE DU PRESTATAIRE DE L'AIDE JURIDICTIONNELLE

Commençons par les aspects pratiques de la question, car c'est par leur examen que peut se mesurer l'étendue de l'écart entre la réalité de l'aide juridictionnelle et ce que le concept de service public requiert. Envisageons en effet le cas le plus favorable pour le justiciable, c'est-à-dire celui où le montant de ses revenus mensuels, inférieur à 5 175 francs, lui vaut la faveur d'une aide prenant en charge la totalité de ses frais d'avocat. Ainsi, dans le cadre d'une procédure de divorce par consentement mutuel, la dépense d'une somme d'honoraires de 13 000 francs hors taxe qu'il devrait normalement payer à son avocat lui est épargnée. Mais par quel biais cette gratuité lui est-elle techniquement assurée ? La logique commanderait que l'État se substitue purement et simplement au justiciable et s'acquitte ainsi à sa place de la somme de 13 000 francs auprès de l'avocat ou, dans le pire des cas, de la somme de 8 000 francs que coûte à ce dernier la procédure en frais fixes.

Un devoir de charité à la charge de l'avocat

Or, il n'en est rien. Le système que la loi de 1991 met en place consiste à évaluer le coût indemnisable d'une procédure sous la forme d'unités de valeur. La rétribution de l'avocat par l'État est alors calculée en multipliant le coût d'une unité de valeur prévue annuellement par la loi de finances[48], par un coefficient affecté à chaque procédure. Ainsi, en 2000, le montant d'une unité de valeur était fixé à 128 francs et une procédure de divorce par consentement mutuel était affectée de 30 unités de valeur, de sorte que la somme effectivement versée par l'État à l'avocat était au total de 3 840 francs. Ce qui revient à dire que, compte tenu du coût de 8 000 francs en frais fixes, l'avocat qui est légalement tenu de participer au service public de l'aide juridictionnelle, y met au moins de sa poche pour 4 160 francs, au nom du principe de gratuité, sans parler de la perte de 9 160 francs réalisée par rapport à la somme de 13 000 francs qu'il aurait facturé à un client non pris en charge par l'aide juridictionnelle.

Autrement dit, la réalité du système mis en place par la loi de 1991 est celle d'une gratuité dont bénéficie le justiciable non pas du fait exclusif de l'État, mais aussi partiellement, voire majoritairement du fait de l'auxiliaire de justice lui-même, assigné à cette fonction de justice sociale par l'ordre du souverain étatique. C'est de ce point de vue plus particulièrement que l'actuel régime de l'aide juridictionnelle semble procéder d'une logique de charité que l'avocat est contraint de dispenser à l'égard de la veuve et de l'orphelin, suivant l'esprit d'une tradition historique qui s'est, en France, forgée dans la longue durée.

La charité obligatoire : une récurrence de l'Histoire ?

Dès le XIIIème siècle, les Etablissements de Saint-Louis posent en effet la règle suivant laquelle l'avocat doit accepter gratuitement la cause des indigents, des veuves et des orphelins[49]. Il n'est nullement question d'une quelconque rémunération de l'avocat, le seul volontariat de ce dernier étant supposé motiver son action. Cela s'explique essentiellement par le

---

[48] Cette procédure est prévue par l'article 90 du décret n° 91-1266 du 19 décembre 1991 portant application de la loi du 10 juillet 1991 relative à l'aide juridique, *op. cit.*, p. 1231.

[49] Voir à ce propos A. DAMIEN, J. HAMELIN, *Les règles de la profession d'avocat*, Paris, Dalloz, 9ème éd., 2000, p. 18 et s.

fait que le droit applicable étant avant tout le droit romain, seuls les clercs composant à l'époque le barreau en détenaient une connaissance suffisante pour assister les ignorants dans la conduite du procès. Vivant de l'autel et subsistant raisonnablement, le clerc n'était pas intéressé, et il était alors admis comme normal qu'il fût le conseil gratuit des indigents.

Ce n'est qu'à partir du XVIème siècle que l'État, pour la première fois, exige véritablement de l'avocat qu'il fournisse une assistance gratuite aux plus démunis[50]. Même si celui-ci semble l'accepter de bonne grâce au nom des principes de charité et de solidarité avec les plus pauvres, on peut apercevoir dans cette obligation que lui impose l'État moderne naissant, la préfiguration de l'aide juridictionnelle actuelle.

Un système de charité privée

Après la Révolution, l'État se dégage toutefois entièrement et la charité chrétienne est remplacée par le *credo* philanthropique des Lumières. Est alors créée l'Association de bienfaisance judiciaire financée par des fonds privés et dont le but est de défendre les causes reconnues comme "*bonnes et évidemment justes quant au droit*"[51]. L'intervention de l'avocat est à nouveau purement volontaire, l'État ne s'immiscant pas dans la relation qu'il entretient avec le justiciable. Il faut ainsi attendre la période napoléonienne pour que l'État astreigne de nouveau l'avocat à l'obligation de défendre gratuitement les plus démunis, et ce en contrepartie du monopole de plaidoirie qui lui est confié par la loi du 22 ventôse an XII. C'est donc au nom de cette protection accordée à l'avocat par l'État que ce dernier le soumet à la sujétion d'une activité gratuite, assortie d'aucune mesure d'indemnisation. La gratuité garantie aux plus pauvres est donc celle exclusivement du barreau et non de l'État, et même si le devoir juridique trouve ainsi un certain ancrage dans les règles déontologiques de la profession, il reste que celle-ci manifeste quelque résistance en acceptant certes le principe des consultations gratuites et des plaidoiries sans honoraires en matière criminelle, mais en refusant de plaider gratuitement dans les autres matières.

On ne peut pas vraiment considérer que la loi du 22 janvier 1851[52] change grand chose à cet état d'esprit de charité privée faite, sur ordre du souverain étatique, par l'avocat au justiciable impécunieux alors que le texte de la IIème République est généralement tenu pour avoir posé les

---

[50] Edit sur la justice en Bretagne, 30 août 1536, cité par M.-H. RENAUT, " Le droit à l'accès à la justice et au droit dans le sillage de l'histoire ", *op. cit.*, p. 323.

[51] *Ibid.*, p. 324.

[52] Citée par A. DAMIEN, J. HAMELIN, *Les règles de la profession d'avocat, op. cit.*, p. 208.

prémisses institutionnelles de l'aide juridictionnelle moderne, celle résultant des lois de 1972 et de 1991. Certes, c'est bien la loi de 1851 qui crée, sous l'appellation de "bureaux d'assistance judiciaire", l'ancêtre des bureaux d'aide juridictionnelle de la loi de 1991. Elle en conçoit la composition selon un modèle sans doute voisin, puisque y siègent un ancien magistrat, un avocat, un avoué, un représentant du préfet et un représentant du directeur de l'enregistrement. En outre, le bureau d'assistance judiciaire est chargé de la même façon d'examiner les demandes en recherchant non seulement si le candidat est véritablement pauvre, mais aussi si le procès envisagé à des chances d'aboutir[53]. Cela dit, la philosophie du législateur de 1851 s'affichait comme clairement empreinte de l'idée de charité : l'assistance judiciaire, établissait-elle, "*sera assurée par des honorables corporations judiciaires mettant au service des indigents dont la cause leur paraît bonne, leur temps et leur zèle (...) en conciliant les sentiments de générosité et d'amour de la justice avec la raison et la prudence*"[54]. Il n'est ici à aucun moment question de rémunération voire de simple indemnisation de l'avocat pour service rendu, celui-ci n'est titulaire que d'un devoir de charité privée à l'égard des plus pauvres.

Autrement dit, en vertu d'une telle logique, le justiciable démuni ne se voit lui-même reconnaître *strictement aucun droit d'accès à la justice*, mais fait seulement l'objet d'une *faveur* de la part des professionnels de la justice. Bien qu'imposé par l'État, le régime juridique de 1851 institue une gratuité non pas *objective* et de *droit public* mais bien plutôt *intersubjective* et de *droit privé*. Ce n'est en effet pas la société tout entière, représentée par l'État, qui est impliquée par un rapport de solidarité avec les plus pauvres, mais seulement une corporation particulière, tenu à une solidarité interpersonnelle pour des raisons liées à la tradition de sa déontologie professionnelle.

La signification politique et sociale d'une telle gratuité n'est donc pas celle, désintéressée, qui prend la forme d'une dette de la collectivité à l'égard des individus nantis d'un véritable droit de créance à son égard. Il s'agit bien plutôt de cette forme d'échange interindividuel que Mauss a décrite dans son analyse de l'économie du don[55] où le bénéficiaire, loin de

---

[53] Voir pour plus d'information, M.-H. RENAUT, " Le droit à l'accès à la justice et au droit dans le sillage de l'histoire ", *op. cit.*, p. 324-326.

[54] *Ibid.*, p. 325.

[55] M. MAUSS, " Essai sur le don. Forme et raison de l'échange dans les sociétés archaïques ", *L'année sociologique*, nouvelle série, 1, 1925 *in Sociologie et Anthropologie*, Paris, PUF, 1950; M. GODELIER, *L'énigme du don*, Paris, Fayard, 1996, 315 p.; D. DE BECHILLON, " La gratuité dans le doute ", *Transdisciplines*, 1997, n° 3, *La gratuité*, p. 75 et s.

recevoir ce qui est susceptible d'honorer sa qualité de pur créancier, est au contraire institué en débiteur d'un contre-don.

Au demeurant, rien n'illustre mieux cette logique de l'échange interpersonnel, c'est-à-dire de reconnaissance de "l'obligé" par le don qui lui a été consenti, que cette disposition de l'article 14 de la loi de 1851, qui prévoyait que "*l'assisté n'était dispensé que provisoirement du paiement des sommes dues notamment aux avocats pour leurs honoraires et que lorsque le procès était terminé, il était normal que ceux qui l'avaient dirigé soient rémunérés, surtout si le succès avait couronné leurs efforts*"[56]. Bref, ce que la loi de 1851 semble avoir surtout pour objet d'instituer, c'est moins une gratuité du service public au profit du justiciable, qu'un *honoraire de résultat* non pas à la charge de l'État mais à celle du *justiciable lui-même*, s'il gagne le procès. Or, on ne peut guère considérer que les législations modernes de la fin du XXème siècle qui ont, en France, conféré à l'aide juridictionnelle son visage actuel, ont tout à fait rompu avec le modèle de charité obligatoire de 1851.

Un système de charité obligatoire ?

Certes, la loi du 3 janvier 1972 relative à l'aide juridictionnelle crée à la charge de l'État une indemnité forfaitaire financée par l'impôt au profit de l'avocat, de sorte que le système marque, au moins officiellement, une rupture avec la logique de simple charité. Cependant, la réalité du mécanisme d'assistance ne demeure-t-elle pas, au fond, celle d'une charité obligatoire de l'avocat à l'égard des plus pauvres, puisque l'auxiliaire de justice, loin de recevoir une rémunération pour service rendu, ne touche qu'une *indemnité*, c'est-à-dire une simple *contribution* partielle de l'État aux frais qu'il a engagés pour la défense des plus pauvres ?

Or, comme on a pu le voir plus haut, la loi du 10 juillet 1991 actuellement en vigueur, pérennise à plus d'un titre ces sujétions imposées à l'avocat, et donc cette dénégation conceptuelle corrélative du droit subjectif du justiciable à l'accès à la justice. Certes, par l'apparence d'une modification terminologique, la loi de 1991 a pourtant beau jeu de prétendre établir une véritable prise en charge étatique de l'aide juridictionnelle puisque, dans son article 27, elle affirme que "*L'avocat qui prête son concours au bénéficiaire de l'aide juridictionnelle perçoit une* rétribution". De la sorte, elle prétend soumettre l'État à l'obligation de défrayer l'avocat, lui-même astreint au devoir d'assistance gratuite, selon une logique non plus *d'indemnisation* mais de véritable *rétribution*, c'est-

[56] Cité par A. DAMIEN, J. HAMELIN, *Les règles de la profession d'avocat*, *op. cit.*, p. 208.

à-dire de ce que le *Petit Larousse* qualifie de *"salaire d'un travail"*. La gratuité ne serait donc plus, si l'on s'en tient aux termes de la loi, à la charge de l'avocat, puisque celui-ci percevrait un salaire pour le travail fourni dans le cadre de l'assistance du justiciable.

Pourtant, malgré cette vertueuse profession de foi terminologique, nous avons vu que la loi de 1991 ne supprime nullement la part déterminante de l'avocat dans le financement effectif de l'aide juridictionnelle, et que l'on peut plutôt partager l'avis de M. du Rusques lorsqu'il estime que *"si le législateur a employé le terme de rétribution (...), il s'agit d'une erreur de rédaction. C'est d'une simple contribution qu'il s'agit, et non d'une rétribution complète ou d'une rémunération"*[57]. C'est dire si la loi de 1991 se contente, en réalité, de passer de la charité officielle à la charité officieuse, et ne semble guère en mesure de satisfaire les vœux de cette résolution du Conseil de l'Europe de 1978 : *"Considérant que l'octroi de l'assistance judiciaire ne devrait plus être considéré comme une charité faire à des indigents mais comme une obligation de la communauté dans son ensemble"*[58].

On pourrait sans doute considérer que cette inaptitude chronique de l'aide juridictionnelle, tout au long de son histoire, à se hisser à la hauteur d'une gratuité véritablement publique, c'est-à-dire prise en charge entièrement par l'État, et non plus privée encore en grande partie, c'est-à-dire dispensée dans une mesure non négligeable au justiciable par l'auxiliaire de justice lui-même, tient pour beaucoup à la *nature juridique* profondément *ambivalente* de la fonction d'auxiliaire de justice. La qualification du lien que celui-ci entretient avec l'État n'est-elle pas en effet fort problématique ?

La fonction ambivalente de l'avocat

Personne privée exerçant une profession libérale, l'auxiliaire de justice est également, comme l'écrit R. Perrot, *"une personne qui, sans être investie par l'État d'une fonction judiciaire, est appelée à participer à l'administration de la justice en apportant son concours aux juges et aux parties"*[59]. Cette définition suggère ainsi le caractère essentiellement hybride de la situation de l'avocat : personne privée défendant les intérêts eux aussi privés du particulier, il participe pourtant activement au service public de la justice. Bien que sa mission n'ait pas le caractère d'une

---

[57] M. DU RUSQUES, " L'aide juridique ", *Jurisclasseur*, procédure civile, fascicule 122.

[58] Résolution du Conseil des ministres du Conseil de l'Europe, citée par J. RIBS, " L'accès au droit ", *op. cit.*, p. 56.

[59] R. PERROT, *Institutions judiciaires*, Paris, Montchrestien, (Domat), 3ème éd., 1989, p. 358.

fonction publique, elle se rattache pourtant au droit public, comme le releva, en son temps, le procureur général Bertrand[60].

Toutefois, en dépit de l'indéniable concours de son action au service public de la justice, l'avocat, du fait du caractère libéral de sa profession, n'est placé dans aucun lien de dépendance vis-à-vis de ce service public : d'une manière générale, il n'a à sa charge aucune obligation de prêter assistance à toute personne qui le réclame. L'une des principales marques de sa liberté professionnelle tient au fait qu'il est toujours parfaitement libre d'accepter ou de refuser une cause. On peut donc considérer que, de ce point de vue, l'avocat reste en dehors du service public de la justice, malgré l'étroitesse du lien que, par sa fonction d'assistance du justiciable, il entretient avec lui.

Cependant, il existe une exception de taille à ce principe essentiel d'indépendance : celle, précisément, de l'aide juridictionnelle. Dans ce cadre, la loi de 1991 pose en effet le principe d'une liberté de choix non pas au profit de l'avocat, mais au profit du justiciable, qui peut ainsi déterminer l'identité de son défenseur.

Surtout, la loi prévoit dans son article 25 que, en cas d'absence d'un tel choix par le justiciable ou de refus de la part de l'avocat, l'avocat est alors désigné par le bâtonnier[61]. Dans cette hypothèse, l'avocat est "*tenu de déférer aux désignations et commissions d'office, sauf motif légitime d'excuse ou d'empêchement admis par l'autorité qui a procédé à la désignation ou à la commission*"[62]. Sans évidemment qu'une telle obligation soit en quoi que ce soit assimilable à un travail forcé obligatoire prohibé par la Déclaration universelle des droits de l'homme[63], il reste malgré tout que la nature du lien que l'avocat entretient avec l'État, qui lui impose une mission dans le cadre du service public de l'aide juridictionnelle, semble en être nécessairement affectée. Comment, en effet, pourrait-on caractériser juridiquement ce lien ?

---

[60] Conclusions du Procureur général Bertrand sous Paris, 30 novembre 1897, citées par A. DAMIEN et J. HAMELIN, *Les règles de la profession d'avocat*, Paris, Dalloz, 9ème éd., 2000, p. 31.

[61] Cette procédure est prévue par l'article 25 de la loi de 1991 qui dispose que " le bénéficiaire de l'aide juridictionnelle a droit à l'assistance d'un avocat et à celle de tous les officiers publics ou ministériels dont la procédure requiert le concours. Les avocats et les officiers publics ou ministériels sont choisis par le bénéficiaire de l'aide juridictionnelle. Ils peuvent l'être également par l'auxiliaire de justice le premier choisi ou désigné. A défaut de choix ou en cas de refus de l'auxiliaire de justice choisi, un avocat ou un officier public ou ministériel est désigné, sans préjudice de l'application des règles relatives aux commissions d'office, par le bâtonnier ou par le président de l'organisme professionnel dont il dépend..."

[62] Article 159 du décret n° 91-1197 du 27 novembre 1991, organisant la profession d'avocat, reproduit *in Nouveau code de procédure civile*, 2001, Dalloz, p. 1344.

[63] Voir en ce sens CA Douai, 20 septembre 1993, *Gaz. Pal.*, 25 juin 1994, p. 11; Cass. civ. 1ère, 9 juillet 1996, *Gaz. Pal.*, 8 mai 1997, p. 12.

L'avocat : un collaborateur occasionnel du service public ?

Pour en rendre compte, on peut à vrai dire être fort tenté de s'en remettre à la théorie du collaborateur occasionnel du service public. Certes, comme on sait, cette théorie a été forgée par le Conseil d'État dans le but d'indemniser sur le fondement du risque celui qui subit un préjudice dans le cadre de sa participation occasionnelle à l'exécution d'un service public. Mais avant d'envisager les conséquences juridiques que la jurisprudence administrative attache à la qualification de collaborateur occasionnel du service public, penchons-nous d'abord sur les critères que retient cette même jurisprudence pour identifier l'existence d'une activité susceptible de revêtir une telle qualification, et examinons le point de savoir si la mission remplie par l'avocat y correspond ou non.

Par son fameux arrêt *Commune de Saint-Priest-La-Plaine*[64], le Conseil d'État retient trois conditions pour admettre la présence d'une collaboration occasionnelle : d'abord, l'existence d'une activité de service public est évidemment requise; ensuite, il faut que la collaboration avec celui-ci soit effective; enfin, l'origine ou la raison d'être de cette collaboration doit également être prise en considération.

On ne s'attardera pas sur le premier critère si l'on accepte de voir, comme on l'a proposé plus haut, un service public spécifique de la gratuité dans le concept même d'aide juridictionnelle, entendue comme prestation garantie par l'État à l'égard des plus démunis, imposée par des impératifs tant juridiques que politiques. Il n'y a pas plus de difficulté à tenir le deuxième critère pour satisfait, car l'effectivité de la collaboration de l'avocat au service public de l'aide juridictionnelle n'est guère contestable : prêtant son concours au justiciable sans pouvoir révoquer le choix de sa personne fait par celui-ci, une fois qu'il a accepté ce choix, sauf dans l'hypothèse d'un motif légitime d'excuse, il ne peut pas plus révoquer le choix du bâtonnier. Il est placé, face à son client, dans une situation qui ne correspond plus tout à fait à la logique contractuelle et libérale, mais plutôt à celle, légale et réglementaire, qui impose à l'agent d'un service public d'assurer également sa prestation à tous les usagers pouvant y prétendre, sans possibilité de discrimination *intuitu personae*[65].

Par ailleurs, l'avocat ne pouvant évidemment pas s'apercevoir comme usager du service public de l'aide juridictionnelle, sa participation n'a nullement pour objet d'en bénéficier.

[64] CE, 22 novembre 1946, *Commune de Saint-Priest-La-Plaine*, *Rec.* p. 279.

[65] Voir en ce sens, CE sect., 25 septembre 1970, *Commune de Batz sur mer*, *Rec.* p. 540.

Quant au troisième critère, celui de l'origine de la collaboration, il ne semble guère plus épineux. Pour faire jouer la théorie du collaborateur occasionnel[66], la jurisprudence envisage en effet autant le cas des personnes obligées de collaborer par le biais d'une réquisition[67], que celui des individus dont l'aide est simplement demandée, sans être imposée par l'autorité publique.

Or, l'avocat peut apparaître bel et bien comme étant requis[68] par l'État lorsque sa collaboration procède, selon les exigences de la loi de 1991, de la commission d'office ou de la désignation par le bâtonnier. De même, il répond à la demande étatique lorsque sa participation découle du choix effectué par le bénéficiaire de l'aide juridictionnelle puisque, dans cette hypothèse, l'assistance qu'il doit lui procurer revêt, dans ses modalités, un caractère non strictement contractuel.

D'ailleurs, indépendamment du point de savoir si l'activité de l'avocat œuvrant dans le cadre de l'aide juridictionnelle se conforme ou non aux critères de la collaboration occasionnelle au service public, on pourrait sans doute retenir cette qualification en raisonnant par analogie à partir d'une jurisprudence du Conseil d'État. Dans son arrêt de section du 26 février 1971 *Aragon*[69], celui-ci a en effet jugé que les experts désignés par les tribunaux qui ne peuvent pas obtenir le paiement de leurs honoraires du fait de l'insolvabilité de la partie qui les leur doit, subissent, "*pour avoir participé au fonctionnement de la justice administrative*", un préjudice qui les atteint "*en leur qualité de collaborateur de ce service public*"[70].

Cette jurisprudence a d'ailleurs été étendue aux huissiers[71].

On pourrait ici nous objecter que la théorie du collaborateur occasionnel ne trouve à s'appliquer précisément que dans l'hypothèse où le collaborateur ne participe pas normalement au fonctionnement du service public en cause. Or, il n'en est rien et la jurisprudence relative aux huissiers, notamment, l'atteste. L'huissier est un officier public ministériel qui, par nature, contribue au service public de la justice, pourtant on lui

---

[66] Voir en ce sens, J.-F PREVOST, " La notion de collaborateur occasionnel et bénévole du service public ", *RDP* 1980, p. 1971 et s.

[67] CE, 2 février 1944, *Commune de Saint-Nom-La-Bretêche, Lebon*, p. 40.

[68] Pour être parfaitement complet, il faut relever que l'aide juridictionnelle n'est pas la seule hypothèse dans laquelle l'avocat est requis, il l'est également en matière pénale pour les commissions d'office. Voir l'article 159 du décret n° 91-1197 du 27 novembre 1991, organisant la profession d'avocat, reproduit *in Nouveau code de procédure civile*, 2001, Dalloz, p. 1344

[69] CE sect., 26 février 1971, *Aragon, AJDA*, 1971, p. 172.

[70] R. CHAPUS, *Droit administratif général*, tome 1, 10ème éd., Paris, Montchrestien, (Domat), 1996, p. 1227.

[71] TA Marseille, 21 mars 1991, *Rancillac, JCP*, 1992, IV, p. 221

applique, en quelque sorte, la théorie du collaborateur occasionnel. Or, qui peut le plus peut le moins et l'on ne voit pas *a fortiori*, pourquoi ne pas admettre au moins la même jurisprudence au bénéfice de l'avocat qui, défendant un individu au titre du service public de l'aide juridictionnelle partielle, n'arrive pas à recouvrer sa part contributive d'honoraire.

Mais aussi, et peut-être surtout, comment concevoir, en cas d'intervention dans le cadre de l'aide juridictionnelle totale, que le collaborateur occasionnel du service public que serait l'avocat, qui aurait droit à ce titre au bénéfice de la réparation de ses préjudices sur le fondement de la responsabilité sans faute, doive pourtant supporter, sans indemnisation complète de la part de l'État, la majeure partie du coût de la collaboration qu'il lui prête, à sa demande ou sur réquisition de sa part ? En effet, par définition, lorsque l'avocat intervient dans le cadre de l'aide juridictionnelle totale, c'est en raison de l'impécuniosité du justiciable. Le dommage qu'il subit alors revêt un caractère structurel et non plus seulement conjoncturel, puisqu'on a vu que le défraiement que lui octroie l'État relève bien plus de la simple contribution que de la rétribution à proprement parler. Y mettant systématiquement de sa poche dans le cadre de l'aide juridictionnelle totale, l'avocat ne subit-il pas un dommage permanent que sa qualité, plus que probable, de collaborateur occasionnel, devrait lui permettre de faire réparer, si ce n'est sur le fondement de la responsabilité pour risque, du moins sur celui de la responsabilité du fait des lois, en tout cas du fait de la loi de 1991 ?

Autrement dit, l'avocat collaborant au service public de l'aide juridictionnelle ne subit-il pas un dommage du au système mis en place par la loi de 1991 ? La principale caractéristique de ce système semble bien, en effet, d'appeler l'avocat à collaborer non pas vraiment à l'exercice du service public de la gratuité étatique, mais plutôt à la production même de la gratuité, transformant ainsi en partie cette gratuité étatique en gratuité de l'avocat lui-même, et donc faisant d'elle le fruit d'un service privé de charité individuelle, bien plus que d'un service public de solidarité sociale.

Ainsi, la théorie du collaborateur occasionnel du service public présente un indéniable intérêt conceptuel : appliquée à l'analyse du lien que l'avocat entretient avec l'État dans le cadre de l'aide juridictionnelle, elle permet d'apercevoir clairement que la qualité finalement et implicitement attribuée à l'avocat par la loi de 1991 serait celle, plutôt monstrueuse, de *collaborateur occasionnel obligatoirement bénévole du service public de la gratuité*, ce qui revient faire de lui, au fond, l'acteur principal d'une *gratuité de service privé*...

Ce que l'analyse juridique permet donc de mesurer, c'est que les modalités techniques suivant lesquelles la loi de 1991 aménage le financement de la gratuité de l'aide juridictionnelle, n'ont pas qu'une portée matérielle, c'est-à-dire ne se contentent pas d'affecter économiquement la situation professionnelle des avocats : leur enjeu est aussi et surtout intellectuel et symbolique, car elles déterminent directement le statut juridique éminemment bancal de l'avocat dans son rapport avec l'État, lorsqu'il est appelé par celui-ci à collaborer à l'administration de l'aide juridictionnelle. Bref, le message qui résulte du régime défini par la loi de 1991, est celui d'une extrême réticence de l'État à marquer, par la mise en place d'un authentique service public de la gratuité, la solidarité nationale à l'égard des justiciables les plus démunis, afin de donner consistance et effectivité au principe d'égalité des citoyens dans l'accès à la justice.

Les propositions de réforme nées de la colère des robes noires

C'est pourquoi on peut sans doute assigner au mouvement de colère des avocats contre le système actuel d'aide juridictionnelle, apparu dès octobre 2000 et toujours aussi vivace plus d'un an après[72], une signification qui dépasse amplement celle d'une protestation simplement corporatiste. Car ce que révèle fondamentalement cette rébellion des avocats contre l'État au service duquel ils sont supposés collaborer occasionnellement, c'est l'inaptitude de cet État à traduire dans les dispositions textuelles de la loi l'idée de service public de la gratuité à laquelle l'aide juridictionnelle devrait logiquement renvoyer.

Certes, la diversité des sensibilités politiques au sein même du barreau rend impossible toute unanimité, voire une simple homogénéité dans l'expression du modèle idéal d'aide juridictionnelle souhaité par les avocats.

Une logique libérale

En particulier, celui promu par la Fédération nationale des jeunes avocats (FNUJA) marque plutôt une franche rupture avec la logique du service public, en s'orientant vers une radicalisation de la nature privée du mécanisme d'aide juridictionnelle. La refonte totale du système prônée par ce syndicat se caractérise essentiellement par l'idée de "SAMU juridique", sorte de dispensaire du droit, où des avocats bénévoles se voueraient à l'assistance gratuite des plus démunis au nom de la solidarité nationale, suivant un modèle à vrai dire peu éloigné de celui mis en place

[72] Voir, par exemple, le mouvement de grève nationale contre l'avant-projet de loi de réforme de l'aide juridictionnelle, largement insuffisant selon les avocats, qui a été suivi par 80 % des barreaux de France, le 18 décembre 2001: *Le Monde*, 20 décembre 2001, p. 12.

sous Saint Louis au service des “indigents”. Par ailleurs, serait créée une couverture juridique universelle, qui s'apparenterait à une aide juridictionnelle totale offerte aux plus démunis, c'est-à-dire aux titulaires du RMI, auxquels l'intégralité du budget actuel de l'aide juridictionnelle serait affectée. Il en résulterait ainsi une diminution de l'accès au droit pour les défavorisés, le seuil d'octroi touchant une part des justiciables moindre qu'actuellement. Si cette proposition répond au souci, qui semble légitime, d'assurer une meilleure indemnisation, voire une véritable rétribution des avocats, elle semble aussi se limiter à cette seule orientation corporatiste, puisqu'elle a pour effet principal de réduire encore davantage l'exercice du droit fondamental à la défense. Certes, la FNUJA envisage également le remplacement du système actuel par la mise en place d'un fonds de solidarité juridique[73], alimenté par un prélèvement forfaitaire sur les primes d'assurance, par lequel l'intégralité des assurés acquitterait cette prime de solidarité pour l'accès au droit. Le montant ainsi collecté serait ensuite affecté au paiement des honoraires par les clients qui ressortissent au système actuel d'aide juridictionnelle. Un tel mécanisme[74] aurait au moins le mérite de concevoir cette dernière comme une “*obligation de la communauté dans son ensemble*”, suivant le vœu du Conseil de l'Europe, c'est-à-dire qu'il saurait faire jouer la solidarité nationale tout en assurant aux avocats une rémunération non plus fondée sur des unités de valeur mais sur un coût horaire déterminé pour chaque dossier.

Toutefois, la logique assurancielle de ces propositions conduit à une franche privatisation de l'aide juridictionnelle, puisqu'elle signifie le désengagement total de l'État de sa mission de service public. La perspective libérale où s'inscrivent ces vues n'est évidemment pas, en elle-même, inenvisageable ni illégitime. Mais à ce degré de radicalité, se concilie-t-elle facilement avec les impératifs proprement juridiques liés à l'idée de juridiction et donc de justiciabilité qui, semble-t-il, renvoie par nature à une activité de monopole étatique ?

Une logique de service public

C'est en tout cas cet attachement au concept de service public qu'expriment, de leur côté, les propositions du Syndicat des avocats de France (SAF). Celles-ci plaident pour le maintien du système actuel dans son économie globale, mais avec une série d'aménagements susceptibles

---

[73] Organisme public paritaire qui serait composé de justiciables, de représentants de la profession d'avocat, de représentants de l'assurance et des pouvoirs publics.
[74] Pour des précisions sur ces propositions, voir *FNUJA Infos*, n° 79, décembre 2000-février 2001, p. 12-14.

d'en renforcer le caractère de service public. D'abord, il s'agirait d'étendre le bénéfice de l'aide juridictionnelle totale aux justiciables dont les ressources sont inférieures ou égales au SMIC. Pas question ici de couverture juridique universelle diminuant le seuil d'octroi de l'aide juridictionnelle parce que, comme le souligne ce syndicat, "le droit de la défense est un droit fondamental. Parce qu'il relève de la solidarité nationale. Parce qu'en deçà de ce niveau de ressources, il n'est pas sérieux de dire que les justiciables devraient et pourraient supporter tout ou partie du coût de leur défense"[75]. Ensuite, il conviendrait d'assurer une véritable "*rémunération*" de l'avocat sur la base d'un taux horaire négocié chaque année, et ce pour pallier la faiblesse de la "*rétribution*" étatique actuelle. Enfin, à ces propositions de facture somme toute assez classique, le SAF suggère d'ajouter une réforme plus originale, consistant à confier la gestion du budget de l'aide juridictionnelle, afin de l'autonomiser par rapport à celle du budget de la justice en général, à un établissement public administratif, certes sous la tutelle du ministère de la justice, mais composé paritairement de membres des professions judiciaires, représentants des ministères des finances, des affaires sociales et du Conseil économique et social. Les ressources de cet EPA proviendraient de l'État à titre principal, mais aussi des compagnies d'assurances à titre seulement subsidiaire : ces dernières interviendraient en effet en remboursant à l'EPA les frais engagés pour l'aide juridictionnelle, au cas où son bénéficiaire aurait contracté une assurance-procès qui ne revêtirait elle-même aucun caractère obligatoire.

Quel serait l'intérêt de l'institution de cet EPA ? Comme on sait, la création d'un établissement public permet de doter le service public dont il a la charge de la personnalité morale de droit public et de séparer ainsi son budget de celui de sa collectivité de rattachement, ici l'État. L'intérêt, comme le relève R. Chapus, est que dans ce cas "l'établissement public attire les libéralités (...). Il y aura incitation à donner ou à léguer pour la raison simple que l'auteur des libéralités a la garantie que les biens ou les fonds donnés ou légués seront utilisés comme il l'entend"[76].

Peut-être n'est-ce pas la justification principale de la proposition du SAF : pour ce dernier, l'autonomisation du budget de l'aide juridictionnelle a surtout pour mérite d'en améliorer la visibilité et donc de rendre politiquement plus difficile l'aveu public de son excessive modestie, car, comme l'écrit son président, "l'accès à la justice ne sera pas géré comme il le doit tant qu'il demeurera le parent pauvre et délaissé

---

[75] J. DANET, "Le droit se réforme, la justice se traîne, la profession se fracture, bougez-vous !", *La lettre du syndicat des avocats de France*, mars 2001, p. 15.

[76] R. CHAPUS, *Droit administratif général*, tome 1, *op. cit.*, p. 342.

auquel personne au ministère de la justice ne s'intéresse vraiment, quand il n'est pas vécu par les services de la Chancellerie comme un 'cancer' qui gâte leur budget en progrès"[77].

L'État a semblé ne pas être entièrement sourd aux vives protestations et aux propositions concrètes de réforme de l'aide juridictionnelle de la part des avocats. Un processus législatif destiné à remplacer la loi de 1991 a été engagé. Il a pour l'instant pris la forme d'un rapport de la Commission de réforme de l'accès au droit et à la justice, rendu au ministre de la justice le 10 mai 2001 par son président M. Paul Bouchet.

Le rapport Bouchet, à l'instar des syndicats d'avocats, considère que pour le bénéficiaire, "*le plafond de ressources limitant l'accès à l'aide juridictionnelle totale est insuffisant au regard du coût réel d'accès à la justice*"[78]. Il propose donc de rehausser le seuil d'octroi de cette aide totale et de supprimer purement et simplement l'aide partielle. Cela dit, pour le justiciable qui pouvait bénéficier de cette dernière sous l'empire de la loi de 1991, une solution de remplacement est imaginée : recourir soit à une couverture d'assurance de protection juridique, soit à une offre de prêt à taux zéro visant à aider le justiciable à étaler la charge des frais engendrés par un procès. Du côté de l'avocat, le rapport Bouchet rejette également le système actuel des unités de valeur et propose de lui substituer un mécanisme de référence à un coût horaire qui tiendrait compte à la fois de la "*rémunération de la prestation intellectuelle de l'avocat et (de) la couverture des frais nécessaires à son exercice dans des conditions normales*"[79].

La parole est aujourd'hui au législateur, qui, en fonction de ses choix politiques exigera ou au contraire refusera que l'aide juridictionnelle devienne le véritable service public de la gratuité, comme il devrait logiquement l'être.

---

[77] J. DANET, *art. précité*, p. 15.
[78] Synthèse du rapport de la Commission Paul Bouchet, *Gaz. Pal.*, 23-24 mai 2001, p. 30.
[79] *ibid.*, p. 31.

8

L'argent et la fonction de la gratuité

*Jean-Philippe Bouilloud**

Pour un sociologue, la notion de gratuité est, de manière typique, une notion qui appelle l'analyse, qu'il semble nécessaire d'appréhender à plusieurs niveaux, voire de remettre en cause : rarement plus qu'ici on aura l'impression de s'éloigner du sens commun, d'interroger un concept qui semble en apparence clair et univoque. D'autant plus que dans les temps actuels, si empreints des valeurs économiques des entreprises, si dominés par la valeur monétaire, ce qui est gratuit, que ce soit à travers l'acte ou l'échange gratuit, semble paré de toutes les qualités, de tous les charmes, et cristallise tout ce que l'on refuse d'une société qui apparaît, de multiples façons, comme déshumanisée. Difficile, dans un tel contexte, d'aborder le thème de la gratuité, de démêler les mécanismes en jeu sans céder aux tentations d'un débat plus idéologique.

Le thème, sur l'argent et la gratuité, est considérable, et je ne pourrai ici que mettre à jour certaines problématiques et quelques questions. Ainsi, tout ce qui concerne la répartition, la justice distributive, les approches politiques et sociales de l'exclusion ne seront pas évoquées ici. Il y aurait fallu trop de développements ; je vais seulement aborder des aspects fondamentaux du don, et de l'acte (ou de l'échange), gratuits dans une perspectives sociologique. Deux idées seront mises en avant : la gratuité absolue est en quelque sorte une "curiosité" sociologique, quelque chose qui ne va absolument pas de soi ; enfin, c'est éminemment une question de droit.

* *ESCP-EAP, Laboratoire du Changement Social (Paris VII).*

QU'EST QUE LE GRATUIT ?

Les professionnels du marketing, dont une des tâches est de calibrer les prix (les fameux "positionnements"), savent, au-delà du prix des choses, ce que peut valoir ou ne pas valoir l'objet ou la prestation gratuite. L'objet gratuit peut être une aubaine (promotion pour un abonnement téléphonique mobile où l'appareil est donné, ou vendu pour un franc), mais en même temps quelque chose de suspect : ce qui est gratuit est nécessairement payé par ailleurs, le coût des communications rembourse le prix du téléphone, la publicité d'un journal gratuit finance le journal, etc.. En tout cas, l'objet gratuit est dans ce cas moins valorisé. A l'autre bout du spectre, le luxe voudra communiquer la valeur à travers le prix, et essentiellement à travers lui.

En revanche, et sur un autre plan, l'objet ou la prestation gratuite peut représenter une exigence qui correspond à un droit fixé par des instances politiques (santé, éducation, chèque gratuit par exemple). L'image de la gratuité est ainsi toujours ambivalente, hésitante entre trois dimensions : la bonne fortune, le piège et le "dû".

Le dictionnaire définit d'abord le gratuit comme "ce qui se donne pour rien" (Littré). Pour Littré, la gratuité est aussi un terme de théologie qui désigne ce qui est "pur don de Dieu". Nous verrons tout à l'heure, à la faveur de l'analyse classique de Mauss, combien cette définition de quelque chose "qui se donne pour rien" pose problème, semble sociologiquement presque impossible. Le deuxième sens de gratuit est : "qui n'a pas de raison suffisante". Cela nous renvoie à l'acte gratuit, dans la figure emblématique du Lafcadio des *Caves du Vatican*. Ces deux sens nous projettent dans deux autres dimensions, celle de l'utilité et celle de la signification : ainsi, l'échange gratuit, "pour rien", pose entre autres la question de l'utilité de cet acte ; l'acte gratuit, sans raison, pose celui de sa *signification*. Les deux se déploient dans une relation de dialogue, à travers nos perceptions : comprendre, par la signification, peut déjà représenter une fonction d'utilité, de la même manière que l'acte "inutile" semble souvent "insignifiant". Mais nous y reviendrons plus loin.

Le sens latin de *gratis*, dont vient *gratuité*, se concentre sur le premier sens : c'est le caractère de ce qui est fait "sans intérêt ni espoir de récompense". Mais la famille lexicale nous renseigne sur 1) une dimension positive sous-jacente (avec les mots *grâce, gratitude, gratification*) et 2) sur l'importance de l'*échange* (*gratitude, gratis*). Dans ce qui caractérise l'acte d'échange, il y a donc une reconnaissance, une déférence qui nous renseigne sur la valeur du don *gratuit* : il y faut, en retour, de la *gratitude*. La gratuité a donc deux faces : une quasi religieuse du don pur, et cette face est éminemment positive : elle se retrouve dans l'apologie du don faite dans la Bible (de manière plus large, on peut lier la dissymétrie de ce don "pour rien" d'une autre relation dissymétrique prônée dans la bible : celle du "pardon", que l'on peut voir aussi comme un "don sans contrepartie"). L'autre face, éminemment humaine, mais aussi négative *a priori*, est celle de l'agissement sans raison, de l'acte qui confine à l'absurde car il est sans signification. Le point commun entre les deux, entre le don et l'acte, est l'"absence d'intérêt".

L'ACTE GRATUIT

Mais qu'enfreint-on dans l'acte gratuit ? Que gagne-t-on à cet acte ? Une plus grande liberté ? Peut-on imaginer un acte totalement "non motivé", dont on n'attend rien, qui, aussi, est totalement autonome, ne vient de rien, n'est mu par aucune cause rationnelle qui pourrait l'ancrer dans une logique de "rationalité par rapport aux fins", de *zweckrationalität*, pour reprendre la terminologie de Weber ? Aucune rationalité apparente dans l'acte gratuit, ni par rapport aux fins, ni par rapport aux valeurs. C'est pour cela que la pratique d'une activité sportive ou artistique ne sera d'une certaine manière pas considérée comme gratuite dans la mesure où il peut y avoir des attentes en termes d'image de soi, de valorisation de son corps, qui relèvent finalement d'une certaine utilité. De la même manière, et sans tomber dans les travers excessivement utilitaristes (au sens matérialiste du terme) de certains économistes actuels, on peut considérer qu'il y a des pratiques ou des actes, comme ceux de la religion, qui présentent des caractères d'utilité dans la mesure où ils remplissent une fonction. Il n'y a guère que dans des choix strictement équivalents, comme celui de préférer tel ou tel auteur, musicien ou peintre, à tel autre, que nous avons un bon exemple d'un acte (en l'occurrence un choix) purement gratuit.

Encore faut-il que ce choix soit neutre socialement, ce qui n'est pas acquis d'avance (et ce que dément une bonne partie de la sociologie de l'art, notamment celle de Bourdieu) : si le fait d'écouter tel ou tel groupe de musique permet à un jeune de s'insérer socialement, ou de se faire reconnaître parmi le groupe de ses amis, ou si la fréquentation de l'Opéra relève d'habitudes de classe, la dimension de gratuité en est nécessairement amoindrie. Ainsi, on voit déjà à quel point gratuité et inscription sociale peuvent se combattre, ou s'annuler : l'acte gratuit semble supposer une sorte d'élan purement personnel, un individualisme radical, ou en tout cas certaines formes de "désocialisation".

Gide a voulu mettre en scène un acte totalement gratuit dans une scène célèbre des *Caves du Vatican* : Lafcadio, se trouvant seul dans un train de nuit avec un inconnu assoupi, Amédée Fleurissoire, décide de compter jusqu'à douze et de le jeter sur la voie si d'ici-là il voit une lumière. A dix, il voit une lumière, le pousse, et l'autre meurt. Plus loin, GIDE, à travers les propos du demi-frère écrivain de Lafcadio, explicite sa position :"je ne veux pas de motif au crime, je veux motiver le criminel ; (...) je veux qu'à ceci se reconnaisse l'élégance de sa nature, qu'il agisse surtout par jeu, et qu'à son intérêt il préfère couramment son plaisir ; (...) un crime que ni la passion, ni le besoin ne motive. Sa raison de commettre le crime, c'est précisément de le commettre sans raison. (...) Il est ce qu'on appelle : un homme libre"[1].

Il y a ici la clé pour Gide de l'acte gratuit : c'est la liberté, ou plutôt ce fantasme de liberté toute puissante, on devrait même dire de "toute liberté". Or elle est impossible dans l'écheveau des relations sociales, familiales, ce n'est qu'une aspiration fantasmatique, pire une aspiration des plus dangereuses, des plus nuisibles à la vie sociale. Seul un Robinson totalement désocialisé (donc sans Vendredi) pourrait commettre des actes gratuits, par cela même qu'il est coupé de ses racines, de sa société, de sa famille, bref de ceux par lesquels on existe mais qui en retour entravent ce désir d'une totale liberté.

Il y aurait beaucoup à dire sur l'articulation explicite entre gratuité, désintérêt, liberté et esthétique : Gide décrit un acte commis par une personne"élégante de nature" qui préfère son plaisir à son intérêt ; Lafcadio de Baraglioul, jeune, beau, finalement riche, portant un nom aristocratique, tue Amédée Fleurissoire, homme terne, laid, naïf, et ridicule jusque dans son nom.

Soulignons simplement que cet acte gratuit apparaît au premier abord comme "anti-économique", au sens où il est commis "sans raison". Ainsi, Gide prolonge sa réflexion personnelle sur l'économie du désir, réflexion largement influencée par son oncle Charles GIDE et l'émergence du courant marginaliste à la fin du XIXème siècle : ce qui fait la valeur d'une chose, ce n'est certes pas sa quantité de travail ou tout autre mesure rationnelle, mais bien sa capacité à nous satisfaire, qui va se traduire par le désir que l'on en a (son "utilité", au sens des marginalistes[2]). Dès lors, l'apologie du désir s'oppose à la froide rationalité de l'intérêt, et l'acte gratuit, anti-économique, s'avère parallèlement anti-social : ce n'est que pour cette illustration qu'il prend la forme radicale d'un crime non motivé chez Lafcadio. Cette liberté se fait donc contre la société, à travers la

---

[1] A. GIDE, *Les caves du Vatican*, 1922, Paris, Gallimard, rééd. 2000, p. 206-207

[2] Voir J.-J. GOUX,"L'argent, valeur sans fondement. Une lecture des *Nourritures terrestres*, d'André Gide", *Esprit*, janvier 2000, n° 1, p. 70.

négation de ce qui est censé l'irriguer, à savoir la rationalité des actes et des comportements des individus. Décidément, la gratuité semble ne pas aller de soi.

L'ECHANGE GRATUIT

Pendant longtemps, on a considéré l'échange gratuit comme un *don*. Maintenant, on a de plus en plus tendance à le revendiquer comme un *droit*, notamment dans les relations entre l'Etat et ses administrés : ce qui relevait avant de la charité religieuse, collective ou individuelle, comme la santé, la retraite, le travail, se transforme souvent dans les sociétés développées sous la forme d'un droit réclamé et défendu comme tel. C'est pour cela que, en termes de philosophie politique, une réflexion sur la gratuité doit être, aussi et surtout, une réflexion issue du droit.

La gratuité se présente avant tout comme un échange sans contrepartie, et donc sans argent apparent. Cette dimension d'argent n'est pas première, ce n'est pas une condition suffisante : ainsi, le troc est aussi un échange sans argent apparent, mais non pas sans contrepartie ; il ne relève évidemment pas de la gratuité. On peut donc dire que l'échange gratuit se définit en premier lieu par l'absence de contrepartie, et ensuite par l'absence d'argent.

Avant tout, il semble nécessaire de faire quelques remarques préliminaires sur la notion d'argent. De quelques études récentes sur le sujet, trois points apparaissent clairement. Premièrement, l'argent est un structurant social, c'est ce par quoi on fait l'apprentissage de la valeur, ainsi que ce qui participe à définir les classes, que ce soit à travers la figure du capital chez Marx, ou celle, plus complexe, du capital culturel chez Bourdieu, où la culture devient alors la monnaie d'échange, l'argent symbolique échangé à l'intérieur d'un groupe. Deuxièmement, l'argent n'est pas un équivalent universel, dans la mesure où non seulement la valeur de l'argent procède de la légitimité de son origine (l'argent du salaire n'a pas la même valence que celui de l'indemnisation, de l'héritage ou du vol), mais aussi parce que tout ne peut relever du monnayable, du quantifiable : il y a aussi, pour rappeler ce que disait Kant, les choses qui relèvent d'une *dignité*, et qui sont d'un autre ordre que celles qui ont un *prix*. Enfin, et contrairement à l'adage de Benjamin Franklin selon lequel "le temps c'est de l'argent", il apparaît qu'en définitive, ce que modifie le plus l'argent, c'est l'*espace* : il est une "victoire sur l'espace" (Simmel), le fait d'avoir de l'argent permet d'abolir les distances alors que son absence cantonne les personnes démunies dans un espace réduit, où les déplacements sont rares ; ainsi, il délimite les espaces sociaux, crée des barrières invisibles ou au contraire permet de s'en affranchir.

Par ces caractéristiques, l'argent devient omniprésent, pas seulement par son usage quotidien, mais aussi par les représentations et l'imaginaire qu'il met en jeu. Qu'en est-il, dès lors, de l'échange gratuit, de l'échange sans argent ni contrepartie ? Dans son célèbre *Essai sur le don* (1925), Marcel MAUSS analyse les logiques du don dans les sociétés traditionnelles, dans un perspective qui est elle-même juridique :"depuis quelques années", précise-t-il au début de l'œuvre, "notre attention se porte à la fois sur le régime du droit contractuel et sur le système des prestations économiques entre les diverses sections ou sous-groupes dont se composent les sociétés dites primitives". Son propos est de savoir "quelle est la règle de droit et d'intérêt qui, dans les sociétés de type arriéré ou archaïque, fait que le présent reçu est obligatoirement rendu ? Quelle force y a-t-il dans la chose qu'on donne qui fait que le donataire la rend ?"[3].

Le propos est clair : derrière ce qui apparaît comme un don, une gratuité, il y a en définitive un système d'obligations complexes, dans lequel s'insèrent toutes les pratiques du don et du contre-don : "ces prestations et contre-prestations s'engagent sous une forme plutôt volontaire, par des présents, des cadeaux, bien qu'elles soient au fond rigoureusement obligatoires, à peine de guerre privée ou publique." En d'autres termes, c'est dans l'équilibre entre don et contre-don que s'établissent des relations sociales stables et satisfaisantes.

Qu'en est-il, alors, pour les sociétés dites développées ? Ces pratiques de l'échange se retrouvent, pour Mauss, dans l'évolution de la législation sociale : "toute notre législation d'assurance sociale, ce socialisme d'Etat déjà réalisé, s'inspire du principe suivant : le travailleur a donné sa vie et son labeur à la collectivité d'une part, à ses patrons d'autre part, et, s'il doit collaborer à l'œuvre d'assurance, ceux qui ont bénéficié de ses services ne sont pas quittes envers lui avec le paiement du salaire, et l'Etat lui-même, représentant la communauté, lui doit, avec ses patrons et avec son concours à lui, une certaine sécurité dans la vie, contre le chômage, contre la maladie, contre la vieillesse, la mort." Ainsi donc, au-delà du salaire, qui témoigne de l'échange marchand contractuel, il y a d'autres dettes contractées par l'Etat et qui vont être soldées par les mécanismes des prestations sociales. En d'autres termes, derrière ce qui apparaît comme "sans contrepartie", résident les termes d'un "contrat social" entre l'Etat et ses administrés : le *don* est un *dû*.

---

[3] M. MAUSS,"Essai sur le don", *Année Sociologique*, 1932-1934, rééd. 1950, in M. MAUSS, *Sociologie et Anthropologie*, Paris, PUF, p. 145 et s.

Mais dans cet échange, l'individu est inapparent. On désubjective le don, le destinataire de la prestation gratuite est un "n'importe qui" qui peut, ou a droit, à la chose ou prestation gratuite, de par son statut de citoyen, d'habitant ou d'administré. C'est dans cette désubjectivation qu'il y a peut-être des éléments qui font penser à la position des psychanalystes qui récusent la gratuité (notamment en France) et intègrent le coût de la cure dans le processus de la cure elle-même. Comment en effet appréhender un travail au cœur du sujet en l'annihilant ?

L'échange gratuit pose *de facto* le problème de la valeur de ce qui est échangé : si le prix est censé montrer la valeur, que peut être la valeur de ce dont le prix est nul (comme la prestation gratuite à laquelle on a droit) ? Simmel, dans la *Philosophie de l'argent*, soulignait que la valeur "demande à être reconnue"[4] : comment reconnaître ce qui se présente sous la forme de la nullité ? La réponse des psychanalystes est simple : c'est peu, ou n'est pas possible. La réponse des politistes est plus nuancée : on le reconnaît comme quelque chose auquel on a droit (santé, travail, éventuellement logement).

Dès lors, cela signifie que la dette, de l'Etat envers l'individu, préexiste, du moins dans sa potentialité (c'est le principe de l'assurance, qui n'officialise la dette qu'à la faveur d'événements ultérieurs). En offrant des prestations sociales gratuites, l'Etat ne ferait que mettre à jour sa dette. Ici, l'échange d'argent n'est pas inexistant, il est simplement inapparent, indirect, payé par d'autres moyens, puisque les ressources disponibles sont affectées sous la responsabilité politique des dirigeants.

LA GRATUITE ENTRE LE DON, LE DROIT ET LE DU

Ainsi donc, de la même manière que l'échange sans contrepartie témoignait en définitive de contrats tacites et contraignants (ceux du don et du contre-don), l'échange sans argent s'avère une transaction complexe, différée, indirecte, un billard à plusieurs bandes ou de multiples institutions (administratives, politiques) vont décomposer le processus pour que *in fine* apparaisse, dans une des étapes, une prestation gratuite. Un sociologue est tenté de dire, dès lors, que la gratuité, finalement, n'existe quasiment pas, ou en tout cas pas dans l'acception du sens commun ; quant à l'acte gratuit, il n'est guère besoin de rappeler à quel point il s'oppose aux us et coutumes du monde social.

---

[4] G. SIMMEL, *Philosophie des Geldes*, [1900], Leipzig, rééd. 1977, Berlin, Duncker & Humblot, trad. fr. 1987, *Philosophie de l'argent*, Paris, PUF, p. 33.

La gratuité serait-elle donc un “non-sens” social ? On pourrait ici accuser les sociologues de chercher à rabaisser les pratiques observées au rang matérialiste de leur vision rationalisatrice de l'homme. Il est probable, en tout cas, que la gratuité masque très souvent la réalité de l'échange. Pour autant, il est important de souligner que cette ambivalence n'épuise pas la réalité du don et de l'échange gratuit : au-delà du choix politique dans certains cas, au-delà de la revendication de la gratuité comme un droit, c'est à dire, nous l'avons vu, comme un dû, il y a aussi la “vérité voulue du don comme acte généreux”[5], ce désir de générosité qui ainsi échappe au strict cadre de l'intérêt. En d'autres termes, si la gratuité, de l'échange comme de l'acte, apparaît comme un non-sens social, elle nous renvoie en même temps à une réalité psychologique, philosophique et personnelle, celle de la *générosité.*

[5] P. BOURDIEU, *Méditations Pascaliennes*, Paris, Seuil, 1997, p. 229.

Les personnes publiques peuvent-elles faire des libéralités ?

Michel Bazex[*]

Le droit définit la libéralité comme *"l'acte de disposition à titre gratuit"*, c'est-à-dire comme celui par lequel une personne fournit *"sans contrepartie un avantage à une autre"*, pour lui rendre service ou dans une intention généreuse, mais pas forcément sans mobile intéressé[1].

Le droit privé ne formule aucune objection de principe à l'encontre du recours aux libéralités, quitte à en réglementer l'usage, sous l'angle de la capacité ou du fond (abus de majorité en droit des sociétés, abandon de créances en droit fiscal, régime des avantages injustifiés en droit de la concurrence).

A première vue, il en va différemment en droit public où, au contraire, on invoque une règle d'interdiction : dans ses conclusions sous l'arrêt du Conseil d'Etat du 17 octobre 1997, *Commune de Fougerolles*[2], le commissaire du gouvernement Laurent Touvet peut ainsi écrire que *"l'interdiction des libéralités [par les personnes publiques] remonte loin dans l'histoire de la gestion des patrimoines des personnes publiques. L'illégalité de ces dons est si bien connue que vous avez peu l'occasion d'en censurer... La doctrine admet ce principe et ne le discute pas, sans pouvoir lui offrir des fondements de texte ou de jurisprudence"*. Et de renvoyer à l'étude de Monsieur Davignon qui, dans sa note sous un

* *Professeur à l'université de Paris-X Nanterre, Responsable du DEA de droit public des affaires.*

[1] G. CORNU, *Vocabulaire juridique*, mots *"gratuit"* et *"libéralité"*, PUF, 8ème éd., 2000 ; on étudiera ici seulement les libéralités portant sur des avantages patrimoniaux, c'est-à-dire évaluables en argent, le problème se posant en droit public dans les conditions différentes pour les avantages non matériels.

[2] *Rec.* p. 391, *CJEG* 1998, p. 16.

jugement du Tribunal administratif de Lyon en date du 22 novembre 1989, Tête[3], évoque *"un principe si profondément ancré dans nos traditions politiques et juridiques qu'il n'a jamais fait l'objet d'une formulation législative"*. Une autre partie de la doctrine va même jusqu'à faire de cette règle un principe général du droit[4].

De fait, il est bien vrai que plusieurs règles de droit positif interdisent aux personnes publiques de disposer de leur patrimoine sans contrepartie[5]. Bien plus, n'est-ce pas dans l'objet même de certaines règles du droit public (comptabilité publique par exemple) que de s'opposer à l'attribution de fonds publics à des tiers sans contrepartie ?

Pourtant, d'un autre côté, l'observation montre que l'interdiction est écartée lorsque l'avantage consenti par la personne publique repose sur un motif d'intérêt général[6]. Plus encore, il arrive au juge administratif lui-même de contester l'existence d'un principe d'interdiction : dans le jugement déjà cité du 22 novembre 1989, le Tribunal administratif de Lyon a considéré que *"en l'absence d'un principe général de droit s'y opposant, la cession amiable à titre gratuit des biens immobiliers du domaine privé communal ne saurait en principe être interdite"*.

Tout bien observé d'ailleurs, à voir des formes actuelles d'action des personnes publiques, la chose n'a rien d'étonnant : pour prendre l'exemple des avantages pécuniaires, une partie nullement négligeable des interventions économiques et sociales de l'Etat dans le système social s'effectue par voie de dépenses sur fonds publics, (subventions, prêts à taux privilégié ou bonifié, garanties de tous ordres, etc.), sans contrepartie directe pour la personne publique[7].

Sans doute, dès lors que l'avantage ainsi octroyé permet d'obtenir un comportement déterminé de la part des bénéficiaires, on pourrait se demander si on est toujours en présence d'une libéralité (voir en ce sens les conclusions Touvet déjà citées). Il n'empêche : si la personne publique ne reçoit aucune contrepartie directe pour la satisfaction de ses intérêts propres, puisque les fonds alloués ne sont pas consommés par elle, l'élément de libéralité qui est de l'essence de l'acte à titre gratuit est bien présent.

---

[3] *JCP* 1990.II.21424.

[4] P. YOLKA, *La propriété publique*, LGDJ, 1997, p. 579.

[5] V. par ex. la décision du Conseil Constitutionnel des 25 et 26 juin 1986 sur les conditions de prix et de transfert des entreprises publiques au secteur privé, *Rec. CC*, p. 61.

[6] V. en ce sens l'arrêt déjà cité CE, 17 octobre 1997, Commune de Fougerolles.

[7] Art. 6 de l'ordonnance organique du 2 janvier 1959 relatif aux "dépenses d'intervention", repris par l'art. 5 de la loi organique du 1er août 2001 qui analyse les dépenses d'intervention comme les "transferts" aux ménages, entreprises, collectivités territoriales, etc. Ces sommes ont représenté en 2001 plus de 20 % des dépenses du budget civil.

Ainsi n'est-il plus possible en l'état du droit positif d'admettre l'existence d'un principe d'interdiction. En vérité, il y a, à l'heure actuelle, un renouvellement complet de l'approche du problème des libéralités faites par les personnes publiques, qui sont autorisées aux mêmes conditions que leurs autres moyens d'intervention dans le système social, et ne sont sanctionnées que lorsqu'elles constituent un avantage injustifié.

UN MOYEN D'INTERVENTION DES PERSONNES PUBLIQUES DANS LE SYSTEME SOCIAL

Actes de disposition d'éléments de patrimoine pécuniaire ou en nature, les libéralités sont aussi des moyens d'intervention des personnes publiques soumis comme tels à leurs conditions générales de validité de procédure ou de fond, sans préjudice du respect des règles particulières à certains d'entre eux (exigence d'une autorisation budgétaire pour les opérations financières). En d'autres termes, il n'existe pas de raison d'interdire *a priori* l'octroi d'un avantage à un tiers – en tout cas pas plus que de prohiber par principe la délivrance d'une autorisation ou d'un agrément –, la seule exigence étant la conformité à la légalité administrative dans l'un et l'autre cas. Dans un arrêt du 17 mars 1893, *Compagnie des Chemins de Fer du Nord et autres*[8], qui est l'un des tous premiers où la question est abordée, le Conseil d'Etat a ainsi jugé que *"les ministres ne peuvent pas reconnaître contre l'Etat des créances sans cause d'obligation préexistante"*.

A quelle condition une libéralité est-elle donc admise de la part d'une collectivité publique ? L'observation montre que la jurisprudence ne va veiller au départ qu'à la conformité de l'acte à l'intérêt général. Mais avec le développement de l'interventionnisme, spécialement en matière économique, le droit positif y a ajouté la prise en considération des exigences du principe d'égalité.

La conformité à l'intérêt général

En application des règles habituelles de l'action administrative, une libéralité n'est licite que si l'avantage fourni au tiers sans contrepartie directe pour la personne publique trouve une justification adéquate dans l'intérêt général. La condition a été également exprimée très tôt par le Conseil d'Etat : *"... il n'appartient pas aux conseils municipaux d'allouer*

---

[8] *S.* 1893.III, p. 119 et s. avec les conclusions ROMIEU.

sur les fonds communaux des subventions aux entreprises privées, et il ne saurait être dérogé à cette règle que dans les cas exceptionnels où un intérêt public l'exige"[9]. Formulée à l'époque libérale, la solution vaut évidemment à l'heure de l'État-Providence, son champ d'application s'étant au surplus élargi.

Le droit positif veille donc à s'assurer de l'existence de la justification d'intérêt général, faute de quoi l'octroi de l'avantage est considéré comme ne répondant qu'à un intérêt privé et donc entaché de détournement de pouvoir. Tel est le cas s'agissant de l'attribution d'avantages à partir des fonds publics sous leurs diverses formes (subventions, exonérations ou allégements fiscaux, règlements de dépenses pour le compte du tiers, etc.) pour permettre l'exécution d'une mission de service public. Dans son arrêt en date du 26 juin 1974, *Société "La Maison des Isolants-France"*[10], le Conseil d'Etat observe par exemple qu'au titre d'un contrat conclu avec cette entreprise aux fins de la réalisation d'une opération de décentralisation industrielle, indépendamment de la vente de terrains communaux, *"la société a bénéficié également, ainsi que le mentionne le contrat, d'une exonération de patente... et de très larges facilités de paiement... ; par ce contrat, la Commune ... a pris en charge,* dans l'intérêt public, et en utilisant les procédés du droit public, *la réalisation de l'ensemble des conditions matérielles d'une opération de décentralisation industrielle jugée utile pour le développement communal ; ce faisant, la Commune a assuré l'exécution d'une mission de service public..."*.

Toutefois, dès lors qu'il y a poursuite d'un intérêt public, le fait que la libéralité aille aussi dans le sens d'intérêts privés est surabondant[11].

L'exigence d'intérêt général est également prescrite par le Conseil Constitutionnel, qui a raisonné de manière identique pour admettre la licéité des aides attribuées par les collectivités publiques aux établissements d'enseignement privé[12].

Même solution pour ce qui est de la cession par les personnes publiques d'actifs non financiers (terrains, biens industriels, etc.). Dans sa décision déjà mentionnée des 25 et 26 juin 1986 relative aux privatisations, le Conseil Constitutionnel a jugé que *"la Constitution s'oppose à ce que des biens ou des entreprises faisant partie des patrimoines publics soient cédés à des personnes poursuivant des fins*

---

[9] CE, 25 novembre 1927, Société des Etablissements Arbel, *S.* 1928.III, p. 17 avec les conclusions LATOURNERIE et la note HAURIOU.

[10] *Rec.* p. 365.

[11] CE, 20 juillet 1971, Ville de Sochaux, *AJDA* 1972, p. 227 ; 22 mars 1992, Martin, *Rec.* p. 375.

[12] Décision du 13 janvier 1994 relative à la modification de la Loi Falloux, *Rec. CC*, p. 9.

d'intérêt privé pour des prix inférieurs à leur valeur ; cette règle découle du principe d'égalité invoqué par les députés auteurs de la saisine ; elle ne trouve pas moins un fondement dans les dispositions de la Déclaration des droits de l'homme et du citoyen de 1789 relatives au droit de propriété et à la protection qui lui est due ; cette protection ne concerne pas seulement la propriété privée des particuliers, mais aussi à titre égal la propriété de l'Etat et des autres personnes publiques...".

Le Conseil d'Etat a eu lui aussi l'occasion de faire application de cette analyse dans l'arrêt déjà cité du 17 octobre 1997, *Commune de Fougerolles*, s'agissant de la cession à une entreprise d'un terrain appartenant au domaine privé d'une commune pour un prix symbolique et moyennant un engagement de création d'emplois par l'entreprise : *"... si la liberté reconnue aux collectivités territoriales par l'article 4 de la loi du 7 janvier 1982 d'accorder certaines aides à des entreprises... ne peut légalement s'exercer que dans le respect des principes constitutionnels, la cession par une commune d'un terrain à une entreprise pour un prix inférieur à sa valeur ne saurait être regardée comme méconnaissant le principe selon lequel une collectivité publique ne peut pas céder un élément de son patrimoine à un prix inférieur à sa valeur à une personne poursuivant des fins d'intérêt privé, lorsque la cession est justifiée par des motifs d'intérêt général et comporte des contreparties suffisantes...".*

Le Conseil Constitutionnel a étendu le raisonnement au cas de la cession de droits liés à l'exploitation de dépendances du domaine public des personnes publiques. Dans sa décision du 21 juillet 1994 concernant la loi complétant le Code du domaine de l'Etat et relative à la constitution de droits réels sur le domaine public[13], il a décidé que les dispositions de l'article 17 de la Déclaration des droits de l'homme et du citoyen de 1789 *"font obstacle à ce que le domaine public puisse être grevé de droits réels sans contrepartie appropriée eu égard à la valeur réelle de ce patrimoine et aux missions de service public auxquelles il est affecté : il revient au législateur d'y veiller...".*

Consacrant donc une jurisprudence maintenant bien établie, cette dernière décision est aussi l'occasion d'une précision importante : dès lors que la licéité de la libéralité dépend de l'existence d'un motif d'intérêt général suffisant, il se pose un problème d'évaluation. Lorsque le législateur est intervenu, comme c'est le cas par exemple pour les modalités des privatisations (loi du 6 août 1986 modifiée ; texte consolidé dans les Codes et Lois du Juris-Classeur), il a mis en place une procédure destinée à répondre à cette exigence (voir l'article 3 de la loi, relatif à la

[13] *Rec. CC*, p. 96.

procédure de détermination du prix des actions des entreprises privatisées).

En revanche, faute de procédure spécifique d'évaluation, c'est au juge administratif d'opérer cette vérification, dans le cadre d'un contrôle normal[14]. Par arrêt du 6 avril 1998, *Communauté Urbaine de Lyon*[15], le Conseil d'Etat a ainsi annulé la délibération de la collectivité octroyant l'avantage, faute de contrepartie suffisante.

La prise en considération des exigences du principe d'égalité

A la nécessité d'établir la conformité de l'octroi de la libéralité à l'intérêt général, le droit positif a ajouté plus récemment l'obligation de respecter, s'il y a lieu, le principe d'égalité.

On a vu ci-dessus que, dans sa décision déjà citée des 25 et 26 juin 1986, le Conseil Constitutionnel avait considéré que l'interdiction de céder des éléments des patrimoines publics à des personnes poursuivant des fins d'intérêt privé pour des prix inférieurs à leur valeur *"découle du principe d'égalité"*.

La Haute Juridiction devait reprendre cette analyse dans sa décision du 28 décembre 2000 relative à la loi de finances rectificative pour 2000[16], à propos d'une disposition autorisant un abandon de créance de la part de l'Etat au profit du journal L'Humanité, pour un montant de 13 millions de francs représentant le remboursement d'un prêt accordé par le FDES. Répondant aux requérants qui exposaient que, en favorisant un journal de presse d'opinion par rapport aux autres, le texte portait atteinte au principe d'égalité, le Conseil estime que *"la disposition contestée accorde une remise partielle de dette à une entreprise en difficulté : une telle aide n'est pas inhabituelle s'agissant d'entreprises ayant bénéficié de prêts du Fonds de développement économique et social ; elle participe au surplus de la volonté de conserver le pluralisme des quotidiens d'information politique et générale, qui constitue un objectif de valeur constitutionnelle ; par suite le grief tiré d'une rupture d'égalité doit être rejeté"*. A suivre la jurisprudence antérieure, ceci ne devrait toutefois pas empêcher les inégalités justifiées par des différences de situation (prix différents selon les catégories de souscripteurs d'actions à l'occasion des privatisations).

---

[14] V. par ex. TA Clermont-Ferrand, 28 juin 1984, Boucheix, *Rec. Tables*, p. 718.
[15] requête n°151752.
[16] *JORF* du 29 déc. 2000.

Mais c'est en réalité le droit communautaire qui a donné toute son effectivité à la prise en considération des exigences attachées au principe d'égalité. Dans la mesure en effet où l'avantage prend la forme d'une ressource publique versée à une entreprise – et sous réserve que la décision d'octroi affecte la concurrence et les échanges entre les Etats membres, afin qu'elle puisse être saisie par le droit communautaire –, cet avantage a vocation à entrer dans le champ de la *discipline communautaire des aides d'Etat* résultant des articles 87 à 89 du TCE[17]. On sait que, à ce titre, l'article 87 paragraphe 1 du TCE pose un principe d'incompatibilité ; on sait aussi qu'il autorise des dérogations dans ses paragraphes 2 et 3 aux conditions définies aux articles 88 et 89 du TCE, et précisées depuis lors par le droit dérivé[18], ainsi que par l'abondante doctrine de la Commission Européenne. Dans la pratique, les décisions d'incompatibilité constituent l'exception[19], de telle sorte que, comme au plan interne, l'interdiction de principe est en réalité devenue une autorisation contrôlée (précisément la discipline des aides).

On sait également que ce dispositif s'applique à toutes les formes d'aides consenties par les autorités publiques, dès lors qu'elles revêtent un caractère économique. Sont donc visées, non seulement les subventions directes ou les prêts et garanties à des taux non obtenus dans les conditions normales de marché, mais encore toutes transactions à prix anormal[20], ou encore les diverses formes de renoncement à des droits (annulation ou effacement de dettes, abandon de créances, défaut de remboursements ou facilités de paiement, etc.)[21]. La seule limite tient à ce que le concours octroyé à l'entreprise doit avoir un lien avec un patrimoine public, l'avantage résultant par exemple d'une diminution de contraintes purement normatives ne relevant pas de la discipline communautaire[22].

La référence au principe d'égalité, et particulièrement au principe d'égalité entre entreprises, joue un rôle déterminant dans la mise en œuvre du contrôle. Ainsi, l'une de ses conditions de déclenchement est que l'avantage *"favorise certaines entreprises ou certaines productions"*[23]. En

---

[17] Anciens articles 92 à 94 ; il faut également mentionner l'article 4 du Traité CECA.

[18] Règlement de procédure du 22 mars 1999 et exemption prévue par le Règlement du 7 mai 1998.

[19] 7 % des demandes formulées par les Etats pour les périodes 1999-2001, selon le dernier rapport sur les aides d'État en 2002.

[20] V. pour des achats publics à des prix moins élevés que ceux du marché : TPICE, 28 janvier 1999, B.A.I c/ C.C.E, *Rec. II*, p. 139.

[21] V. sur ces questions l'ouvrage exhaustif de J.-P. KEPPENNE, *Guide des aides d'Etat*, Bruylant, 1999, p. 99 et s.

[22] CJCE, 17 mars 1993, Sloman Neptun Schiffart AG, *Rec. I*, p. 887 et s.

[23] paragraphe 1 de l'article 87 du TCE.

conséquence une *"mesure générale"*, par exemple sous la forme d'un texte instituant une exonération de prélèvement obligatoire, échappe à la qualification d'aide dès lors qu'elle est insusceptible de créer une discrimination entre les bénéficiaires[24]. La même raison explique que, s'agissant de la vente de terrains ou de bâtiments par les pouvoirs publics, la doctrine de la Commission Européenne est de faire valoir qu'une vente au plus offrant, dans le cadre d'une procédure d'offres ouverte et inconditionnelle ayant fait l'objet d'une publicité suffisante, ne recèle pas d'éléments d'aide d'Etat[25]. Le raisonnement est identique pour les aides octroyées dans le cadre des opérations de privatisation[26].

De même encore, il n'y aura pas aide d'Etat dans le cas où l'avantage ne viserait qu'à compenser les surcoûts engendrés par l'accomplissement d'une mission particulière incombant à une entreprise chargée de la gestion d'un service d'intérêt économique général[27]. Bref, ici comme au plan interne, l'octroi de l'avantage n'est pas interdit dès qu'il se fait dans le respect du principe d'égalité.

Lorsque tel n'est pas le cas, on se trouve en quelque sorte ramené au cas précédent : le concours financier alloué par l'autorité publique n'est déclaré compatible avec le marché commun que s'il comporte une contrepartie pour l'intérêt communautaire (développement de la recherche communautaire, contribution à la restructuration d'un secteur, protection de l'environnement, etc.). C'est à la Commission Européenne qu'il appartient d'apprécier l'existence ainsi que l'importance de cette compensation, en recourant à la procédure d'examen contradictoire à présent prévue par le Règlement du 22 mars 1999.

En revanche, ne constitue pas une contrepartie acceptable la poursuite du seul intérêt de l'entreprise bénéficiaire, ou de l'Etat membre concerné. C'est pourquoi les aides au fonctionnement, qui ne supposent aucune modification structurelle ou technique de l'entreprise aidée, sont quasi systématiquement interdites par la Commission.

En définitive, le droit communautaire et le droit interne se rejoignent pour admettre qu'il n'existe pas en soi d'interdiction pour les personnes publiques de faire des libéralités. La seule règle qui se dégage de l'observation du droit positif est celle selon laquelle, sans préjudice du respect des autres conditions de régularité des interventions publiques,

---

[24] Jurisprudence constante. V. pour une illustration récente CJCE, 8 novembre 2001, Adria-Wien-Gmbh, *Rec. I*, p. 8355 et s.

[25] Communication publiée au *JOCE C* du 10 juillet 1997.

[26] V. le 23ème Rapport sur la politique de concurrence 1993, point 402.

[27] Jurisprudence constante. V. en dernier lieu : CJCE, 22 novembre 2001, Ferring SA et ACOSS, *Rec. I*, p. 9067, la question restant débattue de savoir si la Commission Européenne doit ou non vérifier s'il y a par ailleurs une distorsion de concurrence.

(compétence, procédure, etc.), l'acte d'octroi de l'avantage par la personne publique doit être conforme à l'intérêt général et ne pas porter atteinte au principe d'égalité.

Faute de satisfaire à ces exigences, l'acte sera évidemment illicite. Mais plus encore, il constituera un *"avantage injustifié"*, susceptible de faire l'objet de sanctions renforcées mises en œuvre depuis quelques années par le droit positif.

LE REGIME JURIDIQUE DE "L'AVANTAGE INJUSTIFIE"

La sanction d'une libéralité illégalement faite par la personne publique ne devrait pas *a priori* soulever de problèmes particuliers : en droit interne, l'annulation sera encourue selon les voies habituelles[28]. En application de la terminologie utilisée par le TCE, le droit communautaire parle quant à lui *d'aide incompatible avec le marché commun* (article 87 paragraphe 1), et le Règlement de procédure déjà mentionné du 22 mars 1999 dispose que la Commission *"décide que l'aide ne peut être mise à exécution"* (article 7-5 pour les aides nouvelles) ou doit être supprimée ou modifiée (article 18 pour les aides existantes).

Toutefois, à la loi commune se sont ajoutés des dispositifs spécifiques. Le plus ancien d'entre eux est celui résultant de la comptabilité publique, qui vise à interdire l'octroi d'avantages indus grâce à l'utilisation des fonds publics. Mais ses limites ont conduit les pouvoirs publics à mettre en plan des sanctions renforcées, sous la forme de l'action en restitution ou de la répression personnelle des agents responsables.

Les contrôles issus de la comptabilité publique et leurs limites

Il est connu que les règles de la comptabilité publique, qui s'appliquent aux opérations faites par les comptables publics, ont pour objet d'empêcher l'octroi de fonds publics en l'absence d'une base juridique régulière. S'il est vrai, par exemple pour les opérations de dépense, que les autorisations budgétaires *"ont pour condition de fond l'existence des dettes des organismes publics"*[29], tout paiement indu devrait être *a priori* interdit, sinon impossible.

Le règlement général de la comptabilité publique impose à ce titre des obligations très strictes aux agents chargés de l'exécution des opérations

---

[28] V. les arrêts du Conseil d'Etat ci-dessus cités.

[29] J. MAGNET, *Eléments de comptabilité publique*, LGDJ, 1998, p. 70 et s.

financières des organismes publics: en matière de dépenses, selon l'article 30 du règlement, *"la liquidation a pour objet de vérifier la réalité de la dette et d'arrêter le montant de la dépense"* ; de même en vertu de l'article 33, *"le paiement est l'acte par lequel l'organisme public se libère de sa dette... Les paiements ne peuvent intervenir avant..., soit l'exécution du service, soit la décision individuelle d'attribution de subventions ou d'allocations..."* ; enfin au moment du paiement, l'article 13 oblige le comptable à faire porter son contrôle sur la validité de la créance, c'est-à-dire sur la justification du service fait et l'exactitude des calculs de liquidation. Bref, et sous peine de voir leur responsabilité engagée, les agents chargés de l'exécution des dépenses (ordonnateurs ou comptables) disposent de moyens leur permettant de s'assurer de la justification du mouvement de fonds et de s'y opposer dès lors qu'il est indu.

Il en va de même dans l'hypothèse, inverse, où la libéralité prend la forme d'une renonciation à une recette. Là encore, le règlement général sur la comptabilité publique prescrit que *"toute créance liquidée fait l'objet d'un ordre de recette"* (article 23), et il incombe aux comptables, dans le cadre de leur intervention au titre de l'exécution, d'exercer *"dans la limite des éléments dont ils disposent, le contrôle de la mise en recouvrement des créances de l'organisme public et de la régularité des réductions et des annulations des ordres de recette"* (article 12-B *idem*), la dispense d'exécution n'étant admise que dans les cas prévus par la loi (extinction de la créance par remise ou modération, et admission en non-valeur pour les comptables). De même, en matière de patrimoine, les comptables sont-ils tenus d'exercer le contrôle de la conservation des droits, privilèges et hypothèques, ainsi que la conservation des biens dont ils tiennent la comptabilité-matière (article 12-C *idem*).

Mais on sait aussi que les règles de la comptabilité publique ont leur limite, notamment en ce qu'elles ne permettent pas aux comptables de se faire juge de la légalité administrative[30]. De telle sorte que, nonobstant son caractère illégal au fond, une libéralité peut-être en fait octroyée par la personne publique.

Ceci explique les efforts entrepris, de plus en plus activement au cours de la période récente dans le cadre de l'amélioration de la transparence dans les procédures administratives et de la protection des deniers publics, pour lutter contre ce qu'il est convenu d'appeler maintenant *l'octroi d'avantages injustifiés*. Cette évolution s'est traduite par le renforcement

---

[30] V. Cour des comptes, 28 mai 1952, Marillier, Receveur de la Commune de Valentigney, *Grands arrêts de la jurisprudence financière,* 4ème éd., n° 35; CE, 5 février 1971, Balme, *Rec.* p. 105 et 8 juillet 1974, Méry, *Rec.* p. 405.

des moyens existants (exemple du référé pré-contractuel des articles L-551-1 et -2 du code de justice administrative), mais surtout par la mise en place de mécanismes nouveaux[31].

La restitution de l'avantage indu

Le problème n'est pas facile à résoudre, au moins en pratique. En effet ordonner la restitution suppose que la décision de la personne publique ait été annulée ou retirée, ce qui implique d'observer les règles très strictes en droit interne du retrait des actes administratifs. Si tel est le cas, l'action en répétition de l'indu est autorisée selon la doctrine administrative[32].

Dans l'hypothèse inverse, seule l'action en enrichissement sans cause est envisageable comme l'a décidé la Cour des comptes dans l'arrêt du 28 mai 1952 ci-dessus cité : "Il n'en demeure pas moins que la délibération du Conseil Municipal ayant été déclarée nulle de plein droit, cette mesure a eu nécessairement pour effet de faire apparaître le défaut de cause, ou plus exactement l'illégalité de la cause de la prétendue obligation que la commune avait entendu éteindre par paiement ; de ce fait la commune est fondée à exercer l'action de *in rem verso* née à son profit de l'enrichissement réalisé sans juste cause par les prétendus créanciers…".

Le droit communautaire est beaucoup plus énergique, qui institue une obligation spécifique de récupération, en vertu de laquelle la Commission s'est vue reconnaître le pouvoir de contraindre l'autorité publique nationale d'exiger du bénéficiaire le remboursement des aides octroyées en violation du Traité[33]. Mais le plus remarquable est encore l'origine prétorienne de cette obligation, puisque c'est par arrêt en date du 12 juillet 1973, Commission des Communautés Européennes c/ Allemagne[34] que, validant la pratique de la Commission, la Cour de Justice devait juger que, pour avoir un effet utile, la suppression ou la modification de l'aide incompatible implique le pouvoir d'ordonner à l'autorité nationale de procéder à sa récupération auprès du bénéficiaire, seule façon de permettre le rétablissement de la situation antérieure. Toutefois, cette obligation ne vaut qu'en cas *"d'aide illégale"*, c'est-à-dire d'aide mise à exécution avant toute autorisation de la Commission.

---

[31] V. également au plan communautaire, la création de l'Office européen de lutte anti-fraude par la décision du 28 avril 1999: *JOCE L136* du 31 mai 1999.

[32] V. les commentaires sous l'arrêt ci-dessus cité de la Cour des comptes du 28 mai 1952 ; *adde* pour un exposé du problème et de ces solutions s'agissant de manière générale des aides attribuées aux entreprises, l'article de T. TUOT et de G. TEBOUL, "Le régime des aides d'Etat en France", *EDCE* 1989, n° 41, p. 147 et s.

[33] J.-P. KEPPENNE, *op. cit.*, p. 246.

[34] *Rec. CJCE*, p. 813 et s.

Ultérieurement, la jurisprudence a élargi le caractère contraignant de l'obligation de récupération, en précisant que seules des *circonstances exceptionnelles* peuvent justifier l'absence de remboursement, et en autorisant la Commission à prendre des mesures provisoires pour permettre le rétablissement de la situation antérieure sous la forme d'injonctions de suspension de versement ou de récupération provisoire, adressées aux autorités nationales.

Toutes ces mesures sont à présent codifiées dans le règlement de procédure déjà mentionné du 22 mars 1999 : son article 14 paragraphe 1 dispose que *"en cas de décision négative concernant une aide illégale, la Commission Européenne décide que l'Etat membre concerné prend les mesures nécessaires pour récupérer l'aide auprès de son bénéficiaire"* ; le paragraphe 2 de l'article ajoute que l'aide à récupérer doit inclure les intérêts moratoires au taux déterminé par la Commission, et le paragraphe 3 autorise les mesures provisoires ci-dessus mentionnées[35].

La répression individuelle des agents responsables

C'est cette même recherche d'effectivité que l'on observe dans le recours à la répression pour sanctionner les agents publics responsables des libéralités non autorisées.

Certes, ici encore, les règles de la comptabilité publique comportent des sanctions, et au tout premier chef la responsabilité pécuniaire personnelle des comptables publics dans l'hypothèse où l'octroi de l'avantage contrevient aux obligations leur incombant au titre de l'exécution des opérations financières, en application de l'article 60-IV de la loi de finances du 23 février 1963 : *"la responsabilité pécuniaire des comptables publics se trouve engagée dès lors qu'un déficit ou un manquant en deniers ou en valeurs a été constaté, qu'une recette n'a pas été recouvrée, qu'une créance a été irrégulièrement payée..."*[36].

En matière de recettes par exemple, le comptable est personnellement et pécuniairement responsable du défaut de recouvrement de la recette à partir de sa prise en charge dans ses écritures ; pour pouvoir conclure à l'irrécouvrabilité de la créance, le juge des comptes s'assure de ses diligences adéquates, complètes et rapides[37], avant que l'autorité administrative ne prononce éventuellement une admission en non-valeur.

---

[35] V. sur ce dispositif très contraignant les explications détaillées contenues dans l'ouvrage déjà cité de J.-P. KEPPENNE.

[36] Texte reproduit dans le Code administratif Dalloz ; *adde* sur toutes ces questions l'ouvrage de J. MAGNET, *Les comptables publics*, LGDJ, 1995, p. 105 et s.

[37] Cour des comptes, 25 juin 1936, David-Chausse, Receveur spécial de la Commune de Bordeaux, *Grands arrêts de la jurisprudence financière*, 4ème éd., n° 22.

De même, en matière de dépenses, le comptable est-il responsable des paiements effectués *"en excédent de dettes"*, etc.

Toutefois, et pour les mêmes raisons que celles exposées ci-dessus à propos de la restitution de l'avantage, cette forme de sanction ne peut jouer dès lors que la décision d'octroi de la libéralité méconnaît la légalité administrative (voir le 3ème alinéa de l'article 60-I de la loi déjà citée du 23 février 1963 : *"hormis le cas de mauvaise foi, les comptables publics ne sont pas personnellement et pécuniairement responsables des erreurs commises dans l'assiette et dans la liquidation des droits qu'ils recouvrent..."*).

Sans doute l'irrégularité commise par l'ordonnateur peut-elle être alors sanctionnée par l'application des règles générales de la responsabilité des agents publics. Mais on sait que cette responsabilité est difficile à mettre en œuvre pour de telles infractions, et au surplus elle n'est que rarement personnelle[38].

C'est pour mettre un terme à cette situation que des mécanismes spéciaux de répression ont été constitués par les textes.

Le premier, de caractère disciplinaire, découle de l'infraction d'octroi d'avantage injustifié créée par l'article 6 de la loi modifiée du 25 septembre 1948 relative à la Cour de discipline budgétaire et financière, à l'heure actuelle codifié sous l'article L-313-6 du Code des juridictions financières : *"Toute personne visée à l'article L-312-1 qui, dans l'exercice de ses fonctions ou attributions, aura, en méconnaissance de ses obligations, procuré à autrui un avantage injustifié, pécuniaire ou en nature, entraînant un préjudice pour le Trésor, la collectivité ou l'organisme intéressé, ou aura tenté de procurer un tel avantage, est passible d'une amende dont le montant ne pourra être inférieur à 2 000 Francs et dont le maximum pourra atteindre le double du montant du traitement du salaire brut annuel qui lui était alloué à la date de l'infraction"*.

Le texte vise tout avantage accordé à un tiers par l'un des justiciables de la Cour (agents de l'Etat, des collectivités locales, des établissements publics, etc., à l'exception des membres du gouvernement et des élus locaux), quels que soient sa forme et son montant (versement de rémunérations irrégulières en argent ou en nature, certification de factures irrégulières, paiement en dehors du service fait, mise à disposition de locaux, etc.)[39].

---

[38] V. sur cette question l'analyse de J. MAGNET, *La Cour des comptes et les institutions associées*, Berger-Levrault, 1996, p. 313.

[39] V. les illustrations fournies dans le commentaire de l'arrêt de la Cour de discipline budgétaire et financière du 20 décembre 1982, Gouet et Andrau, *Grands arrêts de la jurisprudence financière*, 4ème éd., n° 55.

Dans ce cadre, le texte censure l'octroi d'un *"avantage injustifié entraînant un préjudice pour le Trésor"*. L'expression est héritée de la rédaction antérieure de l'article L. 313-6 qui exigeait la preuve d'un bénéfice anormal, et plus particulièrement celui non justifié par une contrepartie effective : dorénavant ces termes sont interprétés comme visant tout avantage accordé en violation des règles relatives à la gestion des biens des personnes publiques, c'est-à-dire injustifié faute de base juridique licite[40].

Une autre forme de sanction résulte du recours à la loi pénale. Depuis la loi du 24 novembre 1943 validée par l'ordonnance du 28 juin 1945, la dispense de paiement d'un prélèvement public constitue le délit de concussion, infraction à présent réprimée par l'article 432-10 du nouveau code pénal : *"Le fait, par une personne dépositaire de l'autorité publique ou chargée d'une mission de service public, de recevoir, exiger ou ordonner de percevoir, à titre de droits ou contributions, impôts ou taxes publiques, une somme qu'elle sait ne pas être due, ou excéder ce qui est dû, est puni de cinq ans d'emprisonnement et de 500 000 Francs d'amende. Est puni des mêmes peines le fait, par les mêmes personnes, d'accorder sous une forme quelconque et pour quelque motif que ce soit une exonération ou une franchise de droits, contributions, impôts ou taxes publics en violation des textes légaux ou réglementaires"*. La Cour de Cassation a ainsi jugé que se rend coupable de concussion le maire d'une commune qui a laissé son fils, garagiste, exposer des véhicules à la vente sur une place située devant son garage en le dispensant sciemment du paiement de la redevance d'occupation du domaine public prévue par l'article L. 2331-4 du Code général des collectivités territoriales[41].

On sait enfin que l'octroi d'un avantage injustifié à l'occasion de la passation d'un marché public ou d'une convention de délégation de service public constitue le délit de favoritisme depuis l'article 7 de la loi du 3 janvier 1991 relative à la transparence et à la régularité des procédures de marché. A présent codifié sous l'article 432-14 du nouveau code pénal, le texte dispose qu'est *"puni de deux ans d'emprisonnement et de 200.000 francs d'amende le fait pour une personne dépositaire de l'autorité publique ou chargée d'une mission de service public ... de procurer ou de tenter de procurer à autrui un avantage injustifié par un acte contraire aux dispositions législatives ou réglementaires ayant pour objet de garantir la liberté d'accès et l'égalité des candidats dans les marchés publics ou les délégations de service public"*. Là aussi, et selon la jurisprudence la plus récente, le caractère injustifié de l'avantage résulte

---

[40] V. en ce sens l'arrêt du 20 décembre 1982, ci-dessus cité.

[41] Cass. Crim., 19 mai 1959, *Bull. crim.* n° 100.

du simple fait de l'avoir procuré en violation des règles prévues par les lois et les règlements visant l'accès aux commandes publiques[42].

Ainsi, il en va pour les libéralités faites par les personnes publiques comme pour toutes les institutions juridiques, qui évoluent en fonction du contexte social et doivent en conséquence faire l'objet d'une actualisation.

L'interdiction de principe était sans doute cohérente à l'époque du libéralisme, qui se caractérisait par une séparation entre l'administration et la société civile. Elle ne l'est plus à une époque où les politiques publiques sont de plus en plus nombreuses à résulter de partenariats entre l'action administrative et celles des citoyens. Bien plus, on peut se demander si la mise à disposition d'avantages en argent sans la recherche d'une contrepartie directe et effective n'est pas, précisément par son caractère altruiste, un des moyens d'assurer la satisfaction de l'intérêt général.

Ceci montre quoiqu'il en soit que l'utilisation des fonds publics ne relève pas seulement de l'ordre de la logistique, mais doit aussi être comprise comme une forme d'intervention de la puissance publique dans le système social et être étudiée comme telle.

---

[42] V. sur la question C. PREBISSY-SCHNALL, *La pénalisation du droit des marchés publics*, thèse Paris-X, 2001, p. 72 et s. (ou LGDJ, coll. Bibl. dt pub. t. 223, 2002).

Gratuité et nouvelles technologies de l'information et de la communication

*Sébastien Canevet**

La notion de gratuité ne semble *a priori* guère rimer avec celle de nouvelles technologies, tant l'inconscient collectif est aujourd'hui marqué par le martelage médiatique des années 1998-2000. Cet univers, peuplé de start-ups[1] et de capitaux-risqueurs, a longtemps masqué la réalité de l'Internet, avant de connaître les récents et inévitables déboires que l'on sait.

La rentabilité a toujours été la motivation exclusive de ces initiatives, pourtant souvent présentées comme gratuites et revêtues de l'étiquette fallacieuse de "nouvelle économie". Qu'il s'agisse d'attirer les visiteurs sur un site web afin de se prévaloir ensuite d'imposantes statistiques de consultation, qui servent à vendre des bannières publicitaires, ou de constituer des profils consommateurs destinés à être revendus, sans toujours se soucier des droits des personnes ainsi fichées, les motivations des promoteurs de ces services "gratuits", ou prétendus tels, ne semblent guère empreintes d'altruisme, qu'il s'agisse d'acquérir des parts de marché ou de bénéficier des hypothétiques retombées de l'ésotérique théorie des rendements croissants.

La gratuité sur l'Internet n'est souvent qu'un mythe savamment entretenu par les médias. S'il existe des fournisseurs d'accès "gratuits" c'est parce qu'ils perçoivent une partie du prix versé par l'utilisateur à son opérateur téléphonique pour se connecter. S'il existe des services de courrier "gratuit", c'est parce que les adresses e-mails sont des produits revendus aux entreprises de marketing direct, etc.[2]

---

* *Maître de conférences à l'université de Poitiers.*

[1] Faut-il préférer à cet anglicisme le ridicule et peu éloquent "jeune pousse" ?

[2] Voir sur l'ensemble de cette problématique le décapant *"Confessions d'un voleur - Internet: la liberté confisquée"* par Laurent CHEMLA, Denoël-Impact, Paris 2002, particulièrement le chapitre "Logiciels à louer".

Sans doute la gratuité de certains de ces services pose-t-elle des problèmes juridiques, mais ce ne sont généralement que des épiphénomènes, qui ne sauraient justifier à eux seuls un développement cohérent concernant la gratuité dans le cadre d'une étude générale sur les NTIC.[3]

La présente étude ne saurait se limiter à une énumération un peu fastidieuse et forcément limitée des différents problèmes spécifiques posés par la gratuité à l'occasion de l'utilisation des services "gratuits" proposés par la "nouvelle économie". Pourtant, la "nouvelle économie" ne doit pas cacher les "nouvelles" technologies, car il existe effectivement une problématique dans laquelle la gratuité est une question centrale : il s'agit de l'hypothèse dans laquelle certains créateurs d'œuvres de l'esprit décident d'abandonner plus ou moins largement les droits de propriété intellectuelle qu'ils ont sur leurs créations.

Cette utilisation à contre-emploi de la propriété intellectuelle est très intéressante, car elle consiste à instrumentaliser ce droit, qui est par nature destiné à fermer, à empêcher, à interdire toute utilisation non acceptée par l'auteur ou ses ayants droit, justement pour ouvrir, permettre, autoriser ces mêmes utilisations. Alors que la logique générale de la propriété intellectuelle est de n'autoriser que contre versement d'un droit, l'utilisation qui est faite ici consiste au contraire de permettre, voire de favoriser la libre reproduction de la chose protégée. Il s'agit donc d'une utilisation "féconde" de la propriété intellectuelle, alors que celle ci est par vocation habituelle plutôt destinée à "stériliser".

Que le lecteur ne voie pourtant pas dans ces lignes un quelconque jugement de valeur entre ces deux types d'utilisation. Nous souhaitons simplement exprimer le fait que l'auteur, l'éditeur ou le producteur habituel n'entend concéder qu'un droit d'utilisation le plus réduit possible à son cocontractant, libre à ce dernier d'obtenir un nouveau droit d'utilisation en contractant à nouveau, moyennant rétribution.

C'est la logique générale du droit de la propriété intellectuelle, qui interdit et incrimine toutes autres utilisations que celles limitativement énumérées par le code de la propriété intellectuelle : la copie privée, la courte citation, etc. Elle ne permet pas, ou si peu, au cocontractant d'utiliser largement l'œuvre concédée. C'est en cela que nous affirmons que le droit concédé est un droit stérile.

---

[3]Ainsi en va-il, par exemple, du candidat à un scrutin électoral qui a recours à un service d'hébergement gratuit pour accueillir son site web et de la prise en compte de cet avantage en nature dans ses comptes de campagne.

En revanche, le droit concédé sur une œuvre de l'esprit par son auteur qui souhaite que celle-ci soit librement utilisée, reproduite ou diffusée, est un droit fécond, en ce qu'il permet justement à son cocontractant de réutiliser son œuvre librement. En d'autres termes, cela contribue à l'avancée de la connaissance, qui opère par avancées séquentielles, par améliorations successives d'idées existantes.

Alors que le premier entend limiter au maximum toute utilisation de son œuvre, dans le but de tirer profit de celle-ci, le second entend plutôt favoriser son usage, en renonçant, au moins partiellement, à l'idée de rentabiliser son travail. C'est en cela que cette utilisation à contre-emploi du droit de la propriété intellectuelle pose un véritable problème de gratuité, alors même que ce droit est tout entier orienté contre cette idée de gratuité.

Il suffit, pour s'en convaincre, de dénombrer les occurrences du mot gratuit dans ce code. En sa rédaction de février 2002, celui ci ne contient que onze fois la racine "gratuit..."[4], et encore trois d'entre elles ne sont pas pertinentes[5]. En définitive, seuls sept articles de ce code évoquent une utilisation gratuite des œuvres, et encore s'agit-il de l'interdire pour deux d'entre eux[6].

Cette volonté de laisser gratuitement autrui disposer librement d'œuvres de l'esprit dont on est l'auteur fut d'abord perceptible dans le milieu des concepteurs de logiciels, qui ont rapidement compris l'intérêt des logiciels dits "libres" (I). Elle commence maintenant à s'étendre aux œuvres littéraires et artistiques (II).

GRATUITE ET LOGICIELS LIBRES

L'esprit du logiciel libre est né en 1969, avec le R.F.C.[7] lancé par l'équipe qui a créé l'Internet, mais il a surtout pris son essor dans les années 80 dans les milieux universitaires américains.

[4]Huit occurrences dans la partie législative (articles L. 122-5, 6 et 7, L. 131-2, L. 131-11, L. 211-3 et L. 614-16) et trois dans la partie réglementaire (articles R. 422-36, 612-76 et 613-64).

[5]Articles R. 612-76 sur la consultation publique et gratuite des collections de brevets d'invention et du B.O.P.I., article R. 613-64 sur l'assistance gratuite d'un conseil en propriété industrielle et l'article R. 422-36 sur le droit de présentation de clientèle au sein des sociétés civiles professionnelles.

[6]Article L. 132-13 interdisant l'apport même à titre gratuit du bénéfice d'un contrat d'édition à un tiers sans autorisation de l'auteur et article L. 335-4 prévoyant l'incrimination de la contrefaçon.

[7]Le R.F.C. "Request For Comments" est la forme habituelle sous laquelle les informations techniques concernant l'Internet sont diffusées.

Les logiciels informatiques ont un coût de développement important, il est donc logique que leurs concepteurs cherchent à rentabiliser cet investissement en commercialisant le produit de leur labeur. Cette commercialisation peut revêtir plusieurs formes différentes. La plus classique est ce qui est communément nommé la vente de logiciel, mais qui s'analyse plutôt comme une licence d'utilisation.

Une autre pratique assez répandue est la vente sous la forme de "shareware"[8], qui n'est qu'une vente précédée d'une période d'essai, pendant laquelle le client teste le logiciel avant de décider de l'acquérir ou non. A la fin de la période d'essai dont la durée est généralement fixée par le vendeur, il est censé arrêter d'utiliser le programme dont il ne s'est pas porté acquéreur, et il y est parfois incité par un système de blocage du logiciel, au terme de ladite période ou d'un certain nombre d'utilisations successives.

Un troisième mode de diffusion des logiciels est le "freeware"[9], aux termes duquel l'auteur (ou ses ayants droit) met gratuitement le produit de son travail à la disposition des tiers, mais en conserve néanmoins intégralement la propriété intellectuelle.

Ces trois modes de diffusion, s'ils posent un certain nombre de problèmes juridiques, parfois assez redoutables, n'en posent guère du strict point de vue de la gratuité.

Il en va tout différemment d'une autre catégorie de logiciels, qu'il est d'usage de qualifier de logiciels "libres". Si le logiciel Linux, un système d'exploitation qui constitue une alternative sérieuse aux logiciels commerciaux, comme Windows ou Mac Os, est le plus connu, un nombre sans cesse croissant de logiciels est mis par leurs auteurs sous le régime juridique des logiciels libres. Cette licence est connue sous le nom de G.P.L (Gnu Public Licence)[10].

Les auteurs de ces logiciels ne placent pas au centre de leurs préoccupations le souci de rentabilité. Ils entendent plutôt faire profiter les autres utilisateurs de toute la puissance due à la possibilité qui leur est offerte de pouvoir eux-mêmes adapter, modifier ou améliorer le logiciel qu'ils ont reçu, même s'ils sont parfois rétribués par leur travail.

En effet, la particularité du régime juridique sous lequel sont distribués les logiciels libres veut que ceux ci soient systématiquement distribués avec leur "code source". Le code source est le code informatique brut, le

---

[8]L'équivalent français "partagiciel" ne semble guère recueillir les faveurs de locuteurs, contrairement au terme "logiciel" qui a quasiment éradiqué le terme anglais"software" dont l'usage était pourtant la règle il y a vingt ans.

[9]Dont la francisation "graticiel" ne semble pas plus heureuse que celle du shareware.

[10]Qui peut être consultée sur le site de la Free Software Foundation : http://www.fsf.org.

schéma de montage en quelque sorte, qui permet de produire le logiciel. Ce code est inutile pour utiliser le logiciel mais indispensable pour pouvoir modifier celui-ci.

L'une des obligations qui sont mises à la charge des utilisateurs qui souhaitent redistribuer ces logiciels libres, est de livrer obligatoirement ce fameux code source en même temps que le logiciel lui-même. Toute personne qui redistribue un logiciel libre, tel quel ou en le modifiant, l'améliorant, est également tenue de livrer le fruit de son propre travail, de sa propre modification, de sa propre amélioration, le nouveau code source ainsi obtenu.

Ce régime juridique original doit être examiné du double point de vue de l'existence même du logiciel libre, mais aussi de son utilisation et de ses conséquences entre l'auteur ou le distributeur et les utilisateurs.

Gratuité et existence des logiciels libres

Du simple fait de son existence, le logiciel placé sous G.P.L. pose un certain nombre de problèmes juridiques originaux, lors de son apparition (1) mais surtout à l'occasion de son évolution (2) et des conséquences du paiement éventuellement demandé par l'auteur (3).

1) La création du logiciel libre

Le logiciel libre est un bien meuble incorporel, qui est protégé par le droit d'auteur dès lors qu'il existe et qu'il présente un caractère d'originalité, conformément au droit commun de la propriété intellectuelle.

S'il est entièrement écrit par un auteur unique, sans réemploi de tout ou partie d'un code source préexistant, ce sera alors une œuvre originale. Si deux ou plusieurs personnes ont travaillé en commun à sa rédaction, le logiciel ainsi rédigé sera selon le cas, une œuvre de collaboration, si les auteurs ont *"concouru"* à sa réalisation, au sens de l'alinéa 1 de l'article L 113-2 du C.P.I., ou une œuvre collective, s'il a été *"créé sur l'initiative d'une personne physique ou morale qui l'édite (...) et dans laquelle la contribution personnelle des divers auteurs participant à son élaboration se fond dans l'ensemble (...)"* comme l'affirme l'alinéa 3 du même texte.

A l'exception des problèmes de paternité, donc de qualification juridique de l'œuvre, la création d'un logiciel libre ne pose guère de problèmes juridiques. Les auteurs exerceront leurs droits conformément au droit commun.

2) L'évolution du logiciel libre

En revanche, si à l'inverse de l'hypothèse précédente, l'auteur du programme a réutilisé un code préexistant, alors ce logiciel sera une œuvre composite, au sens où l'entend l'article L.113-4 du C.P.I. C'est à dire que le logiciel tel qu'il a été modifié, appartient dorénavant à l'auteur de la modification, comme le prévoit l'article L. 113-3, qui ajoute que cela se fait *"sous réserve des droits de l'auteur de l'œuvre préexistante"*.

Contrairement aux œuvres composites habituelles, le programme informatique placé sous l'empire de la G.P.L. présente ici une grande nouveauté. En effet, le respect des droits de l'auteur précédent passe non pas par la rétribution de l'auteur de l'œuvre de réemploi, si cette œuvre n'est pas entrée dans le domaine public[11], mais par l'acceptation du régime juridique qui a été choisi. En l'espèce, il s'agit pour lui de laisser l'œuvre qu'il a modifié sous le régime juridique de la G.P.L.

En d'autres termes, une fois un logiciel placé sous l'empire de cette licence, plus rien ne pourra l'en faire sortir. On peut ajouter à un logiciel placé sous le régime de la G.P.L. Mais pas en retrancher quoi que ce soit.

L'auteur initial, et la chaîne des auteurs intermédiaires, consentent donc par avance à ce que leur œuvre soit adaptée, complétée ou modifiée, sans qu'ils puissent s'y opposer. A la vérité, ceci ne pose aucun problème juridique spécifique, puisque l'alinéa 2 de l'article L. 122-6 du C.P.I. prévoit que l'auteur d'un logiciel a la possibilité de consentir à *"la traduction, l'adaptation, l'arrangement ou toute autre modification d'un logiciel et la reproduction du logiciel en résultant"*.

3) La rémunération éventuelle

Que le travail occasionné par la rédaction, ou la modification de ce logiciel donne lieu ou non à rémunération ne change rien aux mécanismes juridiques que nous venons de décrire. Ce n'est pas à cette aune que se juge le caractère de gratuité des logiciels libres, mais à la volonté de leurs auteurs de renoncer par avance à tirer un bénéfice de la nouvelle diffusion des œuvres composites futures, comprenant leur propre travail, mais qu'ils n'auront pas eux-mêmes directement réalisées.

En revanche, rien ne s'oppose à ce que l'auteur d'un programme original ou d'un programme composite placé sous l'empire de la G.P.L. tire profit de son travail. Il peut parfaitement vendre ce logiciel, mais il

---

[11]Ce qui n'est jamais le cas, en raison de la relative nouveauté de l'informatique plus que pour toute autre raison.

doit néanmoins respecter les deux obligations essentielles mises à sa charge par le régime juridique choisi : livrer les sources en même temps que le logiciel lui-même et ne pas s'opposer à une libre diffusion ou modification future de son travail par autrui.

On le voit, la gratuité d'un logiciel libre est une gratuité bien particulière, puisque celui-ci peut fort bien être vendu, mais il pourra néanmoins toujours être reproduit gratuitement en de multiples exemplaires si celui qui l'a acheté le désire.

Une fois ce logiciel rédigé, adapté, modifié ou amélioré, il va ensuite être utilisé.

Gratuité et utilisation des logiciels libres

L'utilisation des logiciels libres pose, elle aussi, des problèmes spécifiques, d'une part parce que la G.P.L. contient une clause de non-responsabilité, ce qui pose le problème de sa validité (1), et d'autre part, en cas de non application de la clause exonératoire, à cause de l'influence du caractère gratuit ou onéreux de la fourniture du logiciel sur la qualification juridique qui sera attribuée à ce type de convention, donc de l'étude du régime juridique de la responsabilité en résultant (2).

1) Logiciels libres et clauses de non-responsabilité

Comme les licences de beaucoup d'autres logiciels, la G.P.L. contient en son article 11 une clause d'irresponsabilité. Celle-ci prévoit la mise à disposition du logiciel sans aucune garantie de quelque nature que ce soit. Chose importante, elle ajoute que ceux qui ont fourni, modifié ou distribué un logiciel libre ne peuvent pas être non plus considérés comme responsables des dommages subis du fait de l'utilisation dudit logiciel. L'article suivant de la licence prévoit l'exception éventuellement imposée par tel ou tel droit positif[12].

Si le droit français admet parfaitement les clauses limitatives ou élusives de volonté, ce n'est que dans la limite de la faute lourde ou de la faute dolosive du cocontractant de la victime du dommage.

Cela dit, une modification d'origine communautaire relativement récente de notre droit positif, est venue mettre à la charge du fabricant une obligation de réparation des dommages autres que ceux subis par le

---

[12]Voir en ce sens *"La licence publique générale GNU"* par Mélanie CLEMENT-FONTAINE, mémoire de DEA Droit des Créations Immatérielles, sous la direction de Michel Vivant, Montpellier 1998-1999 non publié, semble-t-il.

produit défectueux lui-même. Il s'agit des articles 1386-2 et suivants du code civil.

Ces textes apportent donc une exception au principe selon lequel la clause d'irresponsabilité est licite en droit interne. Il semble que les logiciels, fussent-ils libres, entrent dans les prévisions de ces dispositions, dès lors que le fournisseur est un professionnel. Ce qui nous amène à la question de la responsabilité en cas de vice caché.

2) Logiciels libres et vice caché

Dans la mesure où l'article 1386-2 du code civil pose un principe général de responsabilité du fabricant, et que le logiciel, libre ou pas, semble rentrer dans les prévisions de la loi, la fourniture d'un logiciel libre défectueux peut entraîner la responsabilité du fournisseur.

Cela dit, conformément au droit commun, seuls les "fournisseurs professionnels" (article 1386-7) peuvent être inquiétés sur ce fondement juridique, ce qui exclut par principe la responsabilité d'un développeur indépendant. En revanche, il semble qu'il importe peu que la fourniture du logiciel libre soit faite à titre onéreux ou à titre gratuit lors de l'appréciation de la responsabilité du fournisseur.

Même si la problématique juridique du logiciel libre est encore vierge de toute jurisprudence en droit français, elle commence aujourd'hui à être étudiée par la partie la plus aventureuse de la doctrine. En revanche, la déclinaison de sa logique à l'œuvre littéraire ou artistique ne semble encore avoir fait l'objet d'aucune étude en droit français.

GRATUITE ET ŒUVRES LITTERAIRES OU ARTISTIQUES

La gratuité en matière de propriété littéraire ou artistique est loin d'être un problème juridique inédit. En effet, l'auteur ou ses ayants droit a toujours eu la possibilité de permettre une utilisation de son œuvre à titre gratuit. Dans ce cas, c'est au concessionnaire de prouver qu'il a bien reçu cette autorisation, qui ne peut être implicite.

Certains sont même allés plus loin en autorisant *a priori* les tiers à utiliser leurs œuvres sans aucune contrepartie. Nous pensons par exemple à Guy Debord, qui, dès le premier bulletin de l'internationale situationniste (juin 1958) précise que *"tous les textes publiés dans l'internationale situationniste peuvent être librement reproduits, traduits, ou adaptés, même sans indication d'origine."*.

Mais ces initiatives étaient restées extrêmement marginales. Aujourd'hui, la vulgarisation des nouvelles technologies de l'information et de la communication donne un second souffle à cette volition généreuse.

La gratuité des "contenus", comprenez des informations diverses diffusées sur le réseau, qu'il s'agisse de textes, d'images ou de sons, est un usage assez répandu. Les motivations de celui qui diffuse ainsi gratuitement son œuvre sont assez diverses. Qu'il s'agisse de communication institutionnelle, de marketing viral, mais aussi de la volonté d'un enseignant, d'un chercheur ou d'un simple particulier, qui souhaite faire partager ses connaissances, l'auteur ne souhaite pas forcément tirer directement un profit de ses œuvres. Il souhaite simplement que celles-ci soient diffusées, par lui-même ou par d'autres.

Il peut même aller plus loin en autorisant autrui à reprendre son œuvre afin de la modifier, de l'améliorer. C'est le sens des licences dites de "contenu libre" ou de copyleft[13].

Pour autant, ces autorisations ne vont pas sans poser quelques problèmes juridiques, que ce soit vis-à-vis de l'aspect moral ou patrimonial de la propriété littéraire et artistique.

Gratuité des œuvres et droits moraux

Les droits moraux sont classiquement conçus pour réserver au seul auteur non seulement son droit à la paternité[14] mais aussi le droit de diffuser son œuvre[15]. C'est surtout le premier de ces deux droits qui nous intéresse ici, la diffusion étant la condition *sine qua non* de l'existence de la notion même de "contenus libres".

Le respect de ce droit à l'occasion de la mise en œuvre des licences de contenu libre pose des difficultés du double point de vue du respect de l'œuvre à l'occasion des modifications futures (1) et du droit de retrait que l'auteur peut être tenté d'exercer (2).

1) La liberté de modifier

La possibilité laissée à autrui de modifier une œuvre paraît une monstruosité juridique au regard de la conception orthodoxe de la propriété littéraire et artistique. Elle est pourtant à la base de tout un

---

[13]Voir par exemple la licence Art Libre sur le site http://artlibre.org
[14]Article L. 121-1 du CPI
[15]Article L. 121-2 du CPI

courant artistique, surtout musical mais aussi pictural, qui repose sur l'échantillonnage, le réemploi de fractions d'œuvres préexistantes[16].

L'article L 121-1 du CPI dispose que *"L'auteur jouit du droit au respect (...) de son œuvre."*. Cette prérogative permet d'habitude à l'auteur de s'opposer à toute modification portant atteinte à l'intégrité de l'œuvre ainsi qu'à toute utilisation portant atteinte à son esprit. Cette disposition est reprise, dans une version limitée par l'article 6 de la Convention de Berne.

C'est pourtant à l'exercice de ce droit que celui qui choisit de placer son œuvre sous le régime du contenu libre entend renoncer. Il permet en effet à autrui de modifier librement sa création, à la seule condition que l'œuvre qui résulte de cette transformation[17] reste sous l'empire du régime juridique initialement choisi. Ceci pose la question de la légalité de cette renonciation. L'alinéa 2 de l'article L. 121-1 prévoit que ce droit est *"perpétuel, inaliénable et imprescriptible"*, ce qui permet de conclure que ce droit au respect de l'œuvre est un droit d'ordre public.

Astucieusement, certaines licences prévoient qu'elles ne constituent en rien un abandon du droit au respect de l'œuvre, mais au contraire que l'auteur entend conserver l'ensemble de ses droits moraux, afin de veiller au bon respect du régime juridique sous lequel il a choisi de diffuser sa création. Il s'agit donc, non pas d'une renonciation à ce droit, mais plutôt d'un consentement à toute adaptation, transformation ou arrangement ultérieur au sens ou l'entend l'article L 122-7 du CPI.

La question de la légalité des licences de contenu libre semble donc résolue positivement.

2) Le droit de retrait

Ce droit est organisé par l'article L. 121-4 du CPI, qui prévoit que *"l'auteur, même postérieurement à la publication de son œuvre, jouit d'un droit (...) de retrait vis-à-vis du cessionnaire."*. Cette exigence légale ne vient pas affronter la logique d'ensemble du contenu libre, puisque ce même texte prévoit l'obligation pour l'auteur *"d'indemniser préalablement le cessionnaire du préjudice que ce retrait peut lui causer"*.

Il est vrai que la mise en œuvre de cette indemnisation peut présenter des problèmes pratiques inédits, puisque si le cédant "classique" connaît nécessairement l'identité du cessionnaire, il en va différemment dans le

---

[16]Pour son application au domaine musical, lire *"Techno Rebelle : un siècle de musique électronique"* d'Ariel KYROU, Denoël X-trême, Paris 2002, notamment le chapitre *"1970-1978 Dialogue à sampler"*.

[17]Œuvre composite au sens de l'alinéa 2 de l'article L. 113-2 du CPI.

cas de la mise en œuvre de la licence de contenu libre, qui est stipulée en quelque sorte pour le compte de "qui il appartiendra".

Pourtant, ce genre de stipulation n'est au fond qu'un mécanisme contractuel connu, dont la jurisprudence future s'inspirera sans doute pour décliner les obligations réciproques des cocontractants.

Envisageons maintenant les aspects patrimoniaux de la licence de contenu libre.

Gratuité des œuvres et droits patrimoniaux

La licence de contenu libre constitue une autorisation de reproduction ou de représentation, au sens où l'entend l'article L. 122-4 du CPI. Elle permet donc d'aller au-delà des exceptions légales aux droits de l'auteur prévues par l'article L. 122-5 (copie privée, courte citation, représentation gratuite dans le cercle de famille, etc.), pour lesquelles l'utilisateur de l'œuvre n'a pas à demander une quelconque autorisation à l'auteur ou à ses ayants droit.

Le cessionnaire peut donc procéder à la *"fixation matérielle de l'œuvre par tous procédés qui permettent de la communiquer au public d'une manière indirecte"* (article L. 122-3) sans que l'énumération prévue par ce texte soit limitative, puisqu'elle est précédée de l'adverbe *"notamment"*.

En d'autres termes, une œuvre diffusée sur un support numérique pourra tout à fait être ensuite publiée sur un support analogique sans pour autant sortir du régime de la licence de contenu libre. Ainsi en ira-t-il par exemple d'un texte publié par son auteur sur le réseau, qui est ensuite publié sous forme papier.

Tout au plus peut-on remarquer que la distinction classique entre reproduction et représentation, qui garde tout son sens lorsqu'il s'agit des moyens de communication classiques, tend à perdre de sa pertinence dès qu'il s'agit d'utiliser les NTIC. En revanche, le caractère gratuit de la cession ne pose aucune difficulté, puisque cette possibilité est prévue par l'article L. 122-7 du code.

Alors que certains souhaitent limiter le droit d'auteur, qui ne serait plus adapté à l'essor de l'industrie culturelle dans la société de l'information[18], il semble au contraire que la notion de "contenu libre", nouvelle conception du droit d'auteur qui vient se superposer à la conception classique en lui empruntant ses mécanismes, vienne donner un

---

[18]Voir par exemple la Communication de la Commission de l'Union Européenne sur le suivi du livre vert, spécialement page 27 ou le Livre Blanc américain *(Intellectual Property and the National Information Infrastructure)* spécialement le paragraphe *"i- Harmonization of international systems"*, qui suggèrent en des termes différents de limiter les droits moraux dans l'environnement numérique.

nouveau souffle à la propriété intellectuelle et lui permette d'entrer de plain-pied dans l'environnement numérique.

Plus largement, la logique de la "propriété intellectuelle libre", loin d'être en contradiction avec le droit positif, ce qui eût nécessité une (improbable) modification législative pour les rendre compatibles, est parfaitement conforme aux textes applicables. Même si cette volonté généreuse de partage évolutif n'était visiblement pas au centre de la logique du rédacteur du code de la propriété intellectuelle, celle-ci se satisfait pleinement d'emprunter des mécanismes juridiques conçus pour une autre fin, afin de bientôt prospérer.

Qu'il nous soit permis de conclure, enfin, que, l'oméga rejoignant l'alpha, les nouvelles technologies peuvent permettre aujourd'hui de mettre largement en œuvre cet adage ancestral qui veut que, lorsque deux sages ont chacun un livre et se le donnent, ils n'ont toujours chacun qu'un seul livre, alors que s'ils ont chacun une idée et se la donnent, ils ont désormais chacun deux idées.

ANNEXE

LICENCE DE CONTENU LIBRE

Cette licence a été initialement rédigée en février 1997 (version 1.0) par l'auteur de cette étude. Elle a depuis été révisée à deux reprises et lui permet de placer l'ensemble de ses travaux à la disposition de l'ensemble des utilisateurs de l'Internet et de la communauté scientifique. Il souhaite que le présent texte circule, lui aussi, librement sous le régime de cette licence.

Article 1 : Objet

Cette licence a pour objet de définir le régime juridique sous lequel l'auteur (le cédant) de l'œuvre soumise à la présente licence entend permettre l'utilisation de son œuvre par autrui (le cessionnaire).

Article 2 : Droit de reproduction

Le cédant concède au cessionnaire le droit de copier, de diffuser sans limite tout ou partie de la présente œuvre, par quelque moyen que ce soit.

Article 3 : Droit de modification

De même, le cédant autorise le cessionnaire à procéder à toute modification, adaptation ou représentation de quelque sorte que ce soit.

Article 4 : Obligations du cessionnaire

Le cessionnaire s'engage à laisser l'œuvre reproduite ou modifiée au sens des articles précédents sous le régime de la présente licence.

Article 5 : Mentions obligatoires

Les copies ou adaptations de l'œuvre concédée doivent être accompagnées :

- du nom de l'auteur initial, suivi éventuellement du nom du ou des auteurs ayant modifié l'œuvre
- du texte de la présente licence ou de l'indication précise de la façon d'en prendre connaissance.

Article 6 : Durée de la licence

Le fait de copier, de diffuser, de modifier, l'œuvre placée sous le régime de cette licence constitue notamment une acceptation de la licence

Elle continue d'exercer son emprise juridique sur l'œuvre originale ainsi que sur les œuvres dérivées tant que durent les droits d'auteur qui leurs sont attachés.

Article 7 : Perte du bénéfice de la licence

Sans préjudice de l'application de l'article suivant, le cessionnaire perd automatiquement les droits qu'il tenait de cette licence dès lors qu'il n'en respecte pas l'ensemble des termes.

Article 8 : Manquements à cette licence

Toute utilisation de l'œuvre originale ou des œuvres dérivées non conforme à cette licence entraîne la responsabilité civile et pénale du cessionnaire, selon le droit positif.

La gratuité, une composante de l'accès au droit

*Danièle Bourcier**

"Nul n'est censé ignorer la loi"
"Arrêt lu à l'audience appartient au public"

L'accès à l'information juridique évolue vers la reconnaissance d'un service public qui devrait s'accompagner d'une diffusion gratuite sur Internet dans l'année 2002. La réflexion qui nous avait été proposée – sur les rapports entre service public et néolibéralisme – pourrait donc s'arrêter là. Pourtant, le sujet est loin d'être épuisé.

La lutte a été longue et la partie n'est pas gagnée. La démocratie – mais aussi le marché – a besoin de la libre circulation de l'information. Pourtant, soyons clairs. Si un véritable accès au droit ne peut se faire sans la quasi gratuité du service, la gratuité – et laquelle – n'est qu'un aspect de l'accès au droit. D'autres besoins se profilent avec le développement des technologies de l'Internet et l'élévation du niveau de connaissance des internautes. En effet, si le droit est devenu complexe, pléthorique, souvent illisible, la plus attendue des compensations ne serait-elle pas qu'une interactivité plus adaptée leur permette un meilleur accès à la norme ?

Cependant, sous la pression du marché, de nouvelles catégories comme information enrichie, information intermédiaire et information brute, ou données essentielles et données professionnelles ont émergé, qui

* *Directrice de recherche au CNRS, Université de Paris-X Nanterre.*

laissent prévoir des restrictions ou des exceptions possibles à la plus large ouverture du service public. En effet, c'est dans un environnement concurrentiel que la notion de *service public de l'information juridique* s'est construite. L'affirmation progressive du principe d'un égal accès à l'information juridique s'est accompagnée de la reconnaissance du rôle spécifique de l'édition privée et de la nécessaire valorisation de ces fonds comme ressource économique et culturelle[1].

Quant au *principe de gratuité*, il nécessite une précision par rapport au service public. Certaines dispositions législatives imposent cette gratuité comme celle de l'enseignement primaire (loi du 16 juin 1881). Mais en général le droit administratif ne reconnaît pas la gratuité comme un principe général du droit. Il fallait donc qu'une loi couronne la lente marche vers la reconnaissance d'un droit d'accès aux règles de droit, dans un contexte européen, là où, néolibéralisme oblige, le service universel parlera de "prix abordable".

Nous verrons d'abord quelles sont les dimensions économiques des données juridiques, puis nous analyserons en France les grandes étapes de la reconnaissance d'un service public gratuit à l'information juridique.

LA DIMENSION ECONOMIQUE DE L'INFORMATION JURIDIQUE

On a parfois distingué, parmi les données publiques, les données secrètes, les données "appropriées" et les données de libre parcours[2]. Ce sont les données publiques de libre parcours que nous analyserons. En effet, l'accès au droit sera vu du point de vue de l'usager et du citoyen et non du point de vue du secteur marchand[3].

L'information juridique : entre fonction et valeur

L'information juridique fait partie des données publiques. Mais qu'entend-on par données publiques ? Pour la Commission européenne, une *donnée publique* est une donnée qui émane du secteur public. Quant

---

[1] *Livre vert* sur l'information émanant du secteur public dans la Société de l'information (adopté par la Commission européenne le 20 janvier 1999).

[2] P. CATALA, Banques de données juridiques et accès au droit, *Colloque Justice et Nouvelles technologies de l'information et de la communication*, Versailles, 26 octobre 2001.

[3] On ne discutera pas ici du droit pour les entrepreneurs d'accéder aux données publiques en vue de créer des outils enrichis ou spécialisés diffusables sur le marché, ou du statut des produits "appropriés", que les pouvoirs publics mettent en ligne sur le guichet public (comme la base JURIS, produite par convention entre le ministère de la justice et la société Jurisclasseur).

au *secteur public*, il peut avoir une définition *fonctionnelle* (il est défini par le droit administratif comme assurant l'autorité de l'Etat ou l'exécution des tâches de service public), une dimension *institutionnelle* (il représente les organismes chargés d'appliquer les textes), ou un critère *financier* (il inclut les organismes ne fonctionnant pas suivant les lois strictes du marché).

Par rapport à cette définition, l'information juridique est donc une donnée du secteur public car elle est liée à la fonction même du gouvernement ou de l'administration. L'Etat, depuis toujours, est engagé dans la collecte des informations juridiques, leur utilisation par ses agents, et par leur communication tant aux citoyens qu'aux institutions qui ont pour mission d'élaborer la législation, de la faire respecter ou de dire le droit. Désormais, l'Etat de droit implique la transparence de la production et de l'application du droit mais aussi sa plus large diffusion. Les données juridiques sont même considérées comme des biens publics, "insusceptibles d'appropriation... comme un patrimoine commun à tous et devant être mis à la disposition de chacun"[4].

Privilégier cette fonction aurait pu conduire à une certaine ouverture (disponibilité maximale et prix coûtant) tant vis-à-vis des citoyens intéressés par les données essentielles ou de base, que des entreprises chargées d'y ajouter de la valeur ajoutée. En réalité, les politiques françaises dans ce domaine depuis une vingtaine d'années ont conduit à un certain type de monopole, renforcé par la délégation de service public à un concessionnaire à la fois diffuseur et distributeur exclusif.

Ce n'est pas l'ouverture mais l'équilibre budgétaire qui a été privilégié au départ, avant que la notion de service public ne rétablisse l'équilibre en faveur de l'ouverture. En effet, le traitement de cette information, dès la constitution des banques de données, a été considéré comme provoquant un surcoût par rapport à la diffusion de l'imprimé, surcoût qui ne pouvait être pris en charge par les pouvoirs publics. De là sont nés les paysages successifs de l'organisation du secteur, traduisant les hésitations à l'égard de cette prise en charge et des modes de tarification qui devaient en résulter.

L'organisation économique du secteur

En France, l'accès au droit est encadré par une concession accordée en 1998[5] jusqu'en 2004 (en réalité 2002, comme nous le verrons plus loin).

---

[4] N. MALLET-PUJOL, *La commercialisation des banques de données*, éd. CNRS, 1993.
[5] Traité du 11 février 1998.

Cette situation de monopole existe depuis 14 ans avec l'Européenne de données en qualité de diffuseur. ORT, la société concessionnaire en question, a été rachetée par Reuters qui prend 100 % du capital fin 1999. Pourtant aucun motif tiré du service public ne peut lui être reproché. De même, un recours, déposé par l'Ordre des avocats, n'a pas pu obtenir les résultats escomptés sur le terrain de l'atteinte à la concurrence[6].

La situation a finalement évolué, face à l'émergence d'un certain nombre de paradoxes. Le paradoxe fondamental est qu'en 1998, 80 % du chiffre d'affaires des consultations a été réalisé par les services de l'Etat (site Internet et 3613 JURIFRANCE). Or la plupart des services de l'Etat sont en mesure de créer eux-mêmes leurs bases de données.

Un autre paradoxe réside en ce que *Legifrance*, qui est de plus en plus interrogé (4 millions de connexions en janvier 1999 et 7, 5 millions en novembre 1999) ne rapporte plus rien à la concession[7]. L'Etat remédie à cette situation en minorant de moitié les redevances dues par le Journal Officiel et le Secrétariat Général du Gouvernement. Mesure reconduite en 1999. L'équilibre commercial est donc vain et nuit à l'extension de la diffusion gratuite sur l'Internet qui est une demande constante des usagers. La gratuité est pour ces usagers (professionnels, usagers intermédiaires ou citoyens) certainement un des éléments fondamentaux d'un service d'accès au droit.

Convertir l'information juridique en valeur économique est certainement une idée récente dans l'histoire du droit. Le roi ou l'empereur faisaient de cette diffusion un élément de leur pouvoir symbolique, à la mesure des supports utilisés : pierre en dorite, tableau sur l'agora, stèles sur les routes de l'Orient[8]. Les lois pouvaient être affichées largement car elles étaient peu nombreuses. L'imprimerie assure désormais la diffusion quotidienne des milliers de normes qui encadrent nos vies et le coût du Journal officiel[9], publié sur papier recyclé, est resté fort modeste[10].

---

[6] Voir CE sect. 17 décembre 1997, *Ordre des avocats à la Cour de Paris*, concl. Combrexelle, qui rejette la requête faite contre le décret du 31 mai 1996.

[7] Et que celle-ci a eu en 1998 un résultat d'exploitation négatif de 12,7 millions de Francs…

[8] Pour un aperçu sur l'évolution des supports du droit : D. BOURCIER, "Le marcheur de Sumer", *Passages d'Encres*, La loi l'écriture, 2001, p. 14-15.

[9] En 1631, la Gazette de Théophraste Renaudot devient le premier journal français. En 1762, la Gazette de France est rattachée au ministère des Affaires étrangères. Sous la Révolution, en novembre 1789, elle s'appelle Gazette nationale de France, imprimée par un éditeur privé. En 1792, la Gazette devient quotidienne.

[10] Rappelons que le coût de l'abonnement annuel au J.O. papier, édition"Lois et décrets", n'a pratiquement pas changé durant 20 ans. Il est de 716 F TTC (abonnement et frais de port compris). Le coût d'un J.O. papier, édition"Lois et décrets" au numéro était de : - 4 F 50 à la librairie des JO; - 7 F par correspondance (frais de port compris).

L'évolution technologique a introduit une nouvelle dimension économique dans la diffusion du droit. À la différence des autres données publiques, l'information juridique a fait l'objet rapidement d'un traitement particulier dans le cadre des banques de données, traitement qui impliquait des investissements en ressources informatiques et humaines : en plus de la re-saisie des textes, les logiciels et les méthodes nécessitaient de nouvelles expertises et des moyens informatiques puissants. En 1968, un bureau d'informatique juridique est créé au conseil d'Etat, devenu en 1971, avec un budget propre émanant du ministère de la Justice, le Centre d'informatique juridique (CEDIJ)[11]. Le début des années 80 a connu une multiplication des projets de banques de données publiques et semi-privées, tous plus ou moins aidés par les pouvoirs publics. Certains projets de qualité ont disparu (SYDONI) mais il était de notoriété publique qu'aucun de ces systèmes n'avait (encore) trouvé un marché susceptible d'assurer un quelconque retour sur investissement ou même, pour le CEDIJ, le fameux "petit équilibre".

En vingt ans, la situation a changé : il existe un marché de l'informatique juridique publique.

On a chiffré la reprise du fonds de JURIFRANCE à 50 millions de francs (reprise en régie)[12].

Le marché de l'information juridique

Le marché de l'information juridique électronique représente actuellement 3 % du marché français de l'information électronique. Il est dominé par les filiales des entreprises mondiales Wolters Kluwer et Reed Elsevier, respectivement Lamy Groupe Liaisons, et Jurisclasseur Litec. Une enquête[13] projette qu'en 2005, ce marché dépassera le cap du milliard de Francs. Mais l'édition électronique ne représente encore que 8 % par rapport à l'édition papier. En tout cas le taux de croissance est considéré comme un des plus fort de ce marché de l'information.

Les conclusions de cette enquête insistent sur l'absence de règles claires et consensuelles de la part de l'Etat. Même l'intervention des organismes publics dans ces secteurs marchands se heurterait à la tradition régalienne. D'un autre côté (et peut être aussi pour cette même raison), il est remarqué que les acteurs privés vivent "plutôt de la

---

[11] Dans le début des années 70, le budget annuel du CEDIJ par exemple était de plus de 7 millions de francs.

[12] *Rapport MANDELKERN*, Commissariat au Plan, novembre 1999.

[13] Enquête du Groupement Français de l'industrie de l'information, *L'Information électronique professionnelle en France : industrie et marché. Données 2000 - Projections 2001*, Ministère de la recherche, mai 2001.

valorisation directe ou indirecte de données d'origine publique" que de contenus propriétaires. Autrement dit, les éditeurs juridiques ont encore à trouver leur place dans ce secteur. Les acteurs français en effet auraient été trop influencés par la rente télématique, et ignorants du "modèles d'affaires de l'Internet". La situation est en train d'évoluer rapidement en matière de cédéroms[14].

D'un autre côté, le rapport Lorentz a stigmatisé l'organisation de la diffusion télématique et surtout souligné que le Minitel a suscité des pratiques de commercialisation critiquables dans les organismes publics : "*Pour l'ensemble des administrations et des établissements, il serait souhaitable que le ministère de l'Economie veille à ce que les recettes de diffusion ne soient pas le critère de décision s'agissant de la diffusion des données (...) Des résultats pervers ont pu en résulter, les coûts ne pouvant être clairement identifiés et la rentabilité évaluée*"[15]. Ces questions paraissent éloignées de la question de la gratuité et pourtant le modèle français – jusqu'aux dernières politiques lancées depuis 1998 – ne semblait satisfaire ni la diffusion marchande ni la diffusion citoyenne. Il est vrai que la France se distingue radicalement du modèle américain[16] car elle a adopté une diffusion publique *à moindre coût* mais *fiable* et surtout *non soumise à la rentabilité* par segments de produits ou de marché. Ce choix s'est inscrit dès 1984 dans le développement d'un concept de tradition bien française, celui de service public - que nous verrons plus loin.

Les modes de tarification de l'information juridique

La question de la tarification a commencé à se poser dès que les banques de données ont été mises à la disposition d'usagers extérieurs à l'administration.

---

[14] Voir l'ensemble de l'offre sur <http://www.ccr.jussieu.fr/urfist/jurisguide/>.

[15] Rapport LORENTZ, *Clarifier le rôle de l'administration*, chapitre IV 3.2.1.

[16] La différence avec les Etats-Unis est que l'accès aux données aux Etats-Unis est une norme. Dans le secteur non lucratif, les bibliothèques bénéficient de cet avantage (Freedom of Information Act, 1966). Mais c'est surtout le secteur privé qui est considéré comme le fer de lance de la diffusion car il connaît les besoins et les techniques. Il ne peut donc être concurrencé par l'administration dans la production de services à valeur ajoutée. L'Etat ne peut entreprendre ce que le secteur public peut réaliser : l'accès est gratuit... pour les entrepreneurs. Il ne l'est pas automatiquement pour les usagers du droit. En France, la tradition est contraire ; une activité privée à but non lucratif ne peut profiter du travail élaboré par une collectivité publique. Aux USA, le prix des données ne peut dépasser le coût de diffusion. L'administration ne peut essayer de récupérer les coûts de production de collecte, et de traitement. Elles ne peuvent créer des recettes pour l'administration.

Dans une enquête menée en 1984 au niveau européen[17], un tableau des coûts montrait que les heures de liaison étaient déjà facturées 630 F au CEDIJ. Le prix de l'information en ligne était âprement discuté au sein de l'administration parce qu'il créait une inégalité entre les professionnels (avocats - magistrats), voire entre les institutions elles-mêmes (Ministère des finances et Parlement). Les banques de données émargeaient dans les budgets en tant que documentation interne et non comme moyens de communication et de diffusion : les heures de connexion étaient sévèrement contrôlées dans certaines administrations.

Les divers systèmes s'accordaient sur un droit d'entrée et un tarif horaire. Certains, comme SYDONI et JURISDATA, imposaient un coût minimal de connexion[18].

Puis est arrivé l'Internet, et surtout la numérisation des données à la source. Actuellement seul le site *Legifrance* diffuse gratuitement "l'essentiel du droit français" sur l'Internet et ce, depuis le 1er janvier 1998. L'essentiel est défini comme une sélection de textes, les codes officiels, la jurisprudence des hautes juridictions et de projets de lois. En 2001, le périmètre a été étendu et des liens nouveaux ont été créés : sur le site service-public.fr, à partir des réponses aux questions sous la rubrique *Droits et démarches*, on peut obtenir un lien vers les textes de référence sur *Legifrance* par exemple. Une extension du fonds de *Legifrance* a aussi été décidée : diffusion gratuite du JORF, lois et décrets consolidés, conventions collectives, abonnement électronique au Journal officiel.

La seule véritable banque de données publique professionnelle, JURIFRANCE, sous titrée "le droit français en ligne"[19] était payante. La tarification comprenant un droit d'accès (un "péage") annuel de 1 800 F (HT) et un tarif à l'affichage du document variant de 23 F à 180 F.

Malgré la similarité apparente des fonds, les données traitées par chacune des deux banques de données sont différentes en volume et en précision. Un exemple, pour l'année 2001, dans le fonds Cour de cassation, *Legifrance* met en ligne 359 arrêts. JURIFRANCE propose un fonds global de près de 200 000 arrêts[20].

---

[17] *Informatique et droit en Europe*, Université libre de Bruxelles, Bruylant, 1985.

[18] LEXIS en 1991 demandait un coût d'abonnement de 1 150 F mois et des frais d'interrogation : 450 F l'heure et 75 F la question, plus une formation de 1 500 F.

[19] Qui recouvre en particulier : le J.O.R.F. depuis 1953, tous les codes consolidés, la totalité des décisions du Conseil constitutionnel, la jurisprudence de la Cour de cassation depuis 1960 (avec des inédits, en tout un peu plus de 200 000 arrêts), des Cours d'appel (une sélection de plus de 300 000 arrêts), du Conseil d'Etat et des juridictions administratives (plus de 100 000 arrêts).

[20] Les comparaisons sont difficiles à établir avec le secteur privé. Les contenus et les services sont plus diversifiés : actualités, commentaires, textes, forums. Ainsi DALLOZ offre un accès au site et l'inscription à sa liste personnalisée suivant un abonnement

Rappelons que l'information publique jurisprudentielle (malgré le brocard mis en exergue de cet article) n'a jamais été gratuite. La Cour de cassation estime que son propre fonds de concours (à partir de la "vente" de ses arrêts) représente 1/5 de son budget de fonctionnement[21]. Le Conseil d'Etat tire aussi un revenu important de ses analyses. Les ventes au fonds de concours rapportent 1,5 MF c'est-à-dire 10 % de son budget de fonctionnement. Malgré ces recettes, la plupart des producteurs sont prêts pour la gratuité. La Cour de cassation et le Conseil d'Etat distribueront le texte intégralement, avec les titrages et sommaires.

Numérisation et coût de l'information juridique

Trois facteurs auraient pu abaisser considérablement le prix de l'information en ligne :
- le tarif des télécommunications sur Minitel puis sur Internet ;
- la numérisation systématique à la source des textes ;
- l'usage de méthodes de plus en plus automatisées de préparation des banques de données.

Paradoxalement, les technologies ont rendu l'information dite de *base* c'est-à-dire brute et sans traitement, plus chère. Rappelons que, suivant la doctrine de l'administration, la notion de "données essentielles" semble recouvrir un contenu (textes les plus importants) alors que celle de "données brutes" renverrait à un mode d'accès (données directement accessibles et non constituées en bases de données). Prenons un exemple d'évolution du coût de l'information juridique (brute au départ) lorsqu'on passe de la chaîne papier à la chaîne électronique : alors que le Code général des collectivités territoriales (sur papier) coûtait 3,80 F le jour de sa publication aux Journaux officiels, cette édition, vite épuisée, s'est transformée en ouvrage de plus de 130 F quelques semaines après (publiée par un autre service des J.O.). Son interrogation dans la base de données publique JURIFRANCE coûtait, au même moment, 700 F HT de l'heure.

Ainsi, le prix de l'information juridique, qu'elle soit issue du secteur privé ou du secteur public, a augmenté avec la numérisation, dans la mesure où l'information de base peut être rendue moins disponible (on ne discute pas la question de savoir si les services sont plus performants). Cet écart est sans doute plus visible, pour l'information publique : les

forfaitaire de 1 740,00 F (HT). Chez LAMY, les livres électroniques (CD roms et mises à jour) oscillent entre 2 000 et 4 000 F. Quant à TRANSACTIVES, les abonnements sont pour ADMINISTRAL (Bulletins doctrinaux en matière de droit administratif élaboré par le CNRS) de 6 000 F et pour le DOCTRINAL de 10 000 F.

[21] et les redevances d'ORT, 500 KF.

textes, données brutes le jour de leur publication légale, deviennent peu à peu des données de... "bases de données" justifiant une tarification.

Faut-il un accès gratuit complet aux données publiques ? Et si le secteur public propose la gratuité des données avec un service correspondant à une exigence de compréhension des règles, que vont faire les éditeurs privés ? L'administration n'est-elle pas en train de leur faire concurrence ?

Pour certains, deux valeurs se côtoient et doivent se combiner : la liberté du commerce et de l'industrie et les exigences du service public avec un accès à prix coûtant à l'information (H. Maisl).

Pour d'autres, "l'intérêt général s'attachant à la communication des informations administratives sous-tend toutes les interrogations sur l'accès et la diffusion" (J.-E. Schoettl). L'administration a une obligation de diffusion et c'est cette obligation qui justifie le monopole. Cependant, la difficulté vient de "l'imprécision des champs respectifs des secteurs public et privé". C'est ce cadre juridique que l'évolution technologique et la demande politique sont en train de modifier mais "un droit des données publiques reste à inventer"[22].

La consécration de la notion de service public de qualité, à prix coûtant, respectant l'obligation de diffusion, bouscule cet équilibre en inventant le cadre juridique dans lequel vont désormais évoluer les acteurs.

L'ACCES AU DROIT : LA LENTE CONSTRUCTION D'UNE MISSION DE SERVICE PUBLIC

La diffusion du droit - dans le droit-fil de la tradition du "roi du droit" sumérien, et des codificateurs successifs - était une notion plutôt régalienne. Elle est devenue en trente ans un service public. Un service public est plus qu'un service technique, un guichet unique, ou un portail. Il représente un régime juridique avec des valeurs, des représentations collectives, un ensemble de missions diverses (de souveraineté ou industrielles ou commerciales). Mais la notion de service public dans ce domaine a évolué.

Le service public est généralement défini comme une activité ou une mission. L'activité de mise à disposition puis de diffusion du droit a d'abord été *organisationnelle*, *fonctionnelle* puis *finaliste*[23]. Nous le

---

[22] Voir les enjeux du débat dans les *Cahiers français* n° 295, La documentation française, 2000.

[23] V. G. J. GUGLIELMI & G. KOUBI, *Droit du service public*, Montchrestien, 2000, p. 62-72.

verrons à travers plusieurs textes ou rapports qui, de 1984 à 2000, ont participé à la construction de ce nouveau service public.

Une approche organisationnelle du service public : la création du Centre national d'informatique juridique

En 1984, un rapport, le premier de ce type sur les politiques publiques d'information juridique a été l'occasion d'une grande consultation en matière d'information juridique[24]. Ce rapport parlait de créer un "service public de la documentation juridique" et non d'accès aux données. Ce service devrait se focaliser sur la production et non sur la diffusion des données juridiques.

La lettre de mission du Premier ministre (1983) demandait "de trouver des solutions économiques et acceptables par le plus grand nombre des intéressés en vue d'un développement cohérent des banques de données juridiques et l'organisation d'un service coordonné pour les utilisateurs".

Dans les propositions figure une sorte de *modus vivendi* fixant la coopération entre banques de données, la limitation de l'auto-production et l'harmonisation des initiatives publiques et privées C'est en dernière place qu'est alors évoqué pour la première fois et généreusement l'accès des utilisateurs à l'ensemble des bases de données.

Dans cette proposition, il est dit que l'utilisateur doit pouvoir "*faire un choix entre les différentes bases de données, le libérer des entraves techniques ; cette unification technique doit lui permettre de lutter contre les diverses inégalités d'accès à la documentation juridique automatique : entre l'administrateur et l'administré, entre le riche et le pauvre, entre l'utilisateur formé et le débutant*".

Parmi les scénarios écartés, figure le monopole public. Pourquoi ? Les auteurs du Rapport indiquent qu'il est contraire à une liberté fondamentale et qu'il est inutilement coûteux pour les finances publiques.

Ce qui est plus intéressant, c'est l'alternative d'un Journal officiel électronique (J.O.E.L.) proposée par J.-E. Schoettl. Ce fonds est exploité à partir des bandes de photocomposition du Journal Officiel et aussi la banque de données de service public assurant la couverture des sources du droit.

Le J.O.E.L. est un passage obligé pour les bases produites par les administrations. Mais il n'est pas un monopole car elles peuvent être diffusées par d'autres canaux. Il serait chargé de la *diffusion verticale* (pour l'utilisateur final) des textes et de la jurisprudence des cours

---

[24] *Rapport sur les banques de données juridiques* (1984) dit Rapport LECLERCQ, non publié.

suprêmes, mais la *diffusion horizontale* des textes sur support magnétique peut bénéficier à qui veut traiter ou redistribuer ces données.

Quelle est la particularité de cette proposition ?

La première est qu'elle est destinée à permettre à un organisme doté d'une mission de service public d'exercer cette mission et ne peut être, de ce fait, que gratuite pour le J.O.E.L., alors que la loi du 17 juillet 1978 prévoit la facturation des documents administratifs.

Les administrations donnent leurs textes gratuitement, ou sous-traitent au J.O.E.L. L'usager n'a donc pas à payer les frais de constitution des bases (la collectivité les assume) mais seulement à couvrir le coût marginal de son interrogation, augmenté de sa quote-part pour les frais de fonctionnement courants du J.O.E.L. L'économie générale est de n'astreindre ce projet qu'au petit équilibre.

Comme la génération actuelle ne peut payer les dépenses pour les générations futures, et que l'information juridique est un *bien collectif*, la banque de données constitue un activité génératrice de ce que les économistes appellent *effets externes* car son utilisation comporte des effets positifs pour d'autres que ses utilisateurs directs (en facilitant le travail législatif ou juridictionnel).

Le J.O.E.L. devait, donc, en vertu de sa vocation de service public :
- étendre sa couverture,
- expliciter à la source,
- renoncer à toute analyse non autorisée,
- et respecter des obligations de service public : égalité de traitement, continuité, actualité, neutralité, mutabilité...

Il faudra attendre l'arrêté du 12 octobre 1994 pour que soit créée et diffusée la *base de données informatisée du Journal officiel des lois et décrets.*

C'est en revanche peu après, et par décret, que sera conçu le premier *service public des bases et banques de données juridiques* doté d'un organisme de production le Centre national de l'informatique juridique, la diffusion et la commercialisation étant assurée à travers un guichet unique: JURIDIAL. L'accent est mis sur la constitution du fonds lui-même. Le décret du 24 octobre 1984[25] ne créera pas un service public de l'accès au droit mais planifie un réaménagement institutionnel du *système technique*. La circulaire du 11 février 1995 parle en effet d'une réorganisation du "système informatique d'accès au droit, qui vise à

---

[25] Ce décret a été modifié par le décret du 22 mars 1993 qui dissout le Centre national d'Informatique juridique et l'intègre dans la Direction des Journaux officiels : le champ des données est élargi notamment au droit européen, aux actes des autorités indépendantes et aux cours d'appel.

améliorer le service rendu aux usagers par les banques de données juridiques". Mais le "service rendu" n'est encore nulle part défini. Le service public est assuré par le CNIJ mais celui-ci étant supprimé en 1993[26], la notion de service public évolue vers une approche plus fonctionnelle.

Une approche fonctionnelle du service public : le rassemblement et la mise à disposition du droit

Le décret n° 96-481 du 31 mai 1996 relatif au service public des bases de données juridiques ne crée pas un organisme qui serait un service public en soi ou par nature[27] mais donne, par la voie d'une définition réglementaire[28], *une approche fonctionnelle* du service public : "*vise à rassembler et mettre sous forme de bases de données informatisées en vue de leur consultation par voie ou support électronique le texte et les éléments de description et d'analyse documentaire...*" d'un ensemble de sources législatives, réglementaires, juridictionnelles. On parle de moyens mis en œuvre pour des buts précisés ("en vue de...") mais le service ne définit pas une mission qui serait indépendante des moyens mis en œuvre.

Que remarque-t-on, à part la disparition du mot "banques de données" ?

D'abord les technologies ont évolué : disque optique, numérisation. Les rapports ont changé entre producteurs et diffuseurs, rapport qui ne fera que se creuser. L'article 1er redessine les contours du service public. Les deux principales innovations concernent : la diffusion qui n'est plus limitée à la télématique, le *corpus* qui s'élargit à la jurisprudence des cours et tribunaux judiciaires.

Le décret n'évoque pas la révolution qui est en train de réveiller les discours politiques et administratifs sur les données publiques : l'Internet. Quinze jours auparavant, une circulaire datée du 15 mai 1996 allait marquer la première étape de la prise de conscience du rôle de l'Internet dans la communication publique. Elle créait la racine "gouv.fr" et ouvrait la voie aux sites ministériels.

---

[26] Décret 22 mars 1993.

[27] CE sect.17 décembre 1997, *Ordre des avocats à la Cour d'appel de Paris,* précit.

[28] et non législative : voir G. J. GUGLIELMI & G. KOUBI, *op. cit.* p. 261.

Une approche finaliste : vers un service public gratuit d'accès au droit (SPAD)

Les évolutions technologiques ont rendu plus sensible la question de l'accès à l'information pour les citoyens. La télématique puis le minitel[29] mais aussi l'Internet ont rendu les administrés plus exigeants. Le discours du Premier ministre à Hourtin en août 1997 et le lancement du Programme d'Action gouvernemental pour l'entrée de la France dans la société de l'information (PAGSI) le 16 janvier 1998 marquent un réel désir des pouvoirs publics à promouvoir une administration plus active dans la transparence et notamment dans la diffusion *gratuite* des "données publiques essentielles" que sont les grands textes de notre droit, l'information administrative du public, les documents publics, les données culturelles essentielles.

La circulaire du 17 décembre 1998 créera *Legifrance "service d'information juridique* conçu pour permettre l'accès d'un large public à un ensemble de données juridiques *essentielles* dans des conditions alliant *simplicité technique et sécurité juridique*". *Legifrance* comprend l'édition du JO depuis 1998, les grands arrêts, les codes, et les principaux textes isolés (82). Une rubrique d'actualité complète le tout. Le premier texte est l'ordonnance du 1er juin 1828 sur les conflits d'attribution entre les tribunaux et l'autorité administrative et la loi de 1850 sur l'enseignement. On remarquera que le choix de l'organisation sous forme de service public y est réaffirmé et motivé par la qualité des données à savoir "fiabilité, exhaustivité, qualité de la diffusion".

Bien que réalisée de fait, la gratuité du service n'est pas mentionnée dans la circulaire. En revanche, la circulaire du 28 janvier 1999 relative à la diffusion *gratuite* des rapports officiels sur l'Internet évoque à nouveau les objectifs du PAGSI : "*La diffusion* gratuite *des données publiques essentielles sur l'Internet est l'un des objectifs prioritaires retenus... Des innovations ont été réalisées dans ce sens notamment avec la création des sites Legifrance et Admifrance*". C'est aussi le "*moyen d'accroître la participation des citoyens au débat politique et à la préparation des décisions administratives, de s'affranchir des limites inhérentes à la diffusion des documents imprimés et de donner une meilleure vue sur l'action publique, notamment depuis les pays étrangers*". Pour la première fois, la gratuité est évoquée *indépendamment de l'organisation*

[29] Rappelons que beaucoup de bases de données *publiques* sont accessibles (et interrogées) par MINITEL suivant divers paliers : le Journal officiel (3615 JOEL) à 2, 23 F la minute ou LEGI (ensemble de la législation et des traités français) sur 3617 à 5,57 F la minute.

du service public lui-même, comme un moyen de finaliser le service vers une "diffusion citoyenne" effective.

Enfin, l'arrêté du 6 juillet 1999 relatif à la création du site internet *Legifrance* signale dans son article 1er que le SGG crée un site intitulé *Legifrance* "qui a *vocation à* diffuser gratuitement les données juridiques publiques"... Sa devise est "Nul n'est censé ignorer la loi". Cette diffusion est effectuée non à partir du fonds de JURIFRANCE mais des bases de données informatisées du J.O.R.F. créées en 1994.

Les rapports gouvernementaux avant[30] mais surtout dans la suite du discours d'Hourtin ont abondamment parlé de cette notion de gratuité de l'accès au droit. Le rapport Mandelkern sur *La diffusion des données publiques et révolution numérique* en 1999 avait d'ailleurs évoqué la nécessité de la "mise en ligne gratuite et exhaustive des données juridiques"[31].

Les attentes étaient fortes. Le Comité du service public des bases de données juridiques[32] qui regroupe concédant, concessionnaire, producteurs, représentants des usagers et éditeurs privés a évalué la situation : d'après un rapport de ce groupe de travail en 2000, un consensus se fait sur l'extension maximale de la gratuité : "toute donnée juridique qui peut être diffusée en ligne par les administrations doit l'être gratuitement". Deux exceptions sont soulignées :
- la vente hors consultation en ligne des données juridiques
- la souscription de licence de rediffusion des données juridiques.

La réorganisation du marché de l'information juridique semble donc se faire en 2000 autour de la liberté de concurrence excluant toute exclusivité de diffusion et tout enrichissement doctrinal des données de l'Etat.

La reconnaissance *législative* de la construction d'une *mission de service public d'accès au droit* sera réalisée par la loi n° 2000-321 du 12 avril 2000 qui, dans son titre 1 évoque un "droit à l'information, garanti

---

[30] Notamment : le rapport SOUBIE, sur *"la diffusion des données publiques et le marché de l'information ;* le rapport GROSHENS, sur "les relations entre le secteur public et le secteur privé dans le domaine de l'industrie éditoriale", 1996.

[31] Il propose que les données en ligne soient organisées en bases de données. En revanche, les liens sont mis au même niveau que les commentaires, et à ce titre écartés du service de cette base de données. Cette restriction paraît assez incongrue dans la mesure où les liens hypertexte vont être de plus en plus intégrés (via XML par exemple) dans le texte à sa source. C'est ainsi que naissent les difficultés quand des principes "juridiques" sont mêlés aux contingences purement techniques.

[32] Créé par le décret n° 99-122 du 22 février 1999 modifiant le décret n° 96-481 du 31 mai 1996 relatif au service public des bases de données juridiques.

en ce qui concerne la *liberté d'accès aux règles de droit applicables aux citoyens*"[33].

Le deuxième alinéa souligne que les autorités administratives sont tenues d'organiser un *accès simple* aux règles de droit qu'elles édictent. La mise à disposition et la diffusion des textes juridiques constituent *une mission de service public.*

Le service public n'est plus seulement *un service de collecte* documentaire consacrant un guichet unique, ou une *banque de données* regroupant des producteurs et des diffuseurs pour mettre le droit à disposition des usagers face à une carence du secteur privé ou pour assurer une complémentarité. La mission de service public consacre une finalité non plus pour les usagers mais pour les citoyens : *l'accès au droit* dont l'un des moyens sera le service public des banques de données. Cet accès doit être "simple" et les autorités administratives doivent veiller "au bon accomplissement" de cette mission.

L'Etat s'est ainsi reconnu une mission de service public vis-à-vis de la diffusion de l'information publique, mission qui inclut désormais la gratuité. Rappelons que la gratuité dans le service public à la française est préférée à la simple mention du "prix abordable" tel que l'entend le service universel à l'européenne[34]. Mais ce n'est pas la seule qualité qui est attendue de cette mission. Sous l'effet de l'évolution des technologies, la notion d'accès au droit peut évoluer. Nous conclurons en posant les termes de plusieurs débats en cours.

AU-DELA DE LA GRATUITE, L'ACCESSIBILITE

En 1999, une nouvelle étape dans l'accès au droit doit être relevée : la décision n° 99-421 DC du Conseil Constitutionnel du 16 décembre 1999 a réaffirmé indirectement, à l'occasion de la codification, les principes de création de *Legifrance*. Le Conseil Constitutionnel a en effet justifié l'urgence qu'il attache à l'achèvement des codes par le motif que cette finalité répond au demeurant à "*l'objectif de valeur constitutionnelle d'accessibilité et d'intelligibilité de la loi*", "*que l'égalité devant la loi énoncée par l'article 6 de la Déclaration des droits de l'homme et du*

---

[33] Ce principe d'accès au droit est à rapprocher de la notion d'espace public numérique qui prévoit la gratuité des prestations lors des deux heures de formation à l'Internet (circulaire du 23 août 2001 relative à la mise en place des espaces publics numériques, *JORF* du 24 août)

[34] Voir la discussion très éclairée sur ce sujet sensible de Y. POULLET, "Diffusion des données juridiques et nouveaux médias : un enjeu fondamental pour la justice", *Savoir innover en droit. Concepts, outils, systèmes, Hommage à Lucien Mehl,*

citoyen ne pourra être effective si les citoyens ne disposent pas d'une connaissance des normes qui leur sont applicables". Ce principe implique de faire évoluer la notion de service public des bases de données juridiques.

C'est sur ce principe que doit être conçue l'organisation du service public, et non exclusivement sur une optimisation institutionnelle ou technique.

Il existe de nombreuses tensions dans le statut du service public surtout quand il est confronté directement à la règle du marché. Le rapport sur le service public (1996) de Renaud Denoix-de-Saint-Marc avait insisté sur la nécessité de faire la distinction entre le mode d'organisation et les principes durables. Le droit français pouvait y retrouver ses principes fondateurs. C'est ce que nous avons essayé de montrer en repérant, au-delà des débats techniques, les étapes de la construction du service public de l'information juridique.

P.S. Deux ans après l'écriture de ce texte, l'accès à l'information juridique évolue vers la reconnaissance d'un service public administratif de la diffusion gratuite des données juridiques sur internet. En effet, un service public de la diffusion du droit par internet a été créé par un décret n° 2002-1064 du 7 août 2002, qui consacre la gratuité de l'accès aux textes juridiques. Son premier article précise que "ce service public a pour objet de faciliter l'accès du public aux textes en vigueur ainsi qu'à la jurisprudence. Il met *gratuitement* à la disposition du public les données suivantes…". Suit une énumération de textes sources. Ce décret consacre les principes mis en place dans la loi du 12 avril 2000 relative aux droits des citoyens dans ses relations avec les administrations. Il ne s'agit pas d'un service public d'accès au droit *stricto sensu*. Mais la gratuité de l'information juridique, c'est-à-dire de la diffusion de ces données sur le site www.legifrance.gouv.fr, est un élément clef du système d'accès aux connaissances juridiques. Ce service est placé sous la responsabilité du secrétariat du gouvernement et exploité par la Direction des Journaux officiels. Il met en ligne les données juridiques officielles et il offre "des instruments destinés à faciliter l'accès à ces données".

La réflexion qui a été ainsi menée sur les rapports entre service public et néo-libéralisme, pourrait avoir trouvé son aboutissement et s'arrêter à ce simple constat d'une innovation attendue. Pourtant, le sujet est loin d'être épuisé car, en dépit de cette création d'un service public par la voie réglementaire, c'est toujours et encore dans un environnement concurrentiel et pour une institutionnalisation d'un ordre concurrentiel, que la notion de *service public de l'information juridique* s'est construite et se réalise.

12

La gratuité et le domaine public

*Christian Lavialle**

Évoquer la gratuité du domaine public semble aller de soi, tellement ces deux notions sont en résonance. Le domaine public est constitué en effet pour une bonne part de dépendances mises à la libre disposition de tous. La gratuité de l'usage s'ensuit naturellement, est une vérité d'évidence. Mais il en est souvent de celle-ci comme des mirages qui s'évanouissent aussi vite qu'ils n'apparaissent. A peine la gratuité s'impose-t-elle à l'esprit qu'immanquablement revient en mémoire le souvenir du dernier péage payé à la barrière d'une autoroute ou des pièces introduites dans la fente d'un horodateur. De fait cette superposition d'images contradictoires nous paraît en définitive bien représentative de la condition juridique actuelle de la gratuité du domaine public, celle d'un principe évident mais assorti de dérogations tout aussi manifestes, de sorte qu'elle crée une ambiguïté qu'il faut essayer de lever si l'on veut au-delà comprendre l'évolution contemporaine du domaine public et, en particulier, savoir s'il fait retour vers ce qu'il était sous l'Ancien Régime, un espace producteur de richesses.

Analyser le contenu de la relation entre ces deux termes amène à définir strictement leur portée. A ce titre il convient d'abord de noter que la gratuité concerne l'usage du domaine public, c'est-à-dire que celui-ci s'effectue sans contrepartie financière. Ensuite qu'elle ne vise que l'usage collectif de ce domaine. Il est clair en effet, et personne ne le conteste, que les usages privatifs, qui confèrent aux bénéficiaires un privilège et qui sont désormais souvent fondés sur un droit réel administratif, sont soumis, car non conformes, à autorisation et au versement, en contrepartie de

* *Professeur à l'Université des Sciences Sociales de Toulouse.*

l'avantage consenti, d'une redevance[1]. Pour eux l'usage est, en principe, payant[2] et ne sera qu'exceptionnellement gratuit[3]. L'inverse serait une atteinte au principe d'égalité des citoyens devant les charges publiques[4]. Enfin il est aussi clair que le domaine public ici en cause ne peut être que celui affecté à l'usage du public et non à un service public car dans ce cas l'usager est usager du service et non du domaine et donc, si l'usage est payant, le domaine n'est pas impliqué[5]. On perçoit dès lors que le propriétaire du domaine peut être tenté de substituer cette situation à celle d'un usage direct, en délégant notamment le financement et la gestion des infrastructures nécessaires au service public à un tiers rémunéré par un système de péages. Un changement de qualification suffit pour mettre fin régulièrement à la gratuité.

Ceci étant précisé, affirmer aujourd'hui que la gratuité est un principe juridique ne peut aller sans démonstration, même si l'on ajoute qu'il s'agit seulement d'un principe général du droit et non d'un principe à valeur constitutionnelle. En effet des auteurs importants, compte tenu de la promotion des idées de gestion domaniale et de propriété publique, contestent avec une argumentation forte l'existence d'un tel principe[6], alors qu'il y a peu encore la majorité de la doctrine le posait sans en discuter. La gratuité nous paraît cependant toujours être un principe juridique car, en dehors de sa consécration par le droit positif[7], il est consubstantiel à l'idée même d'un domaine public affecté à l'usage du public qui devrait être en principe non délégable. On ne peut décider à la fois d'instituer des espaces ouverts à tous, supports du lien social et poser

---

[1] La légitimité de la redevance domaniale"contrepartie d'un avantage valorisable" a été consacrée constitutionnellement : CC, 28 décembre 2000 : *Dr. adm.* 2001, n° 41.

[2] V. l'article L. 29 du code du domaine de l'Etat. Les sociétés concessionnaires d'autoroutes font ainsi une occupation privative du domaine routier justifiant le versement d'une redevance : cf. CE, 28 juillet 1999, Cofiroute, *Rec.* p. 256.

[3] En ce sens cf. l'article 34 du même code et la réponse ministérielle n° 38712 : *Dr. adm.* 1996, n° 359.

[4] Pour la même raison, les biens du domaine privé ne sauraient être cédés à titre gratuit, ni en dessous de leur valeur. CC, n° 86-207 DC, 25-26 juin 1986, *AJDA* 1986.575, note J. Rivero. Une exception toutefois lorsque la cession est justifiée par des motifs d'intérêt général et comporte des contreparties suffisantes : CE, 3 novembre 1997, Commune de Fougerolles, *Rec.* p. 391.

[5] Le domaine n'est dans cette configuration concerné que, le cas échéant, dans les relations propriétaires-affectataires qui peuvent (concessions) ou non (mises à disposition, dotations) donner naissance au paiement d'une redevance.

[6] Notamment Y. GAUDEMET, "La gratuité du domaine public", *Mélanges P. M. Gaudemet*, Economica 1984, p. 1023 et s. ; P. YOLKA, *La propriété publique*, LGDJ (coll. bibl. dt. publ.), 1997 p. 228. Antérieurement voir aussi J.-F. DENOYER, *L'exploitation du domaine public*, LGDJ, 1969.

[7] V. en ce sens C. TEITGEN-COLLY, "Le principe de la gratuité de la circulation", *RD publ.* 1982, p. 1081.

leur non-gratuité comme principe de gestion. La gratuité n'est pas seulement "un choix de politique administrative", "un procédé technique"[8], elle participe de la philosophie du domaine public et de l'usage collectif auquel il est destiné. La remettre en cause c'est remettre en cause le domaine public lui-même tel qu'il a été pensé jusqu'à présent dans le droit fil de son inventeur moderne Proudhon[9].

Il reste que, nécessité fait loi, ce principe (I) est d'une effectivité limitée car l'administration s'efforce parfois non de le transgresser – seule, elle ne pourrait pas, sinon le principe n'existerait pas – mais de le contourner (II). Ces pratiques régulières sont un des signes par leur multiplication de la crise actuelle que traverse le domaine public qui ne saurait la surmonter que par une refondation autour des seules dépendances affectées à l'usage libre et, sauf exceptions ponctuelles, gratuit du public.

LA GRATUITE COMME PRINCIPE

Même si la gratuité du domaine public a pu être niée, nous l'avons vu, en tant que principe, il semble bien qu'elle doive être considérée comme une composante de l'affectation publique, un élément de l'aménagement spécial. De ce point de vue, elle est un principe domanial substantiel. Imposé par le juge administratif aux autorités gestionnaires du domaine, il est formellement un principe général du droit sans valeur constitutionnelle et donc limité dans son champ d'application par l'existence de lois créant des péages.

Un principe domanial

Classiquement l'usage du domaine public affecté à l'usage du public est commandé (dès lors qu'il est conforme à cette destination à savoir collectif et anonyme) par les principes de liberté, d'égalité et de gratuité. Si le respect de ces trois principes semble la condition de la réelle mise à disposition d'un bien au public, on perçoit aussi que ces trois principes ne

---

[8] Y. GAUDEMET, *op. cit.* p. 1024.

[9] PROUDHON en ce sens considère que chacun a un droit réel d'usage sur le domaine public : *Traité du domaine public*, 1833, t. 1, p. 14. Cependant, contre la conception de PROUDHON, le domaine public sera approprié par les personnes publiques qui dès lors chercheront à l'exploiter d'où la remise en cause de la gratuité. Celle-ci est davantage liée en effet à une perception du domaine public comme *res communis* ou trust que comme propriété publique. V. aussi en parallèle I. SAVARIT,"Le patrimoine commun de la nation, déclaration de principe ou notion juridique à part entière", *RFDA* 1998, p. 314, C. LAVIALLE,"Des rapports entre le domaine public et le régime des fondations", *RDP* 1990.469.

peuvent avoir, malgré la rime[10], la même portée. D'abord parce que les deux premiers à la différence de la gratuité, sont les deux axes de notre système juridique, et avec la fraternité les emblèmes de la République française, ensuite car en elle-même la gratuité ne peut être érigée en valeur suprême. Rappelons que l'article 13 de la Déclaration de 1789 dispose que "pour les dépenses d'administration, une contribution commune est indispensable". Il faut simplement veiller à ce qu'elle soit également répartie entre tous les citoyens. Il y a un prix à payer pour vivre en démocratie.

Aussi est-il logique et opportun que ne soit pas érigé en principe fondamental, ce principe là qui en soi n'a guère de signification. Il ne prend sens que rapporté à un objet : gratuité des services publics, gratuité du domaine public, de l'enseignement... On comprend dès lors, qu'en l'absence de déclaration expresse par un texte de valeur constitutionnelle[11], il ne puisse avoir qu'une portée juridique subsidiaire, opposable à l'administration au service de fins qui la dépassent par les usagers des services publics administratifs lorsqu'ils bénéficient des prestations qui ont justifié leur création[12], et pour ce qui nous intéresse ici, du domaine public lorsqu'ils l'utilisent conformément à sa destination. La gratuité participe de la raison d'être du domaine public, qui n'existe que pour le public auquel il est destiné. Aussi, en l'absence de loi contraire, convient-il de présumer que l'accès du public est non payant puisqu'il est la finalité recherchée et non le profit ou même le simple amortissement d'un investissement. Certains textes ont en conséquence formellement pris soin d'affirmer ce caractère. Ainsi l'article 30 de la loi du 3 janvier 1986 relative à l'aménagement, la protection et la mise en valeur du littoral dispose que "l'accès des piétons aux plages est libre... L'usage libre et gratuit des plages constitue la destination fondamentale des plages...". Ou encore les articles L.122.4 et L. 153.1 du code de la voirie routière affirment respectivement que l'usage des autoroutes et des ouvrages d'art est "en principe gratuit".

C'est la fonction spécifique du domaine public justement d'offrir au public des lieux de sociabilité, des voies de communication, des facultés d'accès à des choses communes comme les rues, la mer, les fleuves, rivières et lacs navigables. Le domaine, du moins lorsqu'il est affecté au public, est un bien collectif dont l'aménagement et l'entretien ne doivent pas être financés par les utilisateurs directs mais par la collectivité publique c'est-à-dire à partir des contributions des citoyens. Une des

---

[10] Pour reprendre l'heureuse expression d'Yves GAUDEMET, *op. cit.* p. 1024.

[11] Le seul exemple est l'alinéa du Préambule de la Constitution du 27 octobre 1946 proclamant la gratuité de l'enseignement public à tous les degrés.

[12] Cf. CE, 2 décembre 1984, Ville de Versailles, *Rec.* p. 399, *AJDA* 1985.104.

missions des collectivités publiques est de répondre à ce besoin social élémentaire qu'est la constitution d'espaces publics et qui justifie la création de ces institutions. C'est donc à la collectivité d'en assurer le financement et non à des sections de celle-ci (usagers, propriétaires...). Proudhon note qu'à la différence de la situation prévalant sous l'Ancien Régime, les dépenses d'établissement et d'entretien des routes ne sont plus le résultat des corvées mais "se trouvent à la charge soit du trésor de l'Etat, soit des départements" (loi du 24 avril 1806)[13]. Rappelons dans le même esprit que l'entretien des voies communales et départementales est une dépense obligatoire pour les communes et départements[14]. Le principe de gratuité de l'usage est la conséquence de la publicisation de certains espaces, publicisation non point au sens de leur appropriation publique mais à celui de leur affectation au public. Ainsi le Conseil d'Etat a pu juger avec raison qu'un conseil municipal ne pouvait s'affranchir des droits du curé affectataire pour instituer un droit de visite payant dans une église classée monument historique[15]. Egalement, dans un arrêt important de 1963, que la délivrance des permissions de voirie ne peut porter atteinte à l'utilisation normale du domaine public maritime[16]. L'affectation primant sur la propriété, la gratuité devient principe de gestion.

C'est en renversant cette problématique, en faisant du domaine public plus une propriété publique[17] qu'une fondation publique, que le principe de gratuité peut être mis en cause, au risque d'ailleurs par là même d'affaiblir la seconde fonction du domaine qui est d'être le support de l'exercice de libertés publiques, en particulier la liberté d'aller et de venir, mais aussi de manifestation ou du commerce et de l'industrie[18]. La liberté d'aller et de venir qui est la première manifestation de la liberté individuelle n'a d'effectivité que s'il existe des dépendances soustraites à toute forme d'appropriation et mises à la disposition de tous, en un mot s'il existe un domaine public. Hors de lui, il n'y a pas de liberté de circulation mais la barrière de la propriété[19]. Or la gratuité est une

[13] *Traité du domaine public*, t. 1, Dijon, 1833, p. 357.

[14] Respectivement articles L.141.8 et L. 131.2 du code de la voirie routière.

[15] CE, 4 novembre 1994, Abbé Chalumey, *JCP* 1995.22414, note M. Viviano.

[16] CE, 3 mai 1963, Min. des travaux publics c/commune de St Brévin-les-Pins, *Rec.* p. 259 ; *RDP* 1963 p. 1174, note M. Waline. Egalement CE, 23 juin 1995, Ministre de la Culture et de la Francophonie, *Rec.* p. 268.

[17] Sur ce point, V. P. YOLKA, *op. cit.*

[18] Sur cette problématique, il convient de se reporter à J. MOURGEON,"De quelques rapports entre les libertés et la domanialité publique", *Mélanges Couzinet*, Toulouse, 1975, p. 605 et Y. GAUDEMET,"Libertés publiques et domaine public", *Mélanges Robert*, 1998, p. 125.

[19] En ce sens cf. J. DE MALAFOSSE, *Le droit à la nature : aménagement et protection*, Montchrestien, 1973, p. 161 ; C. LAVIALLE,"L'accès à la montagne", *Droit et Ville* 1987, n° 24, p. 181.

composante importante de cette liberté. Le langage commun le dit bien lorsque pour signifier qu'un spectacle est gratuit il est simplement indiqué que l'accès à celui-ci est libre. Le code du domaine de l'Etat aussi. L'article L. 28 soumet ainsi à autorisation l'occupation ou l'utilisation des dépendances du domaine public national "dans des limites excédant le droit d'usage qui appartient à tous", autorisation dont l'article L.29 précise qu'elle ne peut être délivrée que moyennant le paiement des droits ou redevances. *A contrario* l'on peut en déduire que l'usage conforme est non soumis à autorisation et donc gratuit.

La logique de la gestion du domaine affecté à l'usage public est d'assurer la libre circulation de tous, ce qui implique d'une certaine façon la suppression des péages. Catherine Teitgen-Colly rappelle, à juste titre, qu'à la fin du XVIIIème siècle, les divers cahiers de doléance liaient cette abolition à une revendication de liberté[20]. Dans la même perspective les différents mouvements actuels de lutte contre les péages urbains, tel celui contre le péage de Muret en Haute-Garonne, mettent l'accent sur l'atteinte à liberté de circuler et de travailler que constitue la tarification de l'usage des voies de contournement d'une agglomération ou d'accès direct à celle-ci.

On ne peut à la fois créer un équipement pour tous et limiter, voire discriminer de fait, l'usage par l'établissement d'un péage sans quelque part abandonner l'idée qu'il doit exister des dépendances dont la destination est publique, placées hors du commerce, pour passer à une autre conception où le domaine est une propriété publique objet d'une exploitation et soumise à la loi du marché. De ce point de vue la gratuité complète aussi le principe d'égalité en lui donnant une portée pas seulement juridique mais aussi matérielle. Une récente réponse ministérielle souligne à juste titre les risques de glissement en rappelant que le fait qu'une manifestation festive se déroule dans les rues d'une commune ne saurait justifier la création d'un droit de péage pour y accéder "dans la mesure où la tenue de ces manifestations pourrait s'analyser juridiquement comme une utilisation privative du domaine public communal au profit de leurs organisateurs"[21].

Il reste que si la liberté d'aller et venir sur le domaine public est, elle, un principe à valeur constitutionnelle[22], il ne peut en aller de même pour le principe de gratuité qui n'a pas de base textuelle et qui n'émerge que par voie de conséquence, de manière subsidiaire. Or il ne s'agit pas d'une conséquence nécessaire qui ferait participer la gratuité de la valeur

---

[20] *op. cit.* p. 1089.

[21] Réponse ministérielle n° 35606, *Dr. adm.* 2000 n° 12.

[22] CC, 12 juillet 1979, n° 9, p. 46 ; TA Versailles, 23 janvier 1998, *Dr. adm.* 1998, n° 190.

reconnue à la liberté d'aller et de venir. Pour qu'il en aille autrement, il faudrait imaginer la situation où la non gratuité serait la règle, où la circulation serait obligatoirement payante. Là, la liberté serait elle-même en cause, mais seulement dans ce cas. Si la liberté d'aller et de venir implique donc *a priori* la disparition des entraves à celle-ci, notamment financières, cela ne signifie pas pour autant qu'elle n'est pas compatible avec l'existence de péages dès lors qu'ils sont localisés et qu'une alternative gratuite reste offerte même si, l'affaire du péage de Muret le révèle, certains de ceux-ci, de fait obligatoires, peuvent apparaître arbitraires aux usagers. La gratuité n'est donc qu'une composante du principe de la liberté de circulation, une modalité parmi d'autres de l'aménagement spécial de la dépendance, qui peut toutefois admettre des dérogations dès lors qu'elles sont limitées. Tout est une question de mesure qu'il appartient au juge d'apprécier et sur laquelle nous reviendrons.

Il est donc possible au législateur, compétent pour fixer les principes du régime de la propriété et donc ceux applicables à l'administration du domaine public, d'écarter au cas par cas la gratuité, dès lors que par ailleurs il ne prive pas de garanties légales les exigences constitutionnelles, telle la liberté de circuler, résultant de l'existence de ce domaine[23]. Le domaine public est pour la période moderne[24] une création législative, du code domanial de 1790 puis du code civil. En revanche, le principe de gratuité s'impose dans le silence de la loi aux administrateurs puisque, conçu comme un patrimoine d'affectation, le domaine ne peut être géré qu'en respectant sa destination c'est-à-dire en assurant le libre usage de tous[25]. Les critères et les principes de la domanialité publique s'imposent à l'administration. L'affectation primant sur la propriété, elle ne saurait de sa propre autorité y déroger. Le principe de gratuité est donc seulement un principe domanial lié à la destination publique des biens sur la valeur juridique précise duquel il convient maintenant de s'interroger.

Un principe général du droit

La question de la place du principe de gratuité dans la hiérarchie des normes a été directement abordée dans la décision du Conseil Constitutionnel du 12 juillet 1979 concernant le texte de loi relatif à certains ouvrages reliant les voies nationales ou départementales. Ce texte

---

[23] CC, 21 juillet 1994, *AJDA* 1994.766, note G. Gondouin, *RFDA* 1994.1106, note C. Lavialle.

[24] C. LAVIALLE,"Existe-t-il un domaine public naturel ?", *CJEG* 1987, p. 627.

[25] V. C. BOUTAYEB, "Liberté d'utilisation du domaine public et affectation domaniale", *RD publ.* 2001, p. 271.

avait été adopté pour tirer les conséquences de l'annulation par le Conseil d'Etat quelques mois plus tôt d'une délibération du Conseil général de la Charente-Maritime instituant un péage sur le pont reliant l'île d'Oléron au continent. La Haute juridiction avait alors fondé son arrêt sur la violation par cet acte administratif de l'article de la loi du 30 juillet 1880 posant le principe de l'interdiction pour l'avenir de la construction des ponts à péage[26]. Le Parlement, devant les difficultés générales de financement de ces ouvrages d'art et les graves conséquences financières de cet arrêt pour le département de la Charente Maritime, a donc choisi, à l'invitation du gouvernement, de valider les péages existants et de permettre, de façon dérogatoire à la règle en vigueur de gratuité de l'usage de ces ouvrages, d'instituer, à titre exceptionnel et temporaire, lorsque l'utilité, les dimensions et le coût d'un ouvrage d'art à comprendre dans la voirie nationale ou départementale ainsi que le service rendu aux usagers le justifient, une redevance pour son usage. Le procédé semblait *a priori* régulier puisqu'une loi peut toujours abroger une loi antérieure ou y déroger, comme dans le cas présent où le principe de gratuité est réaffirmé. Restait toutefois - et ce fut l'intérêt de la saisine du Conseil Constitutionnel - ouverte la possibilité d'une constitutionnalisation du principe de gratuité, auquel cas le législateur deviendrait incompétent à modifier la loi de 1880.

La première possibilité de constitutionnaliser ce principe aurait été de le considérer comme un élément indissociable de la liberté d'aller et de venir et de le faire en conséquence participer de sa nature constitutionnelle. Parce que cette liberté peut dans une certaine mesure se concilier, nous l'avons vu, avec une circulation payante, le Conseil Constitutionnel à juste titre s'est refusé à absolutiser cette liaison et a affirmé que le principe de la liberté d'aller et de venir "ne saurait faire obstacle à ce que l'utilisation de certains ouvrages donne lieu au versement d'une redevance".

La seconde aurait été une reconnaissance par le Conseil que le principe de gratuité de l'usage des ponts, posé par la loi du 30 juillet 1880, était un principe fondamental posé par une loi de la République au sens donné à cette formule par le Préambule de la Constitution de 1946. Là encore avec raison[27] le Conseil n'a pas fait ce choix alors même que cette loi présentait les caractéristiques formelles permettant de la faire entrer dans le champ d'application de la disposition citée du Préambule. Effectivement, il paraît difficile à partir d'une loi particulière excluant à l'avenir la création de

---

[26] CE, 16 février 1979, Comité d'action et de défense des intérêts de l'île d'Oléron, *Rec.* p. 64, *AJDA* 1979, n° 9, p. 54 note J. Milord-Texier. *D.* 1980.210, note J.-P. Duprat.
[27] Pour une opinion contraire cf. C. TEITGEN-COLLY, *op. cit.*, p. 1097.

péages sur les ponts de conclure qu'il y a là institution d'un principe fondamental de la République. Certes, le Conseil constitutionnel aurait pu juger différemment car il y avait matière à interprétation mais la solution inverse paraissait contraire à la philosophie de la disposition du Préambule et, pour tout dire, inopportune. Ce n'est pas, en effet, une question fondamentale même si ce texte s'inscrit dans un mouvement législatif général de suppression, dans la seconde moitié du XIXème siècle, des péages[28]. Il s'agit d'un choix non de civilisation mais de politique économique, donc conjoncturel. Rappelons d'ailleurs que si les péages ont été en principe abolis dès la loi des 15 et 28 mars 1790, ils ont été ensuite rétablis sous la pression des faits par la loi du 14 floréal an X, pour être à nouveau supprimés sur les ponts par la loi de 1880. Une question de cette nature ne peut être constitutionnalisée sans prendre le risque d'enchaîner les générations futures sauf à modifier en permanence, avec les inconvénients que l'on connaît, la Constitution. Seules les lois organisant un régime juridique constitutif de la tradition républicaine méritent une telle reconnaissance sous peine de diluer la portée de celle-ci et de menacer l'essentiel par la promotion de l'insignifiant.

Si le principe de gratuité ne doit pas "être regardé, au sens du Préambule de la Constitution de 1946, repris par celui de la Constitution de 1958, comme un principe fondamental reconnu par les lois de la République"[29], il ne peut être inexistant pour autant[30] puisqu'il contribue à l'effectivité de l'affectation et qu'à ce titre, il s'impose à l'administration qui en est tout à la fois la garante et la gérante. Le juge administratif impose en conséquence, en l'absence de lois contraires, son respect à celle-ci. Il convient en premier lieu de noter que, bien avant l'adoption de la loi du 12 juillet 1979 autorisant la création des péages sur les ouvrages d'art reliant les voies nationales ou départementales[31], le législateur était intervenu relativement à certains ouvrages pour déroger à la gratuité de l'usage de voies publiques. Ainsi peut-on citer les lois des 17 mai 1951 et 17 avril 1957 qui permirent d'instituer un péage respectivement pour l'utilisation du pont de Tancarville et du tunnel sous le Mont-Blanc ou celle du 18 avril 1955 qui a autorisé, par dérogation au principe de

---

[28] Voir les lois des 5 avril 1879 et 19 février 1880 supprimant les péages sur les canaux et les cours d'eau navigables.

[29] Décision précitée.

[30] *Contra* Y. GAUDEMET, *op. cit.*, p. 1026.

[31] La loi du 19 août 1986 (art. 17) a étendu la facilité d'instituer ce régime aux ouvrages d'art communaux.

gratuité, la perception de péages sur les autoroutes lorsque leur construction et exploitation ont été concédées à un concessionnaire[32].

Ce recours à la loi montre donc bien qu'avait été perçue l'existence d'un obstacle juridique à une intervention simplement réglementaire. En effet si l'on peut admettre que la loi de 1880 interdisait, sauf dérogation législative, la création du péage de Tancarville, il n'en va pas de même pour celui concernant le tunnel du Mont-Blanc et *a fortiori* les autoroutes. Seule la référence à une règle plus générale, à un principe, peut expliquer le détour législatif afin d'éviter de prendre le risque d'une annulation contentieuse. L'annulation était certaine dans le cas de la délibération du Conseil général des Charentes-Maritimes (pour l'île d'Oléron), vraisemblable dans les autres cas. Il y a bien là l'indice d'une règle sous-jacente.

La confirmation de cette analyse semble apportée par l'arrêt du 22 février 1991 *Commune de Bagnères-de-Luchon*[33]. Le maire de cette commune avait par arrêté subordonné l'accès d'une route départementale lors du passage du Tour de France à une autorisation délivrée contre le paiement d'un droit de stationnement. Le Conseil d'Etat considère qu'il a ainsi institué un véritable droit de péage sur la circulation des véhicules. Or cette décision qui ne peut être rattachée à sa compétence d'assujettir au versement de droits le stationnement des véhicules[34] sur les voies publiques de sa commune, puisque la route était départementale, "est dépourvue de base légale". Autrement dit la création d'un péage pour circuler sur une voie publique ne peut être réalisée que sur le fondement d'une loi expresse sinon l'autorité administrative commet non pas un détournement de pouvoir ce qui n'implique pas nécessairement l'existence d'un principe de gratuité, mais une violation de légalité existante, ce qui fait présumer l'existence d'un tel principe. Selon la même logique il a été jugé qu'un maire ne peut instituer une redevance de post-paiement au stationnement payant de surface dans la ville en cas de dépassement de la durée horaire. Là encore cette redevance complémentaire n'a aucun fondement et donc est irrégulière[35].

Contrairement à ce qu'avançait le professeur Yves Gaudemet, ce n'est pas en définitive la gratuité de l'accès au domaine public qui n'existe que "comme application d'une disposition d'une loi", mais la non gratuité qui n'est régulière que rapportée à une loi sinon elle manque de base légale.

---

[32] Voir également postérieurement à la loi de 1979, l'article 124 de la loi de finances pour 1991 (29 décembre 1990) instituant des péages au profit de Voies Navigables de France relativement à la navigation fluviale.

[33] *Rec.* p. 63. Aussi CE, 28 juillet 1999, Cofiroute, *Rec.* p. 256.

[34] Cf. art. L. 2213.6 CGCT.

[35] CAA Bordeaux, 16 novembre 1998, Commune de Marmande, req. n° 96 BX 01439.

Certes, le Conseil d'Etat n'utilise pas la formule "principe de gratuité" mais celui-ci est *a contrario* la règle juridique qui explique ces solutions. Si l'on souhaite établir un péage il faut adopter une loi. Le pouvoir réglementaire, qu'il soit local ou national, est en la matière incompétent dès lors qu'il se présente comme autonome, initial et non dérivé d'une loi. Quant au Conseil constitutionnel, il se réfère lui expressément au principe de gratuité de la circulation auquel il se contente de dénier une valeur constitutionnelle. Il le range donc nécessairement dans la catégorie des principes généraux du droit à valeur soit législative, soit supra réglementaire mais qui en toute hypothèse forgés par le juge, s'imposent à l'administration, en l'espèce dans sa gestion du domaine public.

Une ultime preuve *a contrario* de l'existence d'un principe de gratuité peut être trouvée dans la jurisprudence ouverte par l'arrêt du 1969, *Fédération nationale des Clubs automobiles de France*[36], qui a validé l'institution du stationnement payant le long des voies publiques. Le Conseil d'Etat n'a pu valider ce système, issu de délibérations des conseils municipaux et destiné à lutter contre l'engorgement des centres villes par les véhicules tout en générant des revenus importants pour les collectivités publiques, qu'en le rattachant fictivement à l'article 131.5 du Code des communes (devenu art. 2213-6 CGCT) qui dispose que le maire peut, moyennant le paiement de droits fixés par un tarif dûment établi, donner des permis de stationnement. Le recours à cet article, qui n'avait pas à l'origine pour objet ce type de stationnement, apparaît une justification artificielle dans la mesure où il n'y a pas délivrance de tels permis (qui sont formellement des actes administratifs) aux automobilistes. Il est en effet difficile d'assimiler le mode de fonctionnement d'un parcmètre ou horodateur à la procédure d'édiction d'un acte administratif. En réalité l'on perçoit bien que le Conseil d'Etat pour valider ce régime était obligé de le rattacher – fut-ce fictivement – à une loi. Là encore, c'est la non gratuité qui est à fonder et non la gratuité car elle est une règle juridique, un principe général du droit, qui s'impose à l'administration lorsqu'elle gère le domaine public affecté à l'usage du public. Ce principe toutefois est d'une effectivité limitée non que l'administration puisse, en l'absence de lois, y déroger, car alors il n'aurait de principe que le nom, mais parce que celle-ci développe, avec l'appui du juge, des stratégies de contournement.

---

[36] CE, 26 février 1969, *Rec.* p. 121. Egalement CE, 22 février 1974, Idée, *Rec.* p. 141 ; *Gaz. Pal.* 4-5 juillet 1975, note F. Moderne ; CE, 8 juin 1994, Audouin, *D.* 1994, IR p. 128.

UN PRINCIPE PARFOIS CONTOURNE

Les administrations gestionnaires du domaine public, non par quelque désir malsain de frauder la loi mais plus trivialement sous la pression des circonstances, comme le souci récurrent de fluidifier le trafic urbain ou d'assurer le financement de grands travaux, vont chercher à trouver une solution à ces différents problèmes dans les péages. Le législateur lui-même, au-delà des dérogations au principe de gratuité, crée par celles-ci une approche nouvelle, en trompe-l'œil du domaine dissimulé sous l'ouvrage public et le service rendu. Aussi, après avoir examiné les modalités du contournement dudit principe, faudra-t-il s'interroger sur son étendue, compte tenu de ce qu'est le domaine public affecté à l'usage du public. Ce phénomène porte en lui en effet les germes de la dissolution de celui-ci.

Les modalités du contournement du principe

De fait, si l'on examine la situation du domaine public aujourd'hui il est clair qu'elle ressemble davantage à celle qui prévalait à la veille de la Révolution qu'à la situation en vigueur au début du XXème siècle. Un peu partout refleurissent les péages que l'on croyait pourtant définitivement abolis avec les autres droits féodaux dans le grand mouvement qui a suivi la nuit du 4 août 1789. Ils resurgissent alors même que le système juridique n'a pas changé et que donc, nous avons essayé de le montrer, la gratuité de l'usage des dépendances domaniales affectées à l'usage de tous, qui a un effet de consolidation des deux principes constitutionnels de liberté et d'égalité d'utilisation de celles-ci, est elle-même un principe général du droit dont le respect s'impose à l'administration. Cette dernière, tenue par ce principe, a été amenée, avec l'appui du juge, à développer une approche différente de ces espaces ouverts au public qui, tout en maintenant formellement le principe, le vide d'une grande part de sa substance.

Une première façon de justifier la non gratuité consiste à requalifier le mode d'usage de la dépendance, de présenter comme privatif donc comme non conforme une utilisation qui jusqu'alors était conforme et donc non monnayable. La meilleure illustration de cette attitude est le changement du statut du stationnement des automobiles dans les autres villes, là encore, dans un mouvement de retour vers une situation antérieure. Au début du XXème siècle et de la circulation automobile le stationnement des véhicules fut curieusement dissocié de celle-ci comme si elle avait par elle-même une autonomie alors qu'elle ne sert qu'à aller d'un point à un autre. En conséquence le stationnement était traité comme une occupation privative du domaine et donc comme encombrement de la voie publique – pénalement sanctionné – dès lors qu'il était sans titre[37]. Ce n'est que progressivement qu'il fut analysé comme ce qu'il devait être à savoir un élément indissociable de la circulation et obéir au même régime qu'elle. La Cour de Cassation a reconnu ce lien en 1957 en posant à juste titre le principe de la liberté du stationnement[38], également consacré par le Conseil d'Etat[39]. Dès lors devenait-il impossible pour un maire, en l'absence de texte dérogeant expressément au principe de gratuité, d'instituer des emplacements de stationnements payants sur les voies publiques communales dans la mesure où sur celles-ci le stationnement est l'expression, comme la circulation, d'une liberté.

L'incapacité de la seule réglementation du stationnement à empêcher l'engorgement des rues et aussi la perspective de dégager des ressources supplémentaires ont logiquement conduit les autorités municipales, dès la fin des années soixante, à rendre le stationnement payant pour le limiter plus efficacement et lui faire produire des revenus. Les arrêtés organisant ce système étaient *a priori* manifestement illégaux puisque contraires au principe de gratuité. Ils ne pouvaient être validés que par un renversement de la conception du stationnement des véhicules. Il fallait pour cela que le Conseil d'Etat accepte de cesser de le considérer comme le prolongement naturel de la circulation c'est-à-dire comme un usage conforme de la voirie urbaine pour revenir à l'ancienne approche où le stationnement était traité, lorsqu'il n'était pas autorisé, comme un encombrement, une occupation sans titre. En qualifiant cette activité d'usage anormal ou non conforme car privatif, il devenait possible de la soumettre à autorisation et donc de la faire entrer dans le champ d'application de l'actuel article L. 2213-6 CGCT qui permet au maire, moyennant le paiement de droits fixés par un tarif dûment établi, de délivrer des permis de stationnement sur le domaine public. Il suffit donc de changer la qualification, de passer d'un usage normal à un usage anormal pour, sans violer le principe de gratuité qui ne vaut que pour les usages conformes ici collectifs, réadmettre le stationnement payant. Il est d'ailleurs significatif que l'arrêt de 1969 où le Conseil d'Etat opère ce renversement[40] reprend la même argumentation que celle qui avait cours avant qu'il n'instaure la liberté de

[37] Voir par exemple Cass. crim., 29 novembre 1923, *D.* 1924, I, p. 139. Plus généralement A. DE LAUBADERE, *L'automobile et le régime de l'usage des voies publiques*, thèse, Bordeaux, 1935 ; J.-M. AUBY, "La réglementation administrative du stationnement des véhicules automobiles sur les voies publiques", *D.* 1962, chr. p. 83.

[38] Cass. Crim., 21 février 1957, *Bull. crim.* p. 311, n° 183 ; *S.* 1957, p. 138.

[39] CE, 26 février 1969, Chabrot, 1ère esp., *Rec.* 120.

[40] CE, 26 février 1969, Fédération nationale des clubs automobiles de France, *précité*.

stationnement[41]. En supprimant celle-ci par le rangement du stationnement dans les usages anormaux, il ouvrait la voie à un retour à l'identique à la situation ancienne où le paiement était exigé pour être autorisé à stationner.

Avec cette technique de requalification du mode d'usage surgit une première façon de contourner le principe de gratuité qui ne s'applique qu'aux seuls usages collectifs et non aux privatifs[42]. Contournement artificiel certes, puisque, nous l'avons vu, il est difficile d'assimiler à une autorisation administrative le ticket délivré par un horodateur mais simple illustration supplémentaire du nominalisme juridique où les mots font les choses. La part de l'interprétation, comme souvent en droit, est décisive et permet d'assouplir, au risque de l'insécurité, le jeu des règles juridiques, en l'occurrence de gérer au mieux la délicate question du stationnement.

Une autre manière de biaiser consiste à interposer entre l'usager et le domaine public un support qui permette de rendre inopposable le principe de gratuité. Ainsi l'on peut penser que la qualité d'ouvrage public des ouvrages d'art joue un peu le rôle de leurre, même si de toute façon le péage payé pour les emprunter a là un fondement législatif. Le législateur, en l'espèce, ouvre la voie à une politique future de contournement par l'administration. Il n'est sans doute effectivement pas innocent que la loi de 1979, insérée dans le code de la voirie routière, définisse le régime juridique de la construction et de l'exploitation des ouvrages d'art comme un élément autonome, une pièce rapportée dans l'ensemble du régime de la voirie. Bien que soit affirmé le principe de la gratuité de l'usage des ouvrages d'art, apparaît en filigrane l'idée que l'accès à l'ouvrage apporte une novation par rapport à l'accès au seul domaine public. La loi d'ailleurs l'indique clairement puisqu'elle justifie, en partie, la création, à titre exceptionnel et temporaire, d'une redevance par "le service rendu aux usagers"[43]. En partie seulement puisque les autres raisons d'être du paiement sont la dimension et le coût de l'ouvrage.

---

[41] Voir CE, 16 mai 1928, Laurens, *Rec.* p. 645.

[42] La circulation elle-même, lorsqu'elle devient anormale par les dégradations de la voirie qu'elle provoque, pourra donner lieu à une taxation des personnes responsables proportionnellement à la dégradation causée. Cette exception certes est aujourd'hui légale, cf. L.131.8 (voirie départementale) et L.141.9 (voirie communale) mais serait valide même sans cet écran législatif. Le Conseil d'Etat avait, avant l'adoption de cette loi confortative, déjà posé les fondements de sa reconnaissance : CE, 3 février 1926, Société forestière de Paimpont, *D.* 1928, III, p. 48.

[43] Certains auteurs contestent cette manière de voir en considérant que les usagers des autoroutes sont usagers du domaine public, cf. A. DE LAUBADERE, chronique de législation, *AJDA* 1970, p. 420; C. TEITGEN-COLLY, *La légalité de l'intérêt financier dans l'action administrative*, Economica, 1981, 486.

Les deux motivations toutefois se complètent pour suggérer que l'utilisateur d'un ouvrage d'art bénéficie d'une prestation spécifique qui implique une rémunération compte tenu de l'importance de l'investissement réalisé. Le péage d'ailleurs n'est effectivement pas une taxe mais une redevance ou rémunération pour service rendu. Si, à l'origine, le Tribunal des Conflits avait opté pour une qualification fiscale de celui-ci[44], le Conseil d'Etat lui a ensuite dans un premier temps dénié la qualité d'imposition[45], puis l'a assimilé à une "redevance pour service rendu"[46]. Le législateur a aussi retenu cette solution en qualifiant expressément les péages sur ouvrages d'art et ceux dus par les utilisateurs de bateaux sur le domaine public fluvial de redevances et non de taxes[47]. L'usager est dès lors traité plus comme usager du service que du domaine lui-même. Dans l'arrêt *Jeissou* le Conseil d'Etat considère en ce sens qu'"eu égard à l'objet du service ainsi rendu par l'utilisation d'un ouvrage... cette redevance est versée à un service public"[48]. De même il juge que les usagers d'une autoroute payent un péage qui trouve "leur contrepartie directe dans les prestations fournies par le service"[49].

L'on assiste en conséquence, par l'interposition de l'ouvrage qui lui-même fait surgir un service public d'exploitation, à un glissement d'un domaine "public car affecté à l'usage du public", à un domaine "public car affecté à un service public". Le contournement du principe de gratuité insensiblement induit une mutation domaniale en conférant une autonomie au service rendu sur le domaine. Il y a là une

---

[44] TC, 28 juin 1965, Ruban, *D.* 1966 p. 380, note Colin (péage autoroutier).

[45] CE, 14 février 1975, Merlin, *Rec.* p. 109 ; *AJDA* 1975 p. 229 ; *RDP* 1975 p. 1705, note M. Waline (péage autoroutier).

[46] CE, 2 octobre 1985, Jeissou, *AJDA* 1986. p. 38, concl. P.A. Jeanneney (péage sur ouvrage d'art). V. également déjà CE, 13 mai 1977, Cie financière et industrielle, *Rec.* p. 219, *D.* 1978, p. 130, note P. Delvolvé (péage autoroutier) et CE, 28 juillet 2000, Tête, *AJDA* 2000, p. 854, 796, chron. M. Guyomar et P. Collin (la redevance n'est pas un impôt. Elle correspond"au prix payé par l'usager". Elle porte ainsi sur"des droits et obligations de caractère civil" au sens de l'article 6.1 de la Convention européenne de sauvegarde des droits de l'homme).

[47] Art. 124, loi du 29 décembre 1990, *précitée*.

[48] *loc. cit.*

[49] CE, 13 mai 1977, *précité*. Cette affirmation peut sembler discutable à certains par rapport à la définition traditionnelle de la redevance qui implique non seulement l'existence d'un service rendu à l'usager mais l'équivalence entre le prix à payer et le coût de la prestation. Or, en matière de péage autoroutier, ce n'est pas nécessairement le cas puisque le péage sur un tronçon peut servir à payer l'extension de l'autoroute (système de l'adossement). Cette pratique, dénoncée par la Cour des Comptes, tend, selon les mêmes auteurs, à rapprocher la redevance de la taxe en traduisant une évolution de la redevance comme"moyen permanent de financement des infrastructures", cf. V. DUFAU, "A propos de la notion de redevance", *Dr. adm.*, mai et juin 2000). Quoi qu'il en soit il y a une atteinte insidieuse à la gratuité par la pérennisation du recours à la notion d'ouvrage à la place de celle de domaine public.

instrumentalisation de celui-là, au besoin en dénaturant la notion traditionnelle de redevance pour échapper au domaine public et à la gratuité. Comment en effet prétendre que le domaine est affecté au public et spécialement aménagé à cette fin, tout en considérant que le public qui se déplace sur lui l'utilise moins qu'il ne bénéficie d'un service qu'il doit donc rémunérer[50] ? Il est, à l'évidence, plus facile de le soutenir si l'on dit que les usagers le sont non du domaine, mais d'un ouvrage d'art ou d'une autoroute qui se distinguent des voies publiques ordinaires par la mise en place d'organismes gestionnaires de ces infrastructures; si l'on constate aussi que l'autoroute, concédée donc payante, n'est pas substituée à la route mais en est une alternative. C'est d'ailleurs lorsqu'il s'agit d'une fausse alternative – cas des autoroutes urbaines – que les usagers sont le plus opposés aux péages. Ceci conduit à s'interroger sur la portée de ce contournement. Jusqu'où peut-il aller sans remettre en cause l'usage et le domaine public lui-même ?

La portée du contournement du principe

Il est assez clair que le principe de gratuité, sous peine de n'être que virtuel, ne saurait subsister si, sur l'ensemble du domaine public affecté à l'usage du public, l'on était confronté à des péages et ceci quelle que soit leur justification. Ce n'est pas, loin s'en faut, encore le cas. Les péages en effet d'abord demeurent l'exception et localisés : autoroutes, ouvrages d'art, voies fluviales. De même le stationnement n'est payant que dans les centres villes. Ensuite le législateur, lorsqu'il crée un péage, s'efforce de le justifier et donc d'en limiter la portée. Ainsi les péages ne peuvent être institués sur les ouvrages d'art qu'à titre exceptionnel et temporaire et si l'utilité, les dimensions et le coût de l'ouvrage les justifient. Cette précision est d'importance car elle montre que le législateur inscrit son système dans un contexte où la gratuité est le principe et le péage l'exception. Le Conseil Constitutionnel, dans sa décision du 12 juillet 1979, rappelle d'ailleurs que la liberté constitutionnelle d'aller et de venir ne saurait faire obstacle à ce que l'utilisation de "certains ouvrages" donne lieu au versement d'une redevance. Par là, *a contrario* il met en avant une limite à l'extension des péages qui ne sont réguliers que dans la mesure où ils sont localisés, ponctuels. Leur généralisation serait inconstitutionnelle.

---

[50] La rémunération est le prix payé pour le service rendu sans que le coût de ce service soit nécessairement pris en compte. En ce sens cf. CE, 28 juillet 2000, *précité*. Aussi, il est difficile de tirer argument de l'amortissement d'un tronçon d'autoroute pour en conclure *ipso facto* que le maintien du péage implique sa transformation en simple droit d'accès et donc en taxe, cf. J. GODFRIN, *Droit administratif des biens*, A. Colin, 1997, p. 106.

Enfin l'acte administratif qui institue une redevance sur un tel ouvrage peut non seulement, dispose l'article L. 153-1 du code de la voirie routière, prévoir des tarifs différents mais aussi la gratuité selon les diverses catégories d'usagers pour tenir compte, soit d'une nécessité d'intérêt général en rapport avec les conditions d'exploitation de l'ouvrage d'art, soit de la situation particulière de certains usagers, notamment de ceux qui ont leur domicile ou leur lieu de travail dans le ou les départements concernés. La gratuité reste un objectif significatif. Elle pourra être instituée (ou un péage réduit) pour le public naturel de l'ouvrage : celui qui, du fait de sa localisation, sera contraint de l'utiliser souvent dans sa vie quotidienne, en particulier pour aller travailler. Cette discrimination positive n'est pas fondée sur les ressources mais sur la fréquence de l'usage, ce qui témoigne du souci de ne pas pénaliser ceux qui sont les principaux bénéficiaires de l'ouvrage. Il s'agit de leur assurer réellement l'accès à l'ouvrage. Contrairement par ailleurs au Conseil d'Etat qui n'avait admis une discrimination positive dans l'affaire dite du bac de l'île de Ré[51] qu'au profit des habitants de l'île et non de ceux du département de la Charente-Maritime, le Conseil Constitutionnel a validé le texte rappelé qui permet d'en faire bénéficier les habitants ou travailleurs du département concerné par l'ouvrage. Il donne donc une extension importante à la faculté d'instituer la gratuité ou du moins des péages réduits sans que ne soit porté atteinte au principe d'égalité devant la loi et les charges publiques en raison de la prise en compte de la différence des situations des usagers.

Par un paradoxe qui n'est qu'apparent, favoriser l'utilisateur quotidien c'est témoigner que l'ouvrage est fait pour le public, qu'il correspond à la raison d'être de l'existence d'un domaine public dont le financement doit relever non des usagers mais des contribuables puisque c'est la collectivité qui fait le choix de mettre un bien à la disposition libre et gratuite du public qu'elle représente[52]. Les choses publiques (*res publicae*) symbolisent – il convient de ne pas l'oublier – les collectivités

---

[51] CE, 10 mai 1974, Denoyez et Chorques, Rec. 274, *AJDA* 1974, p. 311 et 298, chron. Franc et Boyon.

[52] Une formule intéressante de gratuité qui permet aux collectivités publiques d'étaler leur effort financier consiste dans le système du péage virtuel (*shadow tolls*) développé dans certains pays européens pour financer des infrastructures telles les rocades dont il est difficile de faire supporter le coût aux usagers. Le constructeur et/ou exploitant est rémunéré par la collectivité publique en fonction du trafic enregistré sur l'infrastructure par la collectivité publique, autrement dit les péages sont payés par elle. L'opérateur assure le risque de l'exploitation puisque l'on ne connaît à l'avance la fréquentation. Ce système qui ménage le principe de gratuité paraît intéressant car en phase avec la logique domaniale, cf. D. LINOTTE et B. CANTIER, "Le droit public français à l'épreuve des concessions à péage virtuel", *AJDA* 2000, p. 863.

publiques, et en particulier l'Etat justement identifié à la République. En conséquence, la remise en cause du principe de gratuité du domaine public affecté à l'usage du public implique plus fondamentalement une transformation de la notion même de domanialité publique que le droit positif ne semble pas avoir pour l'instant avalisée.

Il ne faut toutefois pas ignorer que la progression de la conception propriétariste du domaine public au détriment de l'affectation conduit à mettre en avant les idées de gestion, d'exploitation domaniale, et donc à le traiter comme un patrimoine à rentabiliser. Cette évolution est entretenue par le souci des personnes publiques de trouver les moyens financiers nécessaires pour assurer la couverture des charges de construction, d'exploitation et d'entretien d'équipements collectifs très onéreux. La volonté d'éviter le recours aux contribuables dans une période où la pression fiscale est dénoncée, pousse à chercher d'autres sources de financement et en particulier à se retourner vers les usagers. Le phénomène n'est d'ailleurs pas propre aux seuls biens et touche l'ensemble des opérations administratives avec le phénomène des délégations de service public. Il n'est donc pas anormal que le législateur soit intervenu pour organiser la faculté d'utiliser le procédé de la concession pour construire et exploiter certains équipements ou pour autoriser, en cas de régie, les collectivités publiques à affecter le produit des péages à couvrir non seulement les charges de remboursement des emprunts contractés pour la construction de l'ouvrage et l'aménagement des voies d'accès, mais aussi les charges d'exploitation d'entretien ainsi que l'équilibre financier global[53].

Le fondement de ces péages reste cependant pour l'instant exclusivement législatif. Ils ne correspondent pas à l'exercice du droit de propriété des personnes publiques sur leur domaine public[54]. Ils ne sont pas des redevances d'occupation comme le sont celles payées par les occupants privatifs, mais des redevances rémunérant l'usage de l'équipement[55], qui ont pour fonction de rembourser le capital investi dans la construction et l'exploitation et, si l'exploitant est un concessionnaire, de permettre la rémunération des capitaux investis[56]. Ils résultent donc du choix politique opéré par le législateur de faire financer

---

[53] Cf. l'article 56 de la loi n° 96-314 du 12 avril 1996 relatif aux ponts de l'île de Ré et de l'estuaire de la Charente.

[54] En sens contraire cf. P. YOLKA, *thèse précitée*, p. 271.

[55] Les redevances pour utilisation d'un ouvrage ne correspondent pas à une occupation privative. En ce sens il convient de distinguer les redevances d'occupation mises à la charge des sociétés d'autoroutes (décret n° 97.006 du 31 mai 1997) de celles qu'elles perçoivent sur les usagers des autoroutes.

[56] Voir les articles L. 122-4 et L. 153-2 du code de la voirie routière (concernant respectivement les autoroutes et les ouvrages d'art).

certaines dépendances domaniales définies par la loi non par le contribuable mais par l'usager. Cette atteinte à la gratuité est dans son esprit nécessairement limitée puisqu'elle se présente comme une dérogation législative à un principe[57] ou, dans le cas distinct du stationnement, comme une reconnaissance jurisprudentielle du caractère anormal d'un usage[58] permettant de trouver une base légale au paiement en le transformant en occupation privative.

S'il en était autrement, le domaine public affecté à l'usage public serait à terme remplacé par le domaine public affecté aux services publics, devenu le réceptacle naturel des infrastructures publiques de transport. En superposant un service au domaine, l'on met en place une logique de substitution et de délégation, l'autoroute à la place de la route, la concession à la place de la régie, qui justifie la fin de la gratuité et l'exploitation des patrimoines publics devenus le support de services payants pour les utilisateurs. Dans cette logique, le stationnement payant sur voirie devient naturellement un service public délégable, sous certaines conditions, à une société concessionnaire[59].

Or cette transition en appelle une autre. On le voit bien actuellement où, en raison des obstacles qu'elle met au financement privé des équipements publics et à leur exploitation[60], commence à être remise en question la domanialité publique des biens affectés à un service public soit qu'ils soient en voie d'être reclassés dans le domaine privé[61], soit qu'ils aient été sortis du domaine[62]. En conséquence, faute de se recentrer sur les dépendances affectées au public et, surtout, faute de les soumettre aux deux grands principes constitutionnels de liberté et d'égalité qui sont

---

[57] Là encore voir la formulation des articles du code de la voirie routière concernant les autoroutes et ouvrages d'art.

[58] Voir CE, 18 mai 1928, *précité* ; CE, 26 février 1969, *précité*.

[59] Voir en particulier M. DREIFUSS, "Service de stationnement payant et délégation de service public", *AJDA* 2001, p. 129. Egalement M. BOUBAY-PAGES, "Le stationnement payant sur voirie", *RF décentr.* 1996 n° 3. Cette approche en termes de service justifie des traitements différenciés selon les usagers (système d'abonnements à tarifs préférentiels) alors que, naguère, la jurisprudence considérait à juste titre que les automobilistes constituaient une seule catégorie cf. Cass. crim., 16 juin 1993, P. Grech, *JCP* 1994.II.22303, note critique Ch. Lavialle ; CE, 4 mai 1994, Ville de Toulon, *Rec.* p. 222.

[60] V. notamment D. LINOTTE et B. CANTIER, *op. cit.*, p. 864, note 9 ; *Les mutations du droit domanial et le régime des infrastructures de transport* (dir. Ch. LAVIALLE), L'Harmattan 2001, (coll. Logiques juridiques). La domanialité ne permet pas ainsi d'utiliser le procédé de financement du crédit-bail ou, malgré des réformes récentes (loi n° 94-631 du 25 juillet 1994), est un frein à l'implantation d'entreprises sur une dépendance.

[61] CE, 23 octobre 1998, EDF, *Rec.* p. 365 ; *AJDA* 1998.1097, concl. Arrighi de Casanova. Plus généralement Ch. LAVIALLE, "Le domaine public : une catégorie juridique menacée ?" *RFDA* 1999, p. 578.

[62] Voir l'article 1 de la loi du 26 juillet 1996 transformant France Télécom en société. Ce processus est transposable dans d'autres secteurs : voies ferrées, autoroutes, aéroports…

de plein droit applicables aux usages collectifs dont elles sont l'objet mais aussi au principe général de gratuité, principe inhérent à la constitution du domaine public, mais que le législateur, créateur du domaine, peut ponctuellement écarter, l'idée même de domaine public serait menacée.

Cette idée ne prend sens en effet que si le public peut librement, dès lors que l'ordre public est respecté, jouir de certaines dépendances qui lui sont affectées, telles les voies publiques c'est-à-dire sans entraves ni administratives ni financières. Leur construction et entretien doivent être, sauf les concessions d'autoroutes et quelques ouvrages d'art, assurés par les seules contributions publiques et non par les redevances d'usage, au besoin en ayant recours à des mécanismes déjà utilisés à l'étranger avec profit comme les péages virtuels qui permettent l'étalement de la charge financière publique. Peut-être est-il temps, face au risque de basculement dans une autre logique, qu'un nouvel arrêt *Société Entreprise Peyrot*[63] affirme que les dépendances du domaine public affectées à l'usage du public relèvent en principe par nature des collectivités publiques[64], et donc en particulier d'un financement public.

---

[63] TC, 8 juillet 1963, Société Entreprise Peyrot, *Rec.* p. 787.

[64] Comme la police qui ne peut être déléguée à des personnes privées en l'absence de loi, ce domaine-là ne pourrait non plus l'être. Sans l'existence d'un bloc de matières publiques par nature, que reste-t-il du clivage droit privé-droit public ?

13

Police et gratuité

Dominique Maillard Desgrées du Loû[*]

Le rapprochement des termes de "police" et de "gratuité" a de quoi surprendre. L'idée ne vient spontanément à personne que l'administration pourrait demander à quelqu'un le payement des activités de police qu'elle accomplit quotidiennement dans l'intérêt de tous. C'est parce que les contacts directs et individualisés avec la police sont – heureusement, diront certains – peu nombreux. Certes, la police est visible aux carrefours, mais l'agent n'est pas là pour vous, il est là pour le maintien de l'ordre général et lorsque vous téléphonez pour que la police intervienne chez votre voisin tapageur, elle ne vous fait rien payer.

Nous laisserons ici de côté les opérations de police judiciaire pour ne nous intéresser qu'à la police administrative. Le sujet étant ainsi restreint, force sera de reconnaître que la police administrative est multiforme et que, dans cette multiplicité de ses formes, la question de la gratuité se posera souvent. Il ne s'agit pas ici d'évoquer le droit de timbre qui doit être acquitté au moment de la délivrance de certains documents institués dans un but de police. Il s'agit de droits fixes de nature fiscale. Sont frappés ou ont été frappés d'un droit de timbre : les cartes de séjour, les cartes d'identité, les passeports, les permis de chasse. Il s'agit pour l'Etat de se procurer des ressources de poche, non de faire payer le coût de l'exercice de la police. La question de la gratuité est néanmoins assez souvent apparue en jurisprudence et dans les textes qui prévoient que la police aura un coût individualisable qui pourra être répercuté sur une personne. C'est bien à propos des personnes privées, qu'on peut appeler administrés ou usagers, peu importe, que la question de la gratuité se pose au premier chef. Se peut-il que la police ne soit pas, à leur égard, gratuite ?

---

[*] *Professeur de droit public à l'université d'Angers.*

La police administrative est la fonction de la puissance publique consistant à établir une discipline sociale dans un but d'ordre public et, quelquefois, à accomplir les activités nécessaires pour maintenir cette discipline. Cette fonction peut être confiée à des autorités diverses qui chacune doit veiller sur un ou plusieurs aspects de la discipline d'ordre public. On distingue les autorités de police générale, qui ont pour mission d'assurer l'ordre public général sur le territoire dont elles ont la charge, et les autorités de police spéciales, en charge d'un ou de plusieurs intérêts spécifiés d'ordre public. Normalement, les polices spéciales se caractérisent par une triple spécialité : la spécialité des objets pour lesquels elles sont créées, la spécialité des moyens à mettre en œuvre, la spécialité des buts qui sont les leurs, étroitement définis en principe. Ces caractères ne se retrouvent pas dans la police générale.

La police générale se caractérise, précisément, par sa généralité. Généralité des objets : tout peut être objet de l'attention de la police générale, du moment qu'il y a un risque de trouble pour l'ordre public général. Généralité des buts, en ce sens que même si ses buts d'ordre publics ont un contenu relativement stable sur la longue période et sont en tout cas limités à la sécurité, la tranquillité, la salubrité publiques, la moralité publique au niveau local et le respect de la dignité de la personne humaine[1], l'autorité de police générale peut agir sur chaque objet en vue de la satisfaction de n'importe lequel de ces buts d'ordre public général. Généralité des moyens, en ce sens qu'à la différence des textes qui organisent les polices spéciales, ceux qui désignent l'autorité de police générale, quand ils existent, se bornent la plupart du temps à délivrer une habilitation à agir. L'autorité de police générale reçoit une mission et doit prendre les décisions propres à assurer l'ordre public. Ces décisions sont prises, naturellement, sous le contrôle du juge qui a développé un contrôle très poussé sur leur adéquation aux circonstances. Quant à ces mesures, elles peuvent être aussi bien juridiques que matérielles ; ce dernier trait se retrouve d'ailleurs tout autant dans les polices spéciales que dans la police générale, la différence – essentielle pour l'étendue des pouvoirs pouvant être mis en œuvre – étant que les pouvoirs des autorités de police spéciale sont, la plupart du temps, préalablement prédéfinis.

Ce rappel de choses bien connues n'était pas inutile pour poser le problème de la gratuité dans ses rapports avec la police administrative. Tout un balancement de propositions et de contre-propositions vient à l'esprit.

---

[1] Sur cette dernière composante, v. CE ass., 27 octobre 1995, Commune de Morsang-sur-Orge, *GAJA*.

On peut très simplement admettre que la fonction de police sera exercée gratuitement lorsque l'intervention a profité à tous indistinctement sans qu'il en soit résulté un avantage particulier. Il semble logique qu'une activité si essentielle au bien commun doive être supportée par tous, par un budget public et non pas par quelques-uns. Mais on pourrait dire aussi que lorsque la police intervient par suite de l'action d'un fauteur de trouble qu'il est possible d'identifier, il peut être socialement exemplaire d'imputer le prix de l'action publique à ce dernier. On peut ajouter que si la police est gratuite, en des temps de restrictions budgétaires, soit les budgets publics seront absorbés par les préoccupations de police, tant elles sont grandes et diverses notamment à l'échelon communal, soit les budgets ouverts pour la police seront insuffisants et l'ordre public, notamment en ce qu'il implique d'activités matérielles qui coûtent plus cher qu'une réglementation, sera mal assuré.

Deux solutions se présentent pour résoudre le problème né de l'étroitesse des budgets, qui consisteront à faire peser le coût de l'ordre public sur les particuliers. La première consiste à faire payer le recours à la police ; ce peut être un moyen d'améliorer le financement d'une activité qui continuera d'être accomplie par les agents de la puissance publique. La deuxième consiste à édicter une réglementation qui impose aux particuliers d'avoir à exécuter telle ou telle action de protection ; ils seront ainsi obligés à l'action et à la dépense à la place de la collectivité. Gratuite, la police ? Elle l'est, cette fois-ci, pour la collectivité dont l'autorité n'a pas beaucoup engagé les finances en édictant la règle.

On peut craindre aujourd'hui une véritable externalisation du coût de l'ordre public, la collectivité se bornant à définir les principes d'une action qu'elle renonce à exercer par elle-même, alors que cette action est de sa responsabilité éminente. Or, s'il s'agit en particulier d'activités de surveillance ou de sécurité, il apparaîtra rapidement que certaines personnes seront prêtes à payer pour leur sécurité et en auront les moyens, alors que d'autres n'auront pas ces moyens. La société à deux vitesses serait aussi la société à deux sécurités, ce qu'elle est sans doute déjà mais du moins pas à cause d'un désengagement officiel et généralisé de la puissance publique.

Enfin, les individus étant toujours sensibles à ce qui leur coûte, leur activité génératrice de désordre peut être saisie par une mesure financière de police, ce qui les incitera à ne pas laisser perdurer la situation. Notamment, les moyens de la police générale étant indéterminés, il peut être tentant d'y inclure la mesure financière.

Cet ensemble de questions et de perspectives structure les réponses du droit positif dans l'organisation des rapports entre police et gratuité. Une présentation aussi simple que possible de ces rapports peut dès lors être faite à partir du double constat suivant : en principe, l'exercice de la police est gratuit dans la limite des prestations relevant normalement de ses missions ; en outre, l'absence de gratuité peut être un moyen de police.

EN PRINCIPE L'EXERCICE DE LA POLICE EST GRATUIT DANS LA LIMITE DES PRESTATIONS RELEVANT NORMALEMENT DE SES MISSIONS

La police étant établie dans l'intérêt général, la gratuité des activités de police est le principe, dont nous examinerons les limites dans un premier temps. Cependant, ce principe ne vaut que pour les activités qui n'excèdent pas les missions normales des autorités de police. Il faudra donc examiner comment est apprécié ce qui excède l'activité normale de la police dans un deuxième temps.

Le principe de gratuité

1/ Les multiples affirmations du principe et sa justification

On cite fréquemment à propos de la gratuité de la police la sagesse de la prescription de la Déclaration des droits de l'homme et du citoyen de 1789, qui n'envisage cependant qu'un aspect du problème. Aux termes de son article 13 : "Pour l'entretien de la force publique... une contribution est nécessaire. Elle doit être également répartie entre tous les citoyens, en raison de leurs facultés". Cet appel à l'impôt résout-il l'ensemble des questions que pose la gratuité de la police ? Sans doute que non, mais il inspire les réponses de la jurisprudence à propos de toutes les activités de police accomplies exclusivement dans un intérêt général.

L'affirmation du préambule aurait pu servir à empêcher que l'Etat ne se démît de ses missions de sécurité sur certaines personnes. C'est ce qui avait été dénoncé, par exemple au Sénat, à l'appui d'une exception d'inconstitutionnalité soutenue à propos du projet de loi d'orientation et de programmation relative à la sécurité, future loi du 21 janvier 1995[2].

Deux séries de dispositions étaient spécialement visées, celles qui imposent des obligations de prévoir une surveillance de certains locaux commerciaux ou professionnels et de certains garages et parcs de

---

[2] *JO* 24 janvier 1995, p. 1249 ; exception au *JO Débats Sénat*, séance du 5 juillet 1994, p. 3543.

stationnement[3], d'une part, celles qui imposent la mise en place de services d'ordre par les organisateurs de manifestations sportives, récréatives ou culturelles à but lucratif[4]. Ces dispositions législatives auraient contrevenu à l'article 13 de la DDHC en prévoyant une contribution supplémentaire de la part des propriétaires ou exploitants en vue de l'ordre public, alors que la constitution ne prévoit qu'une contribution commune. Néanmoins l'exception ne sera pas adoptée, et elle ne sera pas reprise devant le Conseil constitutionnel qui n'a pas jugé bon de la relever d'office. Ce n'était évidemment pas la première fois que le pouvoir législatif (à l'instar du pouvoir réglementaire) imposait des obligations de sécurité comportant des dépenses pour les particuliers. Ce qui était plus nouveau, c'était le domaine de l'obligation, c'est-à-dire la surveillance et les services d'ordre. C'est cependant le propre de la police de procéder par la désignation d'obligations de faire, celles-ci pouvant être onéreuses.

En tout état de cause, la réglementation est préférable lorsque l'action préventive des troubles implique la réalisation d'aménagements sur les propriétés privées ou l'achat de matériels par les particuliers. La réglementation les protège mieux que l'intervention, notamment parce que l'autorité de police générale doit respecter la "règle" dite du libre choix des moyens, règle dont il a été déjà démontré cependant qu'il ne s'agit que d'une orientation de la jurisprudence et que l'autorité peut s'en affranchir en cas de nécessité d'imposer tel ou tel moyen. Néanmoins, si l'autorité de police peut imposer des obligations coûteuses par voie de règlements, la jurisprudence du Conseil d'Etat veille à ce que ces obligations n'excèdent pas celles qui peuvent être imposées, dans l'intérêt général, à la propriété privée. C'est là un domaine où toute la subtilité du contrôle des juges donne sa mesure. Le juge invoque la nécessité de concilier les exigences de l'ordre public général avec le respect dû au droit de propriété, ce qui limite la portée des aménagements ou travaux qui peuvent être prescrits par l'autorité de police aux propriétaires d'immeubles existants[5].

---

[3] Art. 10 et 12 de la loi. Voir D. n° 97-46 du 15 janvier 1997 relatif aux obligations de surveillance ou de gardiennage incombant à certains propriétaires, exploitants ou affectataires de locaux professionnels ou commerciaux, *JO* 22 janv. 1997, p. 1095 ; D. n° 97-47 du 15 janvier 1997 relatif aux obligations de surveillance incombant à certains propriétaires ou exploitants de garages ou de parcs de stationnement, *loc. cit.*, p. 1096.

[4] Art. 23; V. D. n° 97-646 du 31 mai 1997 relatif à la mise en place de services d'ordre par les organisateurs de manifestations sportives, récréatives ou culturelles à but lucratif, *JO* 1er juin 1997, p. 8692.

[5] CE, 18 avr. 1956, Chambre syndicale des propriétés immobilières de la ville de Paris : *Rec.* p. 159 ; V. aussi CE sect., 26 oct. 1984, SCI du Chemin vert : *Rec.* 342 ; *JCP* 1985.II.20424, concl. O. Dutheillet de Lamothe.

A côté du principe constitutionnel qui, strictement, vise l'action d'une force publique, figure un principe jurisprudentiel qui protège mieux, parce que plus largement, la gratuité. Il s'agit cette fois-ci de la gratuité au sens strict, celle de l'action de police qui demeure gratuite pour les administrés. A toutes les époques, le principe de gratuité est fréquemment affirmé et réaffirmé, dans des termes approchants. L'arrêt du Conseil d'Etat du 28 décembre 1949, *Sté Ciné Lorrain*[6], nous en donne le fondement et mérite d'être cité : "D'après les dispositions combinées des articles 79 et 136 de la loi du 5 avril 1884, les services organisés tant pour maintenir le bon ordre que pour prévenir les sinistres sont des services municipaux établis dans l'intérêt collectif de tous les habitants; (...) les frais exposés constituent des dépenses obligatoires mises à la charge de la généralité des contribuables".

Par conséquent, ces frais ne peuvent pas être mis à la charge de certains lorsqu'ils sont exposés dans l'intérêt collectif de tous. Mais il faut noter que le Conseil se réfère aussi à l'existence d'un service obligatoire. Il le fera à nouveau dans un arrêt du 5 décembre 1984, *Ville de Versailles c. Lopez de Arias*[7]. Mme Lopez de Arias contestait le titre de recouvrement émis par le Trésorier principal de Versailles correspondant aux frais de transport de son fils en ambulance par les sapeurs pompiers du centre de secours de Versailles. Selon le Conseil d'Etat, le titre a été annulé à bon droit par le tribunal administratif : "la commune doit supporter la charge des interventions des sapeurs-pompiers dans la limite des besoins normaux de protection des personnes et des biens auxquels la collectivité est tenue de pourvoir dans l'intérêt général ; qu'en revanche, elle est fondée à poursuivre le remboursement des frais exposés pour les prestations particulières qui ne relèvent pas de la nécessité publique". Concrètement, "les évacuations que les sapeurs-pompiers sont conduits à effectuer vers les établissements hospitaliers en cas d'accident corporel sur la voie publique doivent être regardées comme le prolongement des missions de secours d'urgence aux accidentés ou blessés qui leur sont normalement dévolues".

Le fait de se fonder sur le caractère obligatoire du service n'est pas très important dès lors que nous cantonnons notre recherche aux rapports entre police et gratuité, car l'exercice des missions de police est obligatoire pour les communes, même si elles n'ont pas organisé matériellement un service préposé à la mission ; celle-ci demeure dans son principe. Le maire doit, le cas échéant, s'organiser pour l'accomplir ou prendre les mesures

---

[6] *Rec.* p. 584. En réalité, il reprend CE, 10 août 1918, Sté Cinéma National, *Rec.* p. 853.

[7] *AJDA* 1985.105, obs. J. C. ; *Dr. adm.* 1985, n° 47 ; *LPA* 30 avril 1985, p. 2, note F. Moderne ; *RFDA* 1985, p. 522, note Prétot.

nécessaires s'il ne dispose pas de moyens. Il peut aussi provoquer l'intervention de l'autorité supérieure ou prononcer des réquisitions. Plus que l'affirmation redondante du caractère obligatoire des dépenses, qui figure dans ces arrêts, ce qui compte principalement, c'est l'intervention de la police dans l'intérêt général.

C'est pourquoi la jurisprudence n'est pas réduite à l'affirmation d'une gratuité applicable aux seules opérations ponctuelles de police. L'organisation spécifique de services de lutte contre l'incendie dans la forêt landaise, celle de la police de la sécurité routière sur les autoroutes sont établies dans l'intérêt général. On ne saurait soutenir que les services interviennent en faveur de personnes déterminées, et les contributions pour service rendu sont dès lors impossibles. Toute contribution serait une imposition. C'est pourquoi le pouvoir réglementaire ne peut pas les instituer. C'est ce qui est jugé, par exemple, à propos de la défense de la forêt landaise dans les termes suivants : "Considérant que la mission de lutte contre les incendies de forêts confiée aux corps de sapeurs-pompiers forestiers institués dans chacun des départements [intéressés] par le décret du 25 mars 1947 est exercée non dans le seul intérêt des propriétaires sylviculteurs de ces trois départements, mais dans l'intérêt général de la population ; qu'ainsi la contribution imposée par le décret du 5 mai 1980 aux associations syndicales de propriétaires ne correspond pas à la rémunération d'un service rendu auxdites associations, ni même aux propriétaires à titre individuel, et ne saurait être mise à la charge de celles-ci que par la loi". En ce qui concerne les services de sécurité sur les autoroutes, il faut se référer à un arrêt d'assemblée du Conseil d'État, du 30 octobre 1996, Mme Wajs et M. Monnier[8].

On trouve la même position de principe dans un arrêt de 1995[9], rappelant que l'institution d'une redevance mise à la charge des compagnies aériennes autorisées, en vue de financer le contrôle technique d'exploitation, ne peut être légale qu'à la double condition d'une part que les opérations qu'elle est appelée à financer ne soient pas effectuées essentiellement dans l'intérêt général des usagers du transport aérien et des populations survolées, et d'autre part que ladite redevance trouve sa contrepartie dans une prestation directement rendue aux compagnies.

L'impossibilité de se référer à un service rendu est la même à propos des visites médicales imposées par la loi et le règlement aux étrangers qui

---

[8] *RFDA* 1997.726, concl. Combrexelle; *AJDA* décembre 1996 p. 973, chron. D. Chauvaux et T.-X. Girardot.

[9] CE, 10 février 1995, Chambre syndicale du transport aérien (deux espèces) : *Rec.* p. 69-70, *AJDA* 1995, p. 403, note Broussole ; *CJEG* 1995, p. 146, concl. Arrighi de Casanova.

présentent une demande initiale de titre de séjour[10]. Le Conseil d'Etat a jugé que l'arrêté interministériel qui instituait une redevance à verser à l'Office des migrations internationales par la personne qui subit le contrôle était illégal. En effet, "le contrôle médical auquel sont assujettis… les étrangers… n'a pas été institué dans le seul intérêt de ces personnes, mais a essentiellement pour objet la protection de la santé publique; (…) dès lors, ce contrôle médical ne constitue pas un service rendu pouvant donner lieu à perception d'une redevance"[11].

Néanmoins, le principe selon lequel les missions de police exercées dans l'intérêt général ne peuvent être onéreuses pour les particuliers, rencontre certaines limites.

2/ Les limites du principe de gratuité

Même lorsque la commune agit dans l'intérêt général et dans la limite des besoins normaux de la population, l'activité de police peut ne pas être tout à fait gratuite pour les administrés.

Il en est ainsi, tout d'abord, par permission de la loi. On citera la loi du 9 avril 1985 relative au développement et à la protection de la montagne, qui a commencé d'apporter une réponse au poids représenté par les dépenses de sauvetage dans les budgets des communes de montagne. Les communes peuvent demander le remboursement de frais qu'elles ont exposés dans ce but, le décret du 3 mars 1987 ayant toutefois limité cette possibilité à deux activités sportives : le ski alpin et le ski de fond. Une proposition de loi adoptée par le Sénat le 16 décembre 1999 tend à généraliser cette possibilité pour toutes les activités sportives ou de loisirs sur tout le territoire, en prévoyant expressément que la participation demandée peut porter sur tout ou partie des dépenses en fonction d'une délibération portée à la connaissance du public dans tous les lieux où sont apposées les consignes de sécurité[12].

Par ailleurs, il est fréquent que des dispositions législatives d'ordre public autorisent une action d'office de la puissance publique, aux frais du propriétaire. Il s'agit, en général, d'une action qui vise à protéger un intérêt général, certes, comme celui de tout passant dans la police spéciale des immeubles menaçant ruine, mais elle doit aussi permettre de responsabiliser les propriétaires qui ne doivent pas compter sur leur propre

---

[10] Art. L. 341-2 du code du travail et art. 7, 11, et 12 du décret du 30 juin 1946 réglementant les conditions d'entrée et de séjour des étrangers en France.

[11] CE, 20 mars 2000, Groupe d'information et de soutien aux immigrés : *AJDA* 2001, p. 188, note S. Hennette-Vauchez.

[12] Voir la proposition de loi *Doc. parl. Sénat*, session ord. 1998-1999, n° 267, et le texte adopté le 16 décembre 1999.

carence pour s'exonérer du coût de l'entretien de leur immeuble ou de sa démolition.

Toutefois, la police des immeubles menaçant ruine ne peut être mise en œuvre que si la ruine de l'immeuble est due à une cause intrinsèque. Lorsque la menace de ruine est la conséquence d'un événement naturel, le maire doit mettre en œuvre une autre compétence de police, qui est tout simplement sa compétence de police générale. Là il se retrouve dans le droit commun de l'action de police entreprise dans l'intérêt général et la commune doit normalement supporter intégralement le coût de l'intervention.

Dans ce cas, la jurisprudence réserve cependant deux hypothèses dans lesquelles l'action ne sera pas entièrement gratuite pour le propriétaire. Elles ont été envisagées dans un arrêt de section du 6 février 1970, *Préfet de Police c. Kerguélen*[13]. Bien qu'il se soit agi de la destruction d'un immeuble dont la ruine était due à une cause naturelle, l'arrêt réserve les hypothèses où le dommage serait au moins partiellement dû à la négligence du propriétaire et celles où, quelle qu'en soit l'origine, la démolition aboutirait à un enrichissement sans cause du propriétaire. Dans ces deux hypothèses, une partie au moins des frais de démolition pourrait être réclamée au propriétaire.

La première de ces deux hypothèses, la négligence insigne du propriétaire, est aussi applicable lorsque le maire, pris par une extrême urgence, a été obligé de mettre en œuvre ses pouvoirs de police générale à la place de la procédure dite de péril imminent de la police spéciale des immeubles menaçant ruine et a, par exemple, dû réquisitionner un entrepreneur pour faire les travaux de sécurité nécessaires. Il y a certes exclusivement un intérêt général à l'action du maire, celui-ci a bien agi en vertu de ses pouvoirs de police générale et non de ses pouvoirs de police spéciale – qui lui auraient de toutes façons permis d'agir aux frais du propriétaire –, mais dans une pareille hypothèse, le tribunal administratif de Strasbourg a jugé que la ruine étant entièrement imputable au propriétaire, la totalité du coût des travaux peut lui être imputée[14].

Le tribunal administratif de Strasbourg a donc admis que toute intervention de police générale n'était pas nécessairement à financer sur le budget de la commune. Cette solution est cependant trop proche de ce qu'elle aurait été si le maire avait eu le temps de mettre en œuvre la procédure de police spéciale pour qu'on puisse l'élargir à d'autres cas, pour qu'on puisse dire qu'il devrait en être ainsi en toute matière de police

---

[13] *Rec.* p. 87 ; *RDP* 1970, p. 1226, note M. Waline.

[14] TA Strasbourg, 2 mai 2000, SCI OPA c/ ville de Thann, *AJDA* 2001, p. 402, concl. Faessel.

générale lorsque l'intervention a été causée par la faute de la personne à qui sont réclamés les frais. Dans l'affaire *Ville de Versailles*[15], par exemple, les secours sont déclarés gratuits sans aucune réserve, même pour ceux qui se seraient fait renverser sur la route en s'y promenant en état d'ivresse.

La contribution financière à ce qui excède les missions normales de la police

1/ La justification d'une telle contribution

Cette possibilité d'une contribution financière à l'activité de police a déjà été incidemment rencontrée dans la jurisprudence citée ci-avant : l'autorité peut réclamer aux particuliers une contribution pour ce qui excède les missions normales de la police. Ce n'est pas à dire que l'intervention a été accomplie sans aucun intérêt général. Cela signifie qu'un particulier identifiable, celui qui supportera le coût de l'intervention, a provoqué une intervention anormale des services de police. On peut parler de redevance, à moins qu'il ne s'agisse de contribution volontaire.

En premier lieu, une intervention des services excédant ce qui est l'activité normale du service peut donner lieu à une redevance, qui est une redevance pour service rendu et n'a pas à être instituée par la loi. On peut ainsi faire payer ce qui est exposé dans l'intérêt identifiable d'un bénéficiaire. C'est ce qu'admet le juge administratif dès le début du siècle dernier à propos de la rémunération des sapeurs-pompiers ou des agents de police présents dans des salles de spectacles pour assurer l'ordre public et la sécurité du public[16].

L'arrêt *Société Ciné Lorrain*[17] peut être cité à nouveau. Après avoir jugé que les services de sécurité et de bon ordre sont des services municipaux établis dans l'intérêt collectif de tous les habitants et que les frais exposés constituent des dépenses obligatoires mises à la charge de la généralité des contribuables, le juge administratif poursuit de la sorte : "Mais considérant que les entreprises de spectacles nécessitent, en ce qui concerne la police, une surveillance toute spéciale, excédant les besoins normaux auxquels sont tenus de pourvoir, aux frais de la commune, les services organisés pour la protection des lieux publics ou privés ; que ces frais supplémentaires sont exposés dans l'intérêt même de ces entreprises ;

---

[15] *précitée.*

[16] CE, 10 août 1918, Sté Ciné National : *Rec.* 853 ; voir aussi : CE, 21 janv. 1921, Constantin Veran et Bastian : *Rec.* p. 77.

[17] *précité.*

qu'à ce point de vue, la charge doit en être supportée par les intéressés eux-mêmes ; que dès lors, en disposant par l'arrêté attaqué qu'un service d'ordre sera assuré pour les établissements de spectacles aux frais des exploitants conformément aux tarifs prescrits par l'arrêté du préfet de Meurthe-et-Moselle en date du 8 avril 1948 (...) le maire de Joeuf n'a pas excédé ses pouvoirs".

Il faut remarquer – et ceci n'est pas sans intérêt du point de vue de la problématique de la gratuité – que le service d'ordre payant n'est pas intervenu à la demande de l'entrepreneur. Il a pu être légalement imposé par l'autorité de police (parce qu'il y a des risques particuliers de police)... et rendu payant (parce qu'il profite principalement à l'entreprise et que la surveillance excède les besoins normaux de surveillance et constitue, de ce fait, des frais supplémentaires).

2/ La variété des hypothèses de contribution financière

Les hypothèses sont aussi variées que la vie qui peut les faire naître. Trois remarques peuvent être faites.

La rémunération de frais supplémentaires peut être envisagée par la loi. C'est le cas de ce qu'on appelle les vacations des commissaires de police. La loi de finances du 25 février 1902 avait ainsi décidé que "les commissaires de police auraient "en règle générale et réserve faite de cas particuliers... pour les services d'ordre qui leur incomberaient, droit à perception de vacations fixées par le maire" et qui étaient très lucratives. Depuis la loi d'orientation et de programmation relative à la sécurité du 21 janvier 1995, ces vacations sont maintenant versées à un fonds rattaché au budget du ministère de l'intérieur.

Deuxièmement, les opérations excédentaires occasionnant des frais supplémentaires peuvent profiter directement à ceux qui supporteront les frais. Marcel Waline parlait d'une utilisation privative des services de police[18]. C'est le cas dans l'affaire du *Ciné Lorrain*.

Enfin, l'activité excédentaire du service de police peut simplement résulter d'une activité privée présentant des inconvénients particulièrement marqués du point de vue de l'ordre public. C'est le cas dans l'affaire du nettoyage du marché à la brocante sur la commune de Saint-Ouen[19] : selon le Conseil d'Etat, qui a rendu à ce sujet un arrêt le 19 février 1988, *SARL Pore-Gestion et Société JLP c. Commune de Saint-*

---

[18] Cité par J.-M. AUBY, note sous TA Bordeaux, Compagnie de remorquage "Les tuyaux bleus" c/ ville de Bordeaux (deux jugements) : *AJDA* 1962, p. 678 ; v. M. WALINE, note sous Cass. crim 11 janvier 1951, *RDP* 1951, p. 497.

[19] CE, 19 février 1988, SARL Pore-Gestion et Sté JLP c. Commune de Saint-Ouen : *Rec.* p. 77 ; *LPA* du 14 sept. 1988, p. 2, note Moderne.

Ouen : "l'existence et le fonctionnement de ce marché impliquent, compte tenu de son importance et de ses caractéristiques, des interventions particulières de la commune de Saint-Ouen dans les domaines de la circulation, de la sécurité, de la salubrité et de l'enlèvement de déchets... Ces interventions excédent les besoins normaux des personnes et des biens auxquels la collectivité est tenue de pourvoir dans l'intérêt général ainsi que ceux qui sont couverts par le paiement de la taxe d'enlèvement des ordures ménagères...".

Un des intérêts de cet arrêt est de montrer que l'absence de gratuité a ici été enregistrée dans un contrat. L'arrêt nous dit "qu'aucune disposition législative ou principe général du droit ne faisait par ailleurs obstacle à ce que lesdites sociétés s'engagent, par contrat, à indemniser la commune des prestations supplémentaires qui lui étaient imposées". Il montre en outre que le coût de l'intervention peut être calculé forfaitairement. En l'espèce, le contrat portait sur le versement d'une indemnité forfaitaire annuelle[20].

L'ABSENCE DE GRATUITE PEUT ETRE UN MOYEN DE POLICE

Rendre onéreuse une activité peut être un moyen d'assurer la police. Le prix (au sens large) ou le coût deviennent un moyen de police. La solution est possible et pratiquée plus souvent qu'on ne le pense. C'est ainsi que la police peut faire payer certaines activités ou rendre onéreuse certaines situations, mais à certaines conditions.

Une solution acceptable et pratiquée

L'hypothèse est prévue par le législateur, par exemple dans la police de l'assainissement. L'article 33 de l'ancien code de la santé publique disposait que "le raccordement des immeubles aux égouts domestiques est obligatoire" et l'article 33-5 assortissait cette obligation de police d'un moyen de pression financière, destiné à en favoriser le meilleur respect. Aux termes de cet article 33-5, "tant que le propriétaire ne s'est pas conformé aux obligations prévues aux articles qui précédent, il est astreint au paiement d'une somme au moins équivalente à la redevance qu'il aurait payée si son immeuble avait été raccordé au réseau et qui pourra être majorée dans une proportion fixée par le conseil municipal dans la limite de 100 %".

---

[20] Néanmoins, on peut se demander si avant de demander une contribution, même pour service exceptionnel rendu, la collectivité ne doit pas s'assurer que diverses sources de financement existantes n'ont pas déjà couvert le coût du service. Et que se passerait-il si la commune ne trouvait pas de cocontractant ? Pourrait-elle émettre un titre exécutoire ?

D'autre part, il ne faut pas oublier l'existence de sanctions de police. Bien que la police administrative soit essentiellement préventive, elle peut comporter et comporte de plus en plus des moyens répressifs. Parmi ceux-ci, la sanction pécuniaire peut être considérée comme un moyen de police. N'a-t-on pas souvent dit que les pollueurs achetaient leur droit de polluer lorsque les sanctions qu'ils payaient étaient trop faibles ? Ici, nous abordons le problème de l'inefficacité du moyen.

Enfin, la généralité des moyens appartenant à l'autorité de police générale, celle ci peut trouver dans l'abandon de la gratuité d'une situation un bon moyen de régulation sociale. L'institution d'un stationnement payant en est un exemple. Les problèmes liés au stationnement payant ayant été abondamment étudiés, on se contentera d'évoquer le procédé.

A quelles conditions ?

La suppression de la gratuité comme moyen de police répond aux mêmes conditions de légalité que l'usage des autres moyens de police et le cas échéant, que les autres actes de la catégorie dans laquelle il figure.

Ainsi, l'institution d'un stationnement payant sur la voie publique correspondant à une mesure de police de la circulation, elle doit répondre aux conditions de légalité des mesures de police de la circulation. Le stationnement payant doit correspondre à une nécessité locale de la circulation et à d'autres conditions de légalité ; plus précisément, il doit préserver les droit d'accès libre des riverains dans le quartier où il est institué, etc.

J'ajouterai seulement au dossier que l'instauration d'un coût pour le stationnement peut correspondre à une nécessité toute ponctuelle, comme celle de garantir l'ordre public le jour du passage du tour de France. C'est l'exemple donné par l'arrêt du Conseil d'Etat du 22 février 1991, *Commune de Bagnères-de-Luchon*[21].

Il ne faut pas toutefois confondre dans la mesure de police l'intérêt d'ordre public et l'intérêt financier. Si la perception d'un droit de stationnement a une base légale, il ne faut pas le transformer en péage pour franchir un accès à la route qui conduira au passage du Tour : un tel péage est inspiré uniquement par des motifs financiers et n'a aucune base légale[22].

Cette impossibilité de percevoir des péages, comme étant attentatoires à la liberté d'usage commun du domaine public ouvert au public, condamne l'institution par arrêté de police de "droits d'entrée" dans des îlots de rues pittoresques qu'on visite en vacances, ou de rues réservées

---

[21] *Rec.* p. 63.
[22] *ibid.*

pour un jour ou deux à des manifestations locales, telles que les foires aux berlingots ou à la brocante. L'illégalité de ces droits est d'ailleurs la même s'ils sont perçus par les personnes publiques ou privées organisatrices (associations locales ou bureaux de tourisme) et à leur profit. Le problème a été perçu puisqu'une proposition de loi visant à permettre à une commune d'instituer un accès payant à certaines portions de voies publiques lors de manifestations culturelles ou fêtes traditionnelles a été récemment déposée à l'Assemblée nationale[23]. L'article unique de cette proposition (qui ignore l'existence du code général des collectivités territoriales) vise à créer après l'article L. 131-5 du code des communes (!) un article L. 131-5-1 ainsi rédigé : "Le maire peut, après délibération du conseil municipal, accorder, à titre exceptionnel et temporaire, à une association l'autorisation de percevoir un droit d'accès à certaines portions de voies publiques en échange de l'organisation de manifestations culturelles ou de fêtes traditionnelles, sous réserve du respect de la liberté d'accès des riverains et de la liberté du commerce". Il s'agit alors d'assurer le financement des manifestations et non pas d'imposer des restrictions financières de police.

Quant à l'institution de sanctions de police, elle est, comme c'est le cas de toute sanction administrative, exclusivement du ressort de la loi. Les maires ne peuvent donc assortir leurs arrêtés de police de sanctions administratives financières, ainsi que le juge un arrêt du Conseil d'Etat en date du 15 mars 1996, *Syndicat des artisans fabricants de pizzas non sédentaires Provence-Côte-d'Azur*[24].

P.S. A la suite de la proposition de loi sénatoriale évoquée dans cette communication (Sénat, doc. Parlementaire, session ord. 1998-1999, n° 267, texte adopté le 16 décembre 1999), la loi n° 2002-276 du 27 février 2002 relative à la démocratie de proximité a complété l'article L. 2321-2 du CGCT par deux alinéas ainsi rédigés :

"Toutefois, sans préjudice des dispositions applicables aux activités réglementées, les communes peuvent exiger des intéressés ou de leurs ayants droit une participation aux frais qu'elles ont engagés à l'occasion d'opérations de secours consécutives à la pratique de toute activité sportive ou de loisir. Elles déterminent les conditions dans lesquelles s'effectue cette participation, qui peut porter sur tout ou partie des dépenses. / Les communes sont tenues d'informer le public des conditions d'application de l'alinéa précédent sur leur territoire, par un affichage approprié en mairie et, le cas échéant, dans tous les lieux où sont apposées les consignes relatives à la sécurité."

---

[23] *AN doc. parl.* n° 2712, enregistré le 15 novembre 2000.
[24] *Rec.* p. 76

14

Volontariat et ONG : un bénévolat ?

*Dorothée Meyer**

C'est par le "terrain" que commence cette recherche. En mars 2000, *Médecins Sans Frontières* (MSF) annonce la mise en place de ce qui est qualifié de *nouveaux statuts terrain*. Les "anciens statuts terrain" ont été modifiés pour permettre "un plus large accès au salariat" et revaloriser "le montant des indemnités après plusieurs années de volontariat dans l'association"[1]. Pour Olivier Maurel, Directeur des ressources humaines de MSF, "loin de favoriser un certain carriérisme, ces nouveaux statuts permettent de redonner un souffle à l'engagement des volontaires". Il s'agit aussi que "les volontaires qui s'engagent à MSF sur des postes de responsabilité (…) puissent rester plus longtemps"[2].

Plusieurs éléments retiennent, de prime abord, l'attention. Il est question :
- d'association
- de statuts,
- de salariat,
- de volontariat indemnisé,
- de carriérisme opposé à engagement,
et enfin de postes de responsabilité de longue durée ou tendant à le devenir.

* *Maître de conférences à l'université de Cergy-Pontoise.*
[1] *Message* n° 109, septembre 2000, p. 14.
[2] *ibid.*

Olivier Maurel ajoute : "C'est aussi la notion de volontariat qui est en jeu. Je ne comprends pas qu'on utilise le terme *expatrié* qui vient du monde de la coopération (...) On ne devrait parler que de *volontariat* car cela recouvre l'engagement, l'acte volontaire motivé par la solidarité (...) C'est pour ça que j'aime le terme volontaire : les mots ont un sens. Ensuite le volontaire peut être salarié, indemnisé ou bénévole : ce n'est qu'une question de statut juridique"[3].

Deux questions supplémentaires viennent alors compléter notre liste :
- celle de l'expatriation
- et celle du bénévolat.

Si l'on prend Olivier Maurel au mot, le juriste s'y perd. Le terme "volontaire" désignerait, à le lire, toute personne concourant à l'activité associative sans tenir compte du lien juridique avec l'association. Mais doit-on distinguer, en droit, le volontaire du bénévole dans le cadre associatif ? Peut-on alors envisager un volontaire-salarié ? Et le juriste aura d'autant plus tendance à se perdre que les ONG dont il est question ici[4], les *Associations de Solidarité Internationale (ASI),* renversent les conceptions habituelles que l'on se fait du personnel d'une association. Les bénévoles au service des *ASI* sont, en effet, très peu nombreux, concentrés au siège et affectés à des tâches d'archivistes ou de décharge des secrétariats (frappe, envois en nombre...). Le personnel se répartit surtout entre deux catégories : les *volontaires de solidarité internationale* sur le terrain et les salariés que l'on retrouve essentiellement au siège[5].

L'article 1er de la loi du 1er juillet 1901 qualifie pourtant l'association de *"convention par laquelle deux ou plusieurs personnes mettent en commun, d'une façon permanente, leurs connaissances ou leur activité dans un but autre que de partager les bénéfices"*. Sans que soit, par là même, interdit le recours à des salariés, le bénévolat est en ce sens consubstantiel de l'activité associative. Cette dernière se réalise, à titre principal, grâce au concours bénévole, c'est à dire non-rémunéré, ou encore gratuit, de personnes désignées habituellement par la qualité de membres actifs. Le Code du Travail considère comme *"collaborateur bénévole celui ou celle qui apporte son concours au fonctionnement ou à*

---

[3] *ibid.*

[4] Le terme ONG est un terme fourre-tout, emprunté au langage diplomatique tel que consacré à l'article 71 de la Charte de l'ONU, qui englobe les associations au sens de la loi française de 1901. Il faut ici préciser que cette étude ne concerne que les Associations de Solidarité Internationale (ASI) ou ONG encore dites "humanitaires". *MSF* en particulier est une association reconnue d'utilité publique.

[5] Entretien avec Colette DESMARQUET, service juridique, au siège de *MSF*, septembre 2001. La situation est identique à *Médecins du Monde* ou encore à *Aide Médicale Internationale* ou *Handicap International.*

l'animation d'une association, comme dirigeant ou non, sans percevoir en contrepartie de rémunération d'aucune sorte"[6]. En outre, si les associations emploient des salariés, elles sont alors soumises aux dispositions du droit du travail, sans dérogation possible[7].

Or, ce qui caractériserait les Associations de Solidarité Internationale serait donc que *"l'on assiste (...) à l'apparition de catégories juridiques nouvelles qui n'entrent exactement, ni dans le cadre du bénévolat, ni dans celui du salariat"*[8]. En tout état de cause, depuis le décret de 1986, abrogé et remplacé par celui de 1995 relatif aux *volontaires pour la solidarité internationale*[9], il y aurait une double distinction à faire entre volontaires et salariés d'une part, volontaires et bénévoles d'autre part.

Pourtant les termes "bénévole" et "volontaire" sont synonymes dans le langage courant. Rien d'étonnant à cela puisque l'adjectif bénévole est construit à partir de *bene/bien* et *volo/je veux* qui souligne à l'envie le caractère volontaire de l'activité ainsi qualifiée[10].

Cette synonymie se retrouve en droit. Ainsi la Commission européenne retient comme définition du volontariat : "tout travail effectué de sa propre initiative et non par obligation (...) pour en retirer une satisfaction personnelle et obéir à certaines valeurs humanistes et non pas pour bénéficier d'une quelconque rémunération"[11]. On retrouve donc ici les deux aspects de la gratuité du concours bénévole ou volontaire : non-

---

[6] Aucun texte de portée générale n'existe sur le bénévolat. Certaines mesures ont néanmoins pour objectif de protéger les bénévoles : assurance (Loi du 27 janvier 1993), congés de représentation (Loi n° 91-772 du 7 août 1991). L'UNEDIC insiste sur le caractère nécessairement non-professionnel et de l'activité bénévole, sans quoi elle doit être considérée comme *"un concours non rémunéré à une activité lucrative"* (échange de courriers entre le *Comité de liaison d'organisations non-gouvernementales de volontariat* (clong-volontariat) et l'UNEDIC, 1997-1998, documentation *MSF*). On peut également préciser qu'en vertu de l'article L.351-17-1, le statut de demandeur d'emploi n'est pas incompatible avec l'exercice d'une activité bénévole à condition que cette dernière ne se substitue pas à celle d'un salarié et que le bénévole reste disponible pour une recherche d'emploi.

[7] Une telle situation est loin d'être aujourd'hui exceptionnelle. Le rapport du Conseil d'Etat *"Les associations et la loi de 1901, cent ans après"*, précise que le secteur associatif est l'un des premiers employeurs de France avec, au 31 décembre 1995, plus d'un million de salariés (Rapport public 2000, *Etudes et Documents* n° 51, La Documentation française, p. 277).

[8] Jean SAVATIER, "Entre bénévolat et salariat : le statut des volontaires pour le développement", *Droit Social*, février 2000, p. 146.

[9] Décret n° 86-169 du 15 mars 1986 relatif aux associations de volontariat et aux volontaires pour le développement abrogé et remplacé par le décret n° 95-94 du 30 janvier 1995 relatif aux volontaires et associations de volontariat pour la solidarité internationale (*JORF*, 1er février 19995, p. 1692-1693).

[10] Définitions du *Petit Robert*.

[11] Communication de 1994 relative au Service volontaire européen, *JOCE* C 348 du 9 décembre 1994.

obligation et non-rémunération de ce qui est néanmoins qualifié de travail.

Qu'en est-il en droit français ? La question est apparemment plus controversée puisque si l'on ne parvient pas à découvrir de texte à portée générale sur le bénévolat, il en existe un, le décret de 1995, sur le volontariat de solidarité internationale. Une telle situation accrédite, en apparence, la thèse d'une distinction à faire entre bénévole et volontaire. Néanmoins, l'on peut essayer de montrer que la *summa divisio* subsiste entre bénévolat et salariat alors que, si distinction il y a entre bénévolat et volontariat, le second n'est qu'une expression particulière de la catégorie générale que constitue le premier.

UNE DISTINCTION ENTRE BENEVOLE ET VOLONTAIRE ?

En vertu du décret de 1995, le volontaire s'engage, par contrat avec une association de solidarité internationale, à apporter son concours bénévole pour accomplir une ou plusieurs missions d'intérêt général dans un pays étranger. Ces missions doivent avoir une durée totale comprise entre une et six années. De plus, les volontaires peuvent bénéficier, entre autres, d'indemnités et avantages en nature susceptibles de leur assurer des conditions d'installation et de vie décentes compte tenu des situations locales. L'association doit en outre leur garantir une couverture sociale. Enfin, elle doit apporter un support technique à la réinsertion en France en fin de mission.

Ce texte est sans équivoque. Le concours du volontaire est bénévole[12]. Il n'est pas lié par un contrat de travail à l'association mais bien par un *contrat de volontariat* à savoir un contrat civil auquel s'attache des conséquences propres, que l'on peut, mais ce n'est pas systématique, retrouver dans un contrat de travail[13]. Il n'en demeure pas moins vrai que l'engagement bénévole du volontaire ne donne pas lieu à rémunération comme il est de principe pour le type d'activités que constitue un tel engagement. C'est donc à bon droit que, après avoir hésité, dans un souci de protection du volontaire, la chambre sociale de la Cour de Cassation, en octobre 1999, a confirmé l'impossible requalification d'un contrat de volontariat en contrat de travail. Ni la valeur des sommes versées au volontaire, ni le lien d'engagement qui

[12] Interprétation combinée des articles 1er et 6 du décret du 30 janvier 1995. Il faut préciser que la qualité de *volontaire pour la solidarité internationale* est *accordée* par les ministres compétents, tandis que la qualité *d'association de volontariat pour la solidarité internationale* est *reconnue* par ces mêmes ministres.

[13] Le terme *contrat de volontariat* est employé à l'article 1er du décret du 30 janvier 1995.

l'unit à l'association ne permettent de lui *"retirer (...) la qualité de volontaire de l'association"*[14].

Dans ces conditions il apparaît essentiel que, bénévolat particulier, le volontariat ne puisse pas s'analyser comme une dérogation au droit du travail et surtout pas, comme beaucoup le suggèrent, que l'on institue, à partir de ce modèle, une réglementation générale du "travail associatif". C'est dire combien l'on peut contester les affirmations d'Alain Supiot selon lesquelles : "ces activités correspondent à un travail utile pour la société (...) il conviendrait d'y attacher un ensemble cohérent de droits sociaux, de les doter d'un statut qui reconnaissent la participation à une vie normale de travail, sans en méconnaître la particularité"[15].

On touche ici à l'ampleur que l'on peut reconnaître en creux au terme de *gratuité* appliqué au concours bénévole : déconnexion entre le service rendu, le travail effectué et les indemnités et avantages dont le volontaire bénéficie ; mais aussi, sans doute, caractère arbitraire de ce concours au sens où seule la volonté de celui qui l'apporte le motive, concours vain en quelque sorte comme peut l'être l'activité humanitaire au regard de tous les malheurs du monde.

---

[14] Dans une première affaire, *Pinson et autres c/ Association Société humanitaire* (Cass. Soc. 15 octobre 1998, *Petites Affiches*, 14 janvier 1999, n° 10, p. 5), la Cour de Cassation avait refusé, tout en reconnaissant l'existence d'un *contrat d'engagement volontaire*, d'appliquer le décret de 1986. Elle s'était attachée à caractériser le lien de subordination *caractéristique de l'existence d'un contrat de travail* pour casser l'arrêt de la Cour d'Appel de Toulouse qui, en se fondant sur l'analyse du contrat de volontariat, avait déclaré compétent le Tribunal de grande instance et non la juridiction prud'homale. Dans un arrêt plus récent, *Association Médecins du Monde c/ Mme Mounier* (Cass. Civ. 26 octobre 1999, *Droit Social* n° 2, février 2000, p. 149), la Cour s'intéresse plus particulièrement aux sommes versées au volontaire. Le premier juge soutenait, en effet, l'interprétation selon laquelle "en réalité, par son caractère forfaitaire, la régularité de son versement et son montant déterminé non négligeable, le pécule versé (...) s'analyse en un élément de rémunération" et "qu'il s'ensuit que les parties se sont ainsi placées hors des dispositions du décret du 15 mars 1986 (...) et que le pécule versé (...) présente les caractères d'un salaire dû par l'association Médecins du Monde". Là encore, la Cour de Cassation ne suit pas le juge du fond mais avec l'effet inverse qui est de priver le Conseil de prud'hommes de sa compétence. Il faut ajouter que le décret de 1986 sert, dans cette espèce, de support à la décision pour permettre de faire la part entre contrat de volontariat et contrat de travail. Ainsi, au terme de cette jurisprudence comme le souligne J. Savatier, "si le contrat du volontaire avec l'association humanitaire stipule à son profit une véritable rémunération, le caractère désintéressé de la mission disparaît et le contrat doit être requalifié en contrat de travail" (*préc.* p. 147).

[15] *Le travail en perspectives*, LGDJ, 1998.

Malgré l'avis d'Alain Supiot, l'opposition, certes juridique, entre bénévole-volontaire d'un côté et salarié de l'autre, reste pertinente. Les "humanitaires" ne s'y trompent d'ailleurs pas. Olivier Maurel, par exemple, le revendique à sa manière lorsqu'il déclare : "au siège, les chargés de ressources humaines ne font pas de recrutement d'intérimaires, de saisonniers ou de travailleurs précaires"[16]. Le statut de volontaire constitue en effet une forme particulière de bénévolat et non une exception à l'application du droit du travail, justifiée par le caractère collectivement utile de l'activité propre de l'association de solidarité internationale. Il faut insister sur les deux critères du bénévolat dans le cadre de toutes les associations : celui de l'absence de rémunération et celui de l'engagement volontaire à savoir l'absence d'obligation à travailler.

Le volontariat de solidarité internationale ne justifie la nécessité des indemnités et avantages, ainsi que d'une couverture sociale particulière, que dans la mesure où le volontaire est placé lui-même dans une situation particulière pour réaliser l'objet social de l'association. Selon le décret de 1995, il accomplit une mission d'intérêt général à l'étranger. L'obligation de lui assurer des conditions de vie décentes ne se mesure qu'à l'aune des situations locales. Le décret fixe également la nécessité d'un soutien à la réinsertion en fin de mission. Il affirme enfin, dans son article 2, la précarité comme étant inhérente au volontariat puisque au-delà de 6 ans, la qualité de volontaire se perd automatiquement.

La pratique des associations de solidarité internationale confirme d'ailleurs le caractère bénévole du volontariat[17]. A *Médecins Sans Frontières*, par exemple, les volontaires reçoivent, une fois sur le terrain, un *per diem* en monnaie locale, défini comme une somme couvrant les frais de vie à l'exclusion d'un *"budget pour les dépenses personnelles : photos, souvenirs, etc."*[18] qui reste à la charge des volontaires. Par ailleurs, est versée sur un compte en France, une indemnité, non imposable, qui varie entre 4 000 et 6 000 francs selon un barème non

---

[16] *Messages* n° 109, *op. cit.*, p. 14.

[17] Ces associations ont été, dans cette mesure, à l'origine du décret de 1995. Les volontaires renoncent à la rémunération du travail qu'ils effectuent à l'étranger en se mettant au service d'une "cause". S'ils perçoivent de quoi subsister, le montant des indemnités doit demeurer compatible avec le principe du bénévolat ; c'est bien ce qu'indique d'ailleurs la Cour de Cassation dans son arrêt *Médecins du Monde*. Jean Savatier précise que "l'idée de concours bénévole (...) domine le statut spécial des volontaires pour le développement, et justifie qu'ils ne soient pas considérés comme des salariés soumis à l'ensemble du droit du travail" (*préc.* p. 147).

[18] *Partir avec Médecins sans Frontières*, brochure, p. 3.

négociable par le volontaire. Ce barème a été établi en tenant compte de deux critères : celui de l'ancienneté à *MSF* et celui de l'ancienneté dans la fonction[19]. Cette indemnité permet théoriquement de faciliter le retour de mission qu'il s'agisse d'un retour définitif ou bien d'une période plus ou moins longue entre deux missions. L'atteinte qu'une telle indemnité semble porter au critère du service non rémunéré, du service gratuit que constitue le bénévolat, n'est ainsi qu'apparente. Il faut ajouter que tout volontaire doit adhérer à l'association et en devient ainsi membre actif susceptible de participer au Conseil d'Administration qui se tient une fois par mois au siège. Le volontariat est donc bien conçu, conformément au décret de 1995, compte tenu principalement du critère d'expatriation, comme une sortie du territoire et de son droit, une mise hors le système français pour une durée limitée.

C'est, en définitive, à l'association qu'il incombe de satisfaire à la gratuité du service rendu sur le terrain. Le volontaire participe, par son engagement à l'abaissement du coût de cette gratuité pour l'association dont il est membre. L'indemnité versée est déconnectée du travail fourni et du régime juridique y afférent en France. En aucun cas, l'engagement du volontaire ne devient l'alibi d'une dérogation aux règles du droit du travail français.

Soulignons enfin qu'au-delà des six années fixées par le décret, la requalification d'un contrat de volontariat en contrat de travail est alors, semble-t-il, de droit. Peu importe alors l'engagement du volontaire, son caractère humaniste, son désir de participer à l'utilité collective... Le volontariat ne saurait servir de modèle pour un statut du travail associatif dans la mesure où l'engagement volontaire justifierait alors une dérogation à la législation du travail, c'est à dire en nierait le fondement même : l'inégalité des parties.

---

[19] Les différentes catégories de fonctions pour *MSF* sont les suivantes :
- C (chef de mission, Coordonnateur médical dans une capitale),
- B (Administrateur et responsable logistique Capitale, responsable terrain),
- A (personnel terrain).

A titre d'exemple, pour la catégorie B, la grille des indemnités en septembre 2000 combinait les critères d'ancienneté de la manière suivante :

Expérience dans la fonction	**Brut**	**Prime de 6%**	**Total net**
De 0 à 1 an	Si expérience MSF < à 1an		4 000
De 0 à 1 an	Si expérience MSF> à 1 an		6 000
De 1 à 3 ans	8 525	512	7 000
3 ans et plus	9 738	584	8 000

(en Francs)

C'est bien alors la distinction que fait le droit entre bénévolat et salariat qui permet d'éviter les dérives selon lesquelles "*on pourrait valoriser ces activités bénévoles en les couplant avec des rémunérations modestes, ce qui aiderait des millions de citoyens à garder conscience de leur propre valeur*"[20]. Il faut revenir à l'adage selon lequel "*tout travail mérite salaire*", et l'on peut ajouter : temps libre, qui permettent si on le souhaite, en les combinant, de devenir bénévole.

---

[20] Assises des associations, Atelier n° 1 : la valorisation des ressources humaines dans les associations : ~~http://www.vie-associative.gouv.fr/assises/actes~~
Il faut préciser que parmi les "*remarques de l'assistance*" qui sont rapportées à la suite des interventions, on peut trouver :
- "de nombreuses associations semblent, de manière générale, vouloir faire une distinction nette entre le bénévole et le salarié",
- "les intervenants déclarent que la notion d'engagement désintéressé a une valeur fondamentale dans la vie associative (…) le volontariat ne peut pas être un sous-emploi, ni du point de vue de l'organisme, ni de celui de la personne".
Y aurait-il condamnation de la part du secteur associatif lui-même de cette offensive de "dévalorisation" du travail ?

605135 - Avril 2015
Achevé d'imprimer par

1livre.com
du rêve à la réalité !

Printed in Dunstable, United Kingdom

91222487R00137